James Goldsmith
Die Falle

Apl

James Goldsmith

Die Falle
und wie wir ihr entrinnen können

aus dem Englischen von

Traute Ewers

Die Deutsche Bibliothek – Einheitsaufnahme

Goldsmith, James:

Die Falle und wie wir ihr entrinnen können / James Goldsmith. Aus dem Engl. von Traute Ewers. - Holm : Deukalion, 1996

Einheitssacht.: The trap ‹dt.›

ISBN 3-930720-22-1

Inhalt

Geleitwort des Verlegers

Unabhängig von der sonstigen Ausrichtung unserer Politiker und Wirtschaftsführer scheint es einen umfassenden Konsens in einer grundlegenden Frage zu geben: der Globalisierung der Wirtschaft. Über Sinn und Unsinn dieses ungehemmten, freien Welthandels wird nicht mehr diskutiert, obwohl die Abwägung seiner Vor- und Nachteile auch nur auf eine – womöglich mißverstandene – Theorie des vergangenen Jahrhunderts zurückgeht, nämlich auf die Arbeiten von David Ricardo. Ist hier ein Dogma entstanden, das zu durchbrechen die Lösung für so viele unserer derzeitigen Probleme sein könnte?

Die Theorien eines anderen Wirtschaftswissenschaftlers des vergangenen Jahrhunderts sind erst vor einigen Jahren – sichtbar im Zerfall des sozialistischen Blocks – zu Grabe getragen worden. Kennzeichnend nicht nur für die Endphase der sozialistischen Staaten war die geistige Unbeweglichkeit der Führungsschicht, ein Phänomen, das im Westen gern mit dem Begriff »Betonkopf« beschrieben wurde. Angesichts des engen Zusammenhanges zwischen dem freien Welthandel und den Problemen nicht nur in Deutschland, sondern in der Europäischen Union insgesamt, erstaunt die Tatsache um so mehr, daß die Berechtigung eines ungezügelten, freien Welthandels unter veränderten Rahmenbedingungen nicht mehr diskutiert wird. Wie hoch ist der Betonanteil in unseren eigenen Köpfen?

James Goldsmith, der zu den erfolgreichsten Unternehmern der letzten Jahrzehnte gehört, hat sich vor einigen Jahren aus dem aktiven Geschäftsleben zurückgezogen, um sich den gesellschaftlichen und wirtschaftlichen Fragen unserer Zeit zu widmen. Wozu

Politiker kaum noch in der Lage sind, das tut er – er analysiert die Zusammenhänge, ohne an spezifische Interessen gebunden zu sein, und er erlaubt es sich, die Dinge beim Namen zu nennen: daß der freie Welthandel der Wirtschaft der Industrieländer schadet und ihre Sozialsysteme zermürbt, daß er die Bevölkerung der Entwicklungsländer erst recht der Ausnutzung preisgibt und daß die einseitige Ausrichtung auf nichtssagende wirtschaftliche Kennzahlen zu fatalen Entwicklungen führt wie zu der Zerrüttung der Familien, der Zunahme der Kriminalität, der fortschreitenden Zerstörung der Umwelt und vielem mehr. Vielleicht ist Goldsmith ideologisch deshalb nicht einzuordnen, weil seine Gedanken zeitgemäß, die alten Denkschemata hingegen überholt sind. Vielleicht wird er deshalb von so vielen angefeindet. Der Leser möge sich mit der Lektüre dieses Buches sein eigenes Bild machen.

»Die Falle« wurde in seiner ursprünglichen Fassung bereits 1992 geschrieben und war in Frankreich und Großbritannien ein Bestseller. Vieles von dem, was Goldsmith seinerzeit vorhersagte, hat sich mittlerweile bestätigt oder ist bekannt geworden, z.B. die Diskussion um den freien Welthandel in den USA, die Wahrheit über Tschernobyl sowie die dramatische Entwicklung der Rinderseuche BSE.

Die vorliegende deutsche Ausgabe ist nicht nur vollständig überarbeitet und aktualisiert, sondern beinhaltet auch die Antworten an seine wichtigsten Kritiker (Kapitel 8). An entsprechenden Stellen finden sich inhaltliche Querverweise zwischen den beiden Buchteilen.

Mag es auch im Deutschen unüblich sein, ein Buch in der Form von Frage und Antwort zu publizieren, so hat sich der Verlag doch für diese Form entschieden, nicht nur der leichten Lesbarkeit halber, sondern auch, weil die Fragen, die gestellt werden, die sind, auf die es ankommt.

Holm, im Juni 1996   *Uwe Hils*

Danksagung

Für ihre Unterstützung und Recherchetätigkeit möchte ich folgenden Personen meinen Dank aussprechen: Jeffrey Berman, Stewart Boyle, Jacques Broyelle, Jon Cracknell, Michael Crawford, Stephen Dealler, Bruno Erhard-Steiner, Charles Filmer, John Gray, Nicholas Hildyard, Allegra Huston, Robin Jenkins, Richard Lacey, Amory Lovins, Claude Henry Leconte, Jean Moffat, Jeremy Rifkin, Loretta Roccanova, Mycle Schneider, James Thrower, Claire Trocmé, Lori Wallach, Karen West und Bridget Woodman.

James Goldsmith

Vorwort von Yves Messarovitch

Im Oktober 1992 besuchte ich eine Vorlesung, die James Goldsmith im Großen Amphitheater an der Sorbonne-Universität in Paris hielt. Sein Publikum umfaßte mehr als 2000 Zuhörer, hauptsächlich examinierte Studenten aus Europa. Damals traf ich die Entscheidung, daß dieses Buch geschrieben werden müsse. Ich sah meine Rolle nicht als die eines Sparringpartners in einer Diskussion, sondern vielmehr als die eines Katalysators. Ich hielt es für nützlich, die Gedanken, die Goldsmith an der Sorbonne äußerte, aufzuzeichnen.

1

Messen oder verstehen?

Sie sind offensichtlich besorgt über die Probleme, denen sich die heutige Gesellschaft gegenübersieht.

Jede Gesellschaft unserer Zeit wird mit Problemen konfrontiert, die keine einfache, allgemeingültige Lösung haben. Viele der Probleme haben jedoch eine gemeinsame Wurzel. Wissenschaft, Technologie und Wirtschaft werden von den Gesellschaften unserer Zeit eher als Selbstzweck betrachtet und nicht als wichtige Instrumente, um den Wohlstand zu steigern. Der Zunahme der wissenschaftlichen Erkenntnisse, der Entwicklung neuer Technologien und wirtschaftlichem Wachstum wird nachgejagt, als ob sie – und nicht der Wohlstand – die Ziele menschlicher Anstrengung darstellten. Soziale Stabilität und manchmal ganze Kulturen werden dem Bemühen um diese Ziele geopfert. Ich glaube, daß diese Verdrehung der Werte der Grund für viele Krankheiten ist, unter denen wir leiden.

Sie stimmen zu, daß wirtschaftliches Wachstum und Wohlstand sinnvoll sind, obwohl Sie ihren Einfluß auf die Gesellschaft in Frage stellen?

Natürlich brauchen Industriegesellschaften wie unsere wirtschaftlichen Wohlstand. Aber Wirtschaftswachstum sollte nicht als wichtigstes Maß für den Erfolg einer Nation angesehen werden.

Schauen Sie sich die Vereinigten Staaten und Großbritannien an. Das heutige Amerika verzeichnet das größte Wirtschaftswachstum und den größten materiellen Wohlstand der Geschichte. Während der vergangenen 50 Jahre hat sich sein Bruttosozialprodukt (BSP) mehr als vervierfacht, bereinigt um die Inflation.[1] Trotzdem befindet sich die amerikanische Gesellschaft in einer tiefen sozialen Krise. Großbritannien wurde in den vergangenen 40 Jahren ebenfalls von einer Welle materiellen Wohlstands erfaßt. Sein BSP hat sich real mehr als verdreifacht.[2] Gemessen an modernen Kriterien waren beide Staaten erfolgreicher, als sie es sich je hätten träumen lassen. Nichtsdestotrotz befinden sie sich in großen Schwierigkeiten.

Was sind Ihrer Ansicht nach die Gründe für dieses Phänomen?

Einer der Fehler der heutigen Kultur besteht darin, daß wir in dem Glauben aufwachsen, daß jedes Problem ökonomisch meßbar sei. Wenn aber das wichtigste Instrument einer Gesellschaft eine Meßgröße ist und nicht das Verständnis der Dinge, führt das zu schwerwiegenden Fehlern.

Das BSP stellt den offiziellen Index dar, mit dem der Wohlstand beschrieben wird. Das BSP mißt aber nur Aktivität. Es mißt weder Wohlstand noch Wohlergehen. Wenn sich zum Beispiel eine Katastrophe ereignet wie ein Hurrikan oder ein Erdbeben, folgt darauf unmittelbar eine Steigerung des BSP, weil verstärkte Anstrengungen unternommen werden, um die Schäden zu reparieren. Wird ein Gemeinwesen von einer Epidemie heimgesucht, wächst das BSP durch den Neubau von Krankenhäusern und die Anstellung von Krankenschwestern und -pflegern. Steigt die Kriminalitätsrate, nimmt das BSP zu, weil zusätzliche Polizisten eingestellt und neue Gefängnisse gebaut werden. Und es gibt weitere Beispiele. Die Kosten, die in Amerika durch Krebserkrankungen verursacht werden, belaufen sich schätzungsweise auf 110 Milliarden Dollar pro Jahr,[3] das entspricht 1,7 Prozent des BSP; die Kosten, die durch Drogenmißbrauch entstehen, betragen 200 Milliarden Dollar[4] oder 3,1 Prozent des BSP; die Kriminalität verursacht Kosten von 163 Milliarden Dollar[5] oder 2,6 Prozent des BSP. Diese drei Bereiche bringen es zusammen auf 473 Milliarden Dollar, 7,4 Prozent des amerikanischen BSP, bei steigender Tendenz.

Sicherlich sind das extreme Beispiele, aber sie zeigen, daß das BSP nicht die Qualität mißt, sondern ausschließlich Aktivitäten, gute und schlechte. Trotz alledem basieren unsere offiziellen Statistiken auf einem einzigen Wert: dem Wachstum des BSP. Und soziale Ziele sind diesem Wert untergeordnet.

Welche weiteren falschen Schlüsse werden gezogen, weil man sich auf die Berechnung des BSP verläßt?

Die Zahl ist unendlich groß. Nehmen Sie zum Beispiel zwei benachbarte Familien. In beiden Fällen hat sich die Frau entschieden, zu Hause zu bleiben und sich um Kinder und Haushalt zu kümmern. Plötzlich ändert die eine ihren Entschluß und geht einer bezahlten Arbeit nach. Mit der Beaufsichtigung der Kinder betraut sie die Nachbarin. Vor dieser Veränderung trug keine der beiden Frauen zum BSP bei, weil dieses ausschließlich Aktivitäten erfaßt, die in die Bewegung von Geld münden. Als die beiden Frauen sich ohne Bezahlung um ihre eigenen Familien kümmerten, leisteten sie offiziell keinen Beitrag zur Wirtschaft und deshalb auch nicht zum BSP. Sobald sie aber ihren Lebensstil ändern und gegen Entgelt arbeiten, steigern sie sofort das BSP.

Nehmen wir ein anderes Beispiel. Baut ein Landwirt unterschiedliche Feldfrüchte an, um davon seine Familie zu ernähren, findet seine Arbeit keinen Niederschlag im BSP, weil seine Erzeugnisse nicht verkauft werden. Eine monetäre Transaktion findet nicht statt. Hört er damit aber auf und konzentriert sich auf den Anbau einer einzigen Feldfrucht, auf eine Monokultur, so hat das grundlegende Veränderungen zur Folge. Er beginnt, sein Produkt auf dem Markt zu verkaufen, und um seine Familie zu ernähren, kauft er Nahrungsmittel, die andere Bauern erzeugt haben. Durch Kauf und Verkauf wird er Teil der offiziellen Wirtschaft. Tatsächlich kann sogar der Wert der Nahrungsmittel, die er angebaut hat, mehrfach ins BSP einfließen – je nachdem, wie viele Zwischenhändler eingeschaltet wurden, bevor die Produkte die Endverbraucher erreichen.

Das BSP mißt nichts weiter als offizielle wirtschaftliche Aktivitäten, die monetäre Transaktionen nach sich ziehen. Deshalb kann das Wirtschaftswachstum einfach dadurch zunehmen, daß der informelle Sektor monetarisiert und von der offiziellen Wirtschaft absorbiert wird. Das bedeutet die Zerstörung des informellen Sektors, weil dieser dadurch aus dem traditionellen Rahmen herausgelöst wird, in den er eingebettet war. Gleichzeitig werden familiäre Bindungen und lokale Gemeinschaften erschüttert und destabilisiert.

Wir messen den Erfolg der Staaten anhand ihres BSP. Deshalb ziehen wir falsche Schlüsse und machen Fehler mit weitreichenden Folgen. Wir glauben, es sei unsere moralische Pflicht, unser gesellschaftliches Modell, das das schnellste Wachstum des BSP ermöglicht, anderen Gemeinschaften aufzudrängen. Die Tatsache, daß Wachstum zu Lasten der sozialen Stabilität geht, wird dabei ignoriert. Auf diese Weise haben die westlichen Industrieländer die Welt aus dem Gleichgewicht gebracht. Wir sind davon überzeugt, daß es nur ein einziges ökonomisches und soziales Modell gibt: unser eigenes. Durch den Versuch, es allen anderen aufzudrängen, haben wir unsere Krankheiten in die gesamte Welt exportiert: Verbrechen, Drogen, Alkoholismus, die Zerrüttung der Familien, soziale Unruhen in den städtischen Slums, zunehmende Zerstörung der Umwelt und all die anderen Probleme, mit denen wir uns täglich herumschlagen müssen. Wir haben uns so an diese

Krankheiten gewöhnt, daß wir sie mit der Bemerkung abtun, sie seien nichts weiter als normale Phänomene, die zwangsläufig mit einer gesunden wirtschaftlichen Entwicklung verbunden seien. Darüber hinaus sind wir unfähig, unsere Probleme zu lösen, weil wir die Ursachen mißverstehen. Wir befassen uns ausschließlich mit den Symptomen.

Trotz alledem stimmen Sie zu, daß wirtschaftliches Wachstum notwendig ist?

Selbstverständlich; aber es ist wichtig, daran zu erinnern, daß wirtschaftliches Wachstum nur insoweit nützlich ist, als es den Bedürfnissen der Gesellschaft dient, die Stabilität stärkt und die Zufriedenheit erhöht. Die Wirtschaft ist ein Instrument, dessen wir uns bedienen. Sie ist kein Halbgott, dem die Gesellschaft dienen soll. Ich möchte in unseren Gesprächen an drei Beispielen verdeutlichen, wie wir unseren sozialen Frieden durch den Einsatz moderner wirtschaftlicher Instrumente, über deren Folgen zuwenig nachgedacht wurde, ganz erheblich gestört haben.

Welche Instrumente sind das?

Der freie Welthandel, die intensive Landwirtschaft und die Kernenergie. Dies sind reine Produkte der Aufklärung, und als solche werden sie in unserer heutigen Kultur verehrt.

Kennen Sie Staatsführer, die diese Probleme ebenso sehen?

Es gibt nur sehr wenige. Fast jede Regierung ist in die Falle gegangen und mißt und zählt, ohne den Versuch zu unternehmen, die Folgen zu verstehen. In Frankreich ist das BSP zwischen 1973 und 1993 um 80 Prozent gestiegen.[6] Und doch ist in demselben Zeitraum die Zahl der Arbeitslosen von 420 000 auf 5,1 Millionen angestiegen (die offizielle Zahl ist 3,3 Millionen, aber selbst die Statistiken der Regierung zeigen, daß etliche Kategorien mit insgesamt 1,8 Millionen Menschen dabei unberücksichtigt bleiben).[7] Die Tatsache, daß ein derartiges Wachstum möglich ist, während gleichzeitig mehr als 5 Millionen Menschen von der aktiven Teilnahme am gesellschaftlichen Leben ausgeschlossen bleiben — in den Vereinigten Staaten würde das einer Zahl von 22 Millionen Menschen entsprechen —, sollte eine Regierung anspornen, ihre Politik zu überdenken. Leider geschieht dies nicht. Alles, was wir zu hören bekommen, ist, daß alle Probleme gelöst wären, wenn es nur gelänge, das wirtschaftliche Wachstum um ein halbes oder ein Prozent zu steigern. In Großbritannien stieg die Zahl derer, die in Armut leben, zwischen 1961 und 1991 von 5,3 Millionen auf 11,4 Millionen, obwohl das BSP real um 97 Prozent zunahm.[8]

Immerhin tauchen von Zeit zu Zeit dort, wo man es am wenigsten erwartet, andere Denkansätze auf. Ich habe einmal Anguilla, eine Insel der Kleinen Antillen, besucht, die zu der Zeit eine Bevölkerung von 9000 Menschen zählte. Ich traf mich mit dem damaligen Premierminister zum Essen. Die Insel ist sehr ansprechend mit ihren langen, weißen Stränden und ihren gastfreundlichen Bewohnern. Ich fragte den Premierminister nach seinen Plänen zur Entwicklung der Insel. Er antwortete sinngemäß:

Diese Insel gehört uns, und wir sind glücklich, daß wir hier leben. Wir haben zwei Alternativen: Entweder treiben wir die Entwicklung in einem vernünftigen Maß und in einer Weise voran, die unserer Bevölkerung gute Arbeitsplätze und Wohlstand sichert, oder wir entscheiden uns für die Politik, die praktisch auf all unseren Nachbarinseln verfolgt wird. Wir könnten also eine schnelle und maximale Entwicklung anstreben. Nachdem wir lange darüber nachgedacht haben, haben wir die erste Alternative gewählt. Hätten wir uns dafür entschieden, den Tourismus so schnell wie möglich auszubauen und ein großes Hotel neben dem anderen und zahllose Apartments zu errichten, hätten wir uns für eine Einwanderungspolitik in großem Stil entscheiden müssen, denn nur so hätte die Wirtschaft dann funktionieren können. Wir erkannten, daß wir damit auf unserer eigenen Insel zwangsläufig zu einer Minderheit geworden wären. Und wir wären nicht verschont geblieben von einem Anstieg der Kriminalität, des Drogenkonsums und anderen sozialen Tragödien, die anscheinend untrennbar mit rascher Entwicklung verbunden sind, mit Tourismus und Immigration in großem Stil. Unsere Insel wäre nicht mehr dieselbe gewesen. Deshalb habe ich mich immer dafür eingesetzt, daß wir mit einer optimalen Entwicklung zufrieden sein sollten, die angemessene Arbeitsplätze für unsere Bevölkerung schafft und es uns gleichzeitig ermöglicht, unsere Lebensweise zu bewahren.

Natürlich hatte dieser Mann Gegner, die die gegenteilige Ansicht vertraten. Auf den Nachbarinseln explodierten die Preise für erschlossenes Land.

Vor nicht allzu langer Zeit besuchte ich Vietnam und hatte Gelegenheit, die Verantwortlichen zu treffen, die Strategien für ihr Land entwickeln, das sich vom Kommunismus löst. Sie streben eine Gesellschaftsform an, die, obwohl sie noch nicht endgültig definiert ist, als »die Denkschule Ho Chi Minhs« bekannt ist. Im Laufe unserer Unterhaltung tauchte immer wieder dieselbe Frage auf: Wie kommen wir vom Marxismus-Leninismus zu der Denkschule Ho Chi Minhs, ohne ein neues Bangkok zu schaffen, ein neues Rio de Janeiro oder eine neue Mexiko-Stadt? Wie können wir Slums vermeiden wie Harlem oder Watts? Sie waren weise genug, eines der wichtigsten Probleme der wirtschaftlichen Entwicklung zu erkennen.

Ein letztes Beispiel. Als ich das Königreich Bhutan im Himalaya besuchte, erklärte der König in seiner Jahresansprache an das Volk, daß er sich mehr für die »Bruttosozial-Zufriedenheit« interessiere als für das Bruttosozialprodukt.[9]

Was folgt aus alledem?

Die Probleme sind zu komplex und zu breit gestreut, als daß es einfache Lösungen für sie geben könnte. Aber wir können zahlreiche Beispiele anführen, die zeigen, wie und wo die westlichen Industriestaaten vom Wege abgekommen sind. Ich hoffe, daß wir im Laufe unserer Diskussionen auf einige der Gründe zu sprechen kommen.

2

Das neue Utopia: GATT und der freie Welthandel

Sie sind gegen den freien Welthandel und deshalb auch gegen die GATT-Verhandlungen. Warum?

Der freie Welthandel ist zu einer Art geheiligtem Prinzip der modernen Wirtschaftstheorie geworden, gewissermaßen zu einem allgemein akzeptierten, moralischen Dogma. Deshalb ist es auch so schwierig, Politiker und Wirtschaftswissenschaftler von der Notwendigkeit zu überzeugen, die Auswirkungen des freien Welthandels auf eine sich radikal verändernde Weltwirtschaft neu zu bewerten.

Das höchste Ziel des freien Welthandels ist die Schaffung eines weltweiten Marktes für Güter, Dienstleistungen, Kapital und Arbeit. Das Instrument dafür ist GATT, das Allgemeine Zoll- und Handelsabkommen (*General Agreement on Tariffs and Trade*), das nun von der Welthandelsorganisation umgesetzt wird.

Ich bin der Ansicht, daß GATT und die Theorien, die ihm zugrunde liegen, fehlerhaft sind. Sollte es wirklich umgesetzt werden, wird es die industrialisierten Staaten ärmer machen und sie destabilisieren und gleichzeitig die Staaten der dritten Welt grausam ausplündern.

Erläutern Sie bitte noch einmal die Wirtschaftstheorie, die dem GATT zugrunde liegt.

Der wichtigste Theoretiker des freien Handels war David Ricardo, ein britischer Wirtschaftswissenschaftler des frühen 19. Jahrhunderts.[1] Er vertrat zwei miteinander zusammenhängende Konzepte: die Spezialisierung und den komparativen Vorteil. Nach Ricardo sollte sich jedes Land auf diejenigen Aktivitäten spezialisieren, mit denen es sich hervortun und die größten Vorteile gegenüber anderen Ländern erzielen kann. Deshalb sollte ein Land sich auf wenige Dinge konzentrieren, gewisse Industrien abschaffen und andere, in denen es die größten komparativen Vorteile sieht, ausbauen. Das hat eine Zunahme des internationalen Handels zur Folge, weil die Länder ihre Überschüsse exportieren und jene Güter importieren, die sie nicht mehr selbst herstellen; Effizienz und Produktivität steigen durch die Vorteile der Massenproduktion, und der Wohlstand wächst. Diese Vorstellungen aber haben in der heutigen Welt ihre Gültigkeit verloren.

Warum?

In den letzten Jahren sind plötzlich 4 Milliarden Menschen in die Weltwirtschaft eingetreten. Dazu gehören u.a. die Bevölkerungen Chinas, Indiens, Vietnams und Bangladeshs sowie die Länder der früheren Sowjetunion. Diese Völker wachsen rasch; in 35 Jahren dürften aus den 4 Milliarden schätzungsweise mehr als 6,5 Milliarden geworden sein.[2] Diese Länder haben sehr hohe Arbeitslosenquoten, und die Menschen, die eine Beschäftigung finden, bieten ihre Arbeitskraft für einen winzigen Bruchteil des Entgeltes an, den ein Arbeitnehmer in einem entwickelten Land erhält. So können beispielsweise 47 Vietnamesen oder 47 Philippinos zu denselben Kosten wie eine Arbeitskraft aus einer Industrienation wie Frankreich beschäftigt werden (vgl. Kapitel 8, S. 213-214).[3]

Bis vor kurzem hatten diese 4 Milliarden Menschen wegen ihres politischen Systems, vornehmlich kommunistischer oder sozialistischer Gesellschaftsformen, keinen Zugang zu unserer Wirtschaft. Auch wirkte sich die unterschiedliche Ausstattung mit Kapital und Technologie trennend aus. Heute ist das alles anders. Die politischen Systeme, in denen sie leben, wurden reformiert, Technologien können ohne Verzögerung in alle Welt mittels eines Mikrochips transferiert werden, und das Kapital fließt frei überall dorthin, wo die Anleger die höchsten Erträge erwarten.

Das Prinzip des freien Welthandels besteht darin, daß jedes Produkt überall auf der Welt hergestellt und anderswo verkauft werden kann. Das bedeutet, daß die Neuankömmlinge in der Weltwirtschaft in direktem Wettbewerb mit den Arbeitskräften der Industrienationen stehen. Sie sind Teil desselben internationalen Arbeitsmarktes geworden. Unsere Volkswirtschaften sehen sich demzufolge einer völlig neuen Wettbewerbssituation gegenüber. Nehmen Sie zum Beispiel zwei Unternehmen, eines in einem Industrieland und eines in Vietnam. Beide stellen ein identisches Produkt her, das auf demselben Markt verkauft werden soll, sagen wir in den Vereinigten Staaten, in Großbritannien oder Frankreich; beide verfügen über identische Technologien; beide haben Zugriff auf denselben internationalen Kapitalmarkt. Der einzige Unterschied besteht darin, daß das vietnamesische Unternehmen 47 Menschen beschäftigen kann, das französische aber nur einen einzigen. Man muß kein Genie sein, um zu begreifen, wer aus einem solchen Wettkampf als Sieger hervorgeht.

In den meisten Industrieländern betragen die Kosten, die ein durchschnittlicher Fertigungsbetrieb für seine Arbeitskräfte aufwenden muß, zwischen 25 und 30 Prozent der Verkaufserlöse. Entscheidet sich ein solcher Betrieb, nur noch seine Verwaltung und seinen Vertrieb im Heimatland zu halten und die Produktion in ein Niedriglohnland auszulagern, kann er Einsparungen im Umfang von etwa 20 Prozent seiner Verkaufserlöse erzielen. Auf diese Weise erhöht ein Unternehmen mit einem Umsatz von 500 Millionen Dollar seinen Gewinn vor Steuern um 100 Millionen Dollar jedes Jahr. Entschließt es sich aber, die Produktion im Heimatland zu belassen, kann das Unternehmen nicht mit den preisgünstigen Importen mithalten und geht konkurs.

Ganz sicher ist es ein Fehler, eine Wirtschaftspolitik zu verfolgen, die einem Unternehmen zu Wohlstand verhilft, das seine heimischen Arbeitskräfte hinauswirft und seine Produktion ins Ausland verlagert, während Unternehmen, die weiterhin heimische Arbeitskräfte beschäftigen, in den Konkurs getrieben werden.

Nun beschäftigen die Unternehmen, die ihre Produktion ins Ausland verlagern, in der Regel eine Vielzahl von Arbeitnehmern. Sicherlich werden die verlorengegangenen Arbeitsplätze kompensiert durch neue, die die künftigen High-Tech-Industrien schaffen werden.

Tatsächlich können High-Tech-Industrien unter diesen Bedingungen überleben und auch wachsen, weil sie hochgradig automatisiert sind und daher nur wenige Menschen beschäftigen. Der Faktor Arbeit ist für sie nur ein unbedeutender Teil der gesamten Produktionskosten. Anscheinend aber können diese Industrien keinen Ausgleich für die verlorengegangenen Arbeitsplätze in der Fertigung schaffen: die Tatsache, daß sie nur wenige Menschen beschäftigen, bedeutet, daß sie nicht in der Lage sind, sehr viele Menschen zu beschäftigen. Sobald sie eine größere Zahl einstellen müssen, werden sie gezwungen, ins Ausland zu gehen. IBM zum Beispiel verlagert seine Produktion von Computerlaufwerken von Amerika und Westeuropa in die Billiglohnländer. Im *Wall Street Journal* stand:

> IBM plant, die neue Fertigungsanlage als Joint-venture mit einem nicht näher spezifizierten asiatischen Partner zu bau-

en und dort Angestellte einzusetzen, die nicht zu IBM gehören, so daß es leichter wird, ... wenn nötig in ein Land mit noch geringeren Lohnkosten auszuweichen ... Der Umzug aus den Hochlohnregionen nach Asien halbiert die Kosten, die beim Zusammenbau eines Laufwerkes entstehen.

Herr Zschau von IBM »gab zu, daß der Umzug IBM lediglich mit seinen Konkurrenten gleichstellt.«[4] Der Flugzeugbauer *Boeing* hat angekündigt, Teile seiner Fertigung nach China auszulagern.[5] Die Unternehmen, die Silicon Valley begründet haben, wie *Hewlett-Packard* und *Advanced Micro Devices*, verlagern ebenfalls Arbeitsplätze in Niedriglohnländer.[6]

Die Befürworter des freien Welthandels beharren darauf, daß der Export von High-Tech-Produkten wie Hochgeschwindigkeitszügen, Flugzeugen und Satelliten jede Menge Arbeitsplätze schaffen werde. Dies entspricht jedoch nicht den Tatsachen. Der 2,1-Milliarden-Dollar-Vertrag über den Verkauf französischer Hochgeschwindigkeitszüge nach Südkorea hat, für einen Zeitraum von vier Jahren, den Erhalt von nicht mehr als 800 Arbeitsplätzen in Frankreich sichergestellt: 525 beim Hauptanbieter und 275 bei den Zulieferern.[7] Ein großer Teil der Arbeiten wird in Korea von asiatischen Firmen mit asiatischen Arbeitskräften erledigt. Darüber hinaus können die asiatischen Länder – berücksichtigt man den Technologietransfer nach Südkorea – in wenigen Jahren Hochgeschwindigkeitszüge direkt in Südkorea kaufen, ohne den Umweg über Frankreich zu machen. Und die Zahl der Beschäftigten, die in Frankreich im Flugzeugbau oder in der Raumfahrtindustrie arbeiten, ist ständig gesunken. In den 5 Jahren zwischen 1987 und 1992 ist sie von 123 000 auf 111 000 zurückgegangen, und es sieht so aus, als würde sie in Kürze nur noch 102 000 betragen (vgl. Kapitel 8, S. 210-212).[8]

Einer unserer großen Fehler ist, daß wir, wenn wir vom Ausgleich der Handelsbilanz sprechen, ausschließlich in monetären Größen denken. Wenn wir Güter im Wert von 1 Milliarde Dollar exportieren und Waren im selben Wert importieren, schließen wir daraus, daß unsere Handelsbilanz ausgeglichen ist; denn der Wert unserer Exporte entspricht dem unserer Importe. Dies ist jedoch nur eine oberflächliche Betrachtung, die zu falschen Schlüssen führt. Die Güter, die wir exportieren, sind notwendigerweise diejenigen, zu deren Herstellung wir nur eine geringe Zahl von Arbeitskräften brauchen. Anderenfalls wären sie gar nicht konkurrenzfähig mit den in Niedriglohnländern hergestellten Gütern und könnten nicht exportiert werden. Die Zahl der Menschen, die in einem Industrieland jährlich beschäftigt sind, um High-Tech-Produkte im Wert von 1 Milliarde Dollar herzustellen, kann unter 1000 liegen. Aber die Zahl der Menschen, die in den Niedriglohnländern damit beschäftigt sind, die Produkte herzustellen, die wir importieren, liegt in den Zehntausenden, weil es sich dabei nicht um High-Tech-Produkte handelt, sondern um arbeitsintensiv gefertigte Güter. In monetären Größen mag unsere Handelsbilanz ja ausgeglichen sein, gehen wir der Sache aber auf den Grund, entdecken wir ein erschreckendes Ungleichgewicht, was die Zahl der Arbeitsplätze angeht. Auf diese Weise exportieren wir Arbeit und importieren Arbeitslosigkeit.

Nun glauben aber viele Wirtschaftswissenschaftler, daß das Wachstum im Dienstleistungsbereich die in der Fertigung eingebüßten Arbeitsplätze wettmache.

Selbst der Dienstleistungsbereich wird wesentlich zum Transfer von Arbeitsplätzen in die Billiglohnländer beitragen. Heutzutage kann man über Satellit permanenten Kontakt mit Büros in weit entfernten Ländern halten. Das bedeutet, daß Unternehmen mit großen Verwaltungsabteilungen diese schließen und die damit verbunden Arbeitsplätze irgendwohin transferieren können. *Swissair* hat zum Beispiel einen bedeutenden Teil seiner Buchungsabteilung nach Indien ausgelagert.

Schließlich können aber nicht alle Dienstleistungen in ferne Länder ausgelagert werden; nehmen Sie zum Beispiel die Bereiche Gesundheit und Bildung.

Das stimmt. Aber lassen Sie uns darüber einmal gründlich nachdenken und praktische Schlußfolgerungen ziehen. Die Wirtschaft eines Landes teilt sich in zwei große Bereiche, in dem einen wird Wohlstand erwirtschaftet, in dem anderen wird er verteilt. Das heißt nun nicht, daß der zweite Bereich der unterlegene ist; er beinhaltet so lebenswichtige Sektoren wie Gesundheitswesen und Bildung. Trotz der Tatsache, daß beide Arten von Aktivitäten im BSP gemessen werden, kann man nicht den Teil der Wirtschaft beschneiden, in dem der Wohlstand entsteht, und erwarten, daß der andere Teil erhalten bleibt, der den Wohlstand verteilt. Man muß verdienen, was man ausgeben will.

Wahrscheinlich haben auch die Wechselkurse zwischen den verschiedenen Währungen einen wesentlichen Einfluß auf die Wettbewerbsfähigkeit.

Zweifellos. Als Ricardo komparative Vorteile berechnete, tat er das auf der Grundlage von Geldeinheiten. Wenn ein Produkt in Frankreich X Französische Francs und in den Vereinigten Staaten Y US-Dollar kostet, braucht man nichts weiter zu tun, als zum derzeit gültigen Wechselkurs Dollar in Francs umzurechnen, und es wird deutlich, wo die Vorteile liegen. Mit anderen Worten ist das Land, in dem das Produkt billiger ist, auch das Land mit den komparativen Vorteilen.

Diese Rechnung kann sich aber ganz plötzlich und schmerzlich durch eine Auf- oder Abwertung einer der beteiligten Währungen ändern. 1981 war ein Dollar 4,25 Französische Francs wert; 1985 war der Dollar sehr viel teurer geworden und 10 Französische Francs wert; 1992 war er wieder gefallen auf nur noch 4,80 Französische Francs. Nehmen Sie also ein Produkt, das 1981 zu denselben Kosten sowohl in den Vereinigten Staaten als auch in Frankreich hergestellt werden konnte. Vier Jahre später, 1985, war es in Amerika mehr als doppelt so teuer als in Frankreich. Diese Entwicklung war nichts weiter als die Widerspiegelung des im Verhältnis zum Franc gestiegenen Dollar. Trotzdem sollte sich nach Ricardo jedes Land auf die Produkte spezialisieren, bei deren Herstellung es komparative Vorteile genießt. Folgte man dieser Argumentation, hätten Industriebereiche, auf die sich Amerika 1981 konzentrierte, 1985 wieder abgeschafft werden müssen. Und der Grund dafür wäre der, daß die komparativen Vorteile aus rein monetären Gründen verlorengegangen sind. Als dann der Dollar 1992 wieder fiel, hätten nach dieser Theorie jene Industriezweige in Amerika wiederaufgebaut werden müssen. Das ist blanker Unsinn. Niemand sollte Industrien opfern und wiederaufbauen, nur um im Einklang mit den Wechselkursschwankungen zu stehen (vgl. Kapitel 8, S. 168ff).

Natürlich weisen die Befürworter des freien Welthandels Ihre Argumente zurück. Erstens zitieren sie die von der Weltbank und der OECD gemeinsam veröffentlichte Studie, in der steht, daß die Umsetzung der GATT-Vereinbarungen (Uruguay-Runde) das Einkommen weltweit um 213 Milliarden Dollar pro Jahr steigern werde. [9] Wie können wir auf ein derartiges Wachstum verzichten?

Wenn man den Bericht liest, fällt auf, daß der Anstieg laut Vorhersage zehn Jahre nach Abschluß der Uruguay-Runde kommen soll. Ja, 213 Milliarden Dollar sind eine bemerkenswerte Summe, um aber ihre Bedeutung zu ermessen, muß man sie mit der Schätzung des BSP für diesen zukünftigen Zeitpunkt vergleichen. 213 Milliarden Dollar machen einen Anteil von lediglich 0,7 Prozent aus.[10] Außerdem nennt der Generalsekretär der OECD den Report »sehr theoretisch«.

Darüber hinaus wird behauptet, der freie Welthandel bringe den Verbrauchern Vorteile, weil er ihnen ermögliche, billigere Importgüter zu kaufen, die zu geringeren Lohnkosten hergestellt worden seien.

Verbraucher sind nicht nur Menschen, die Produkte kaufen, sie sind es auch, die mit Arbeit ihren Lebensunterhalt verdienen und Steuern zahlen. Als Konsumenten mögen sie durchaus einige Produkte billiger einkaufen können, obwohl *Nike*, wenn es seine Fertigung von Amerika nach Asien verlegt, nicht etwa die Preise für Schuhe senkt. Statt dessen steigen die Gewinnspannen. Für die Verbraucher liegen die realen Kosten der billigeren Güter in dem Verlust ihrer Arbeitsplätze, in den geringeren Löhnen für ihre Arbeit und den höheren Steuern und Abgaben, die sie zahlen müssen, um die sozialen Kosten für wachsende Arbeitslosigkeit aufzubringen. Verbraucher sind ebenso Bürger, von denen viele in Städten leben. In dem Maße, in dem die Arbeitslosigkeit zunimmt, steigt auch die Armut, Großstädte und kleinere Orte werden noch unsicherer als bisher. Auf diese Weise werden die Vorteile billigerer Güter durch die sozialen und wirtschaftlichen Kosten, die sie nach sich ziehen, mehr als aufgewogen.

Ihr Argument, mit dem Sie die steigende Arbeitslosigkeit begründen, habe ich verstanden. Warum aber sollten die Löhne sinken?

Nach den Zahlen, die das amerikanische Arbeitsministerium veröffentlicht hat,[11] sind die Stunden- und Wochenlöhne inflationsbereinigt zwischen 1973 und 1993 um 13,4 bzw. 19,2 Prozent gefallen; und das in einer Zeit vor den jüngsten GATT-Verhandlungen, der sogenannten Uruguay-Runde. Drängen nun weitere 4 Milliarden Menschen auf denselben weltweiten Arbeitsmarkt und bieten dort ihre Arbeitskraft zu einem Bruchteil des Preises an, den die Menschen in den Industriestaaten erzielen, versteht es sich von selbst, daß ein derart massiver Anstieg des Angebots den Wert der Arbeit mindern wird. Auch werden die organisierten Arbeitnehmer praktisch ihre gesamte Verhandlungsmacht verlieren. Wenn Gewerkschaften ihre Forderungen einbringen, wird die Antwort lauten: Wenn Sie uns zu sehr bedrängen, verlagern wir das Unternehmen ins Ausland, wo wir niedrigere Löhne zahlen für Arbeitnehmer, die keine Arbeitssicherheitsmaßnahmen verlangen, keinen langen Urlaub und nichts von dem, worüber Sie verhandeln wollen.

Der freie Welthandel wird die Art und Weise grundlegend ändern, in der die Wertschöpfung zwischen Kapital und Arbeit aufgeteilt wird. Wertschöpfung ist der Zuwachs an Wert, der entsteht, wenn aus Rohmaterialien Fertigwaren hergestellt werden. In weiterentwickelten Gesellschaften ist es gelungen, eine allgemeine Übereinkunft über die Verteilung der Wertschöpfung zu erzielen. Diese Übereinkunft ist über Generationen durch politische Debatten, Wahlen, Streiks, Aussperrungen und andere Konflikte erreicht worden und wird praktisch über Nacht zunichte gemacht durch die Ankunft riesiger Bevölkerungsmassen, die bereit sind, die Löhne unserer Arbeitnehmer radikal zu unterbieten. Die soziale Dimension dieser Entwicklung wird selbst das in den Schatten stellen, was Marx befürchtet hat (Kapitel 8, S. 172).

Es ist interessant, daß viele amerikanische Wirtschaftswissenschaftler glauben, die inflationären Kräfte, die einer Periode laxer Geldpolitik folgen, würden in diesem Fall nicht wirken. Sie glauben, daß die fortgesetzte Absenkung des Lohnniveaus, die auf den freien Welthandel sowie auf die ersten Auswirkungen der NAFTA zurückzuführen ist (des nordamerikanischen Freihandelsabkommens, das einen gemeinsamen Markt für Mexiko, die Vereinigten Staaten und Kanada schafft), die Inflation eindämmen werde, trotz der Tatsache, daß die Zentralbank (*Federal Reserve*) so lange wie nie zuvor eine lockere Geldpolitik verfolgt. Mit anderen Worten, die Arbeitskräfte werden die Hauptlast tragen, die aus einer fortgesetzten Politik des leichten Geldes resultiert, indem sie niedrigeren Einkommen zustimmen müssen, um die unausweichlichen inflationären Effekte zu kompensieren.

Wer ist in einem System des freien Welthandels der Sieger, wer der Verlierer?

Die Verlierer werden natürlich jene sein, die ihren Arbeitsplatz verlieren, weil die Produktion in ein Niedriglohnland verlagert wurde. Und es wird jene geben, die ihren Job verlieren, weil ihr Arbeitgeber die Produktion nicht ins Ausland verlagert und nun nicht mehr konkurrenzfähig ist gegenüber den billigen Importen. Schließlich wird es Menschen geben, deren Einkommensmöglichkeiten geringer werden, weil die Verteilung der Wertschöpfung sich zu ihren Lasten verschiebt.

Die Gewinner werden diejenigen sein, die das schier unerschöpfliche Angebot an billigen Arbeitskräften für sich nutzen können: die Unternehmen zum Beispiel, die ihre Produktion in Niedriglohnländer verlagern, die Firmen, die zu Hause niedrigere Löhne zahlen können, und diejenigen, die Kapital investieren können, wo der Faktor Arbeit am billigsten ist, mit dem Ergebnis, daß sie höhere Dividenden erzielen. Aber sie erinnern an die Gewinner eines Pokerspiels auf der Titanic; denn ihren Gesellschaften werden tiefe Wunden zugefügt, die brutale Folgen nach sich ziehen.

Das neue Phänomen unserer Zeit ist die Entstehung transnationaler Konzerne, die die Produktion in jeden beliebigen Teil der Welt verlagern können, um systematisch Nutzen aus niedrigeren Löhnen zu ziehen, wo immer dies möglich ist.

Auf transnationale Konzerne entfällt heute ein Drittel der weltweiten Produktion; ihre jährlichen Umsätze haben weltweit 4,8 Billionen Dollar erreicht, eine Summe, die größer ist als das gesamte internationale Handelsvolumen. Die 100 größten multinationalen Unternehmen kontrollieren etwa ein Drittel sämtlicher Direktinvestitionen im Ausland.[12] Die Globalisierung des Marktes ist für sie von entscheidender Bedeutung, sowohl im Hinblick auf die billige Produktion als auch im Hinblick auf den weltweiten Verkauf. Da sie nicht notwendigerweise den Ländern, in denen sie tätig sind, die Treue halten, entsprechen die Interessen der transnationalen Unternehmen nicht denen der Gesellschaft. Man muß bedenken, daß Entwicklungsländer u.a. dadurch gekennzeichnet sind, daß eine Handvoll Personen den allergrößten Teil der Ressourcen des Landes kontrolliert. Diesen Personen gehören die meisten Industrie-, Handels- und Finanzunternehmen, und sie bündeln die billigen Arbeitskräfte, die gebraucht werden, um die Güter herzustellen, die dann in den Industrienationen verkauft werden. So sind es die Armen in den reichen Ländern, die die Reichen in den armen Ländern unterstützen. Dies wird ernsthafte Auswirkungen auf den sozialen Zusammenhalt der Länder haben.

Wie denken Sie über die Welthandelsorganisation?

Das ist die Organisation, die ins Leben gerufen wurde, um das GATT zu ersetzen und die Beschlüsse der Uruguay-Runde umzusetzen, den internationalen Handel zu regulieren und uns alle in die weltweite wirtschaftliche Integration zu führen. Es ist eine weitere internationale Behörde, deren Beamte weitestgehend autonom sind. Sie erstatten mehr als 120 Ländern Bericht und damit praktisch niemandem. Jedes der 120 Mitgliedsländer wird eine Stimme haben, eine von 120. Folglich werden die Vereinigten

Staaten und jedes europäische Land die letzte Kontrolle über ihre Wirtschaft an eine nicht gewählte, nicht überwachte Gruppe internationaler Bürokraten abtreten.

Haben die Industrieländer denn keine moralische Verpflichtung, ihre Märkte den Ländern der dritten Welt zu öffnen?

Lassen Sie mich zunächst aus einem Bericht zitieren, den Herman Daly und Robert Goodland geschrieben haben und den die Weltbank veröffentlicht hat.

> Sollte es einem Land durch vorausschauende Politik oder einfach Glück gelungen sein, sein Bevölkerungswachstum zu kontrollieren, eine Sozialversicherung einzuführen, hohe Löhne, vernünftige Arbeitszeiten und weitere Annehmlichkeiten für die arbeitende Bevölkerung (also die Mehrheit der Bevölkerung) zu erreichen, sollte es dann zulassen, daß diese Errungenschaften durch unkontrollierten Handel und die daraus entstehende Konkurrenz auf einen weltweiten Durchschnittswert reduziert werden?... Das Lohnniveau wird aufgrund der raschen Zunahme der unterbeschäftigten Bevölkerungsmassen in der dritten Welt regelrecht abstürzen. Die Arbeitnehmer in den Industrieländern werden ärmer, während die anderen auf ihrem niedrigen Niveau verharren.[13]

Darüber hinaus wird die Durchführung der GATT-Bestimmungen eine große Katastrophe in der Dritten Weit nach sich ziehen. Moderne Wirtschaftswissenschaftler glauben, eine effiziente Landwirtschaft produziere ein Maximum an Nahrungsmitteln zu minimalen Kosten und setze dabei die geringste Zahl von Arbeitskräften ein. Das ist eine schlechte Wirtschaftspolitik. Wenn man die Anbaumethoden in der Landwirtschaft intensiviert und die

Zahl der Arbeitskräfte nachhaltig reduziert, werden diejenigen, die nun überflüssig sind, gezwungen, in die Städte abzuwandern. In welche Region der Welt man auch reist, überall begegnen einem diese schrecklichen Elendsviertel, in denen Menschen leben, die ihre Existenzgrundlage auf dem Land verloren haben. Natürlich geht der Riß aber noch tiefer. Überall in der dritten Welt zerbrechen die Familien, das Land wird verlassen und die soziale Stabilität zerstört. Auf diese Weise sind die Slums in Brasilien, die *Favelas,* entstanden (vgl. Kapitel 8, S. 215ff).

Schätzungsweise 3,1 Milliarden Menschen leben weltweit noch von der Landwirtschaft. Gelingt es durch GATT, weltweit die Art von Produktivität zu erzielen, wie sie beispielsweise in der intensiven Landwirtschaft in Australien erreicht wird, kann man sich leicht ausrechnen, daß es für etwa 2 Milliarden dieser Menschen keine Beschäftigung mehr geben wird. Einige dieser GATT-Flüchtlinge werden in die städtischen Slums ziehen. Aber die Mehrzahl von ihnen wird sich gezwungen sehen auszuwandern. Nach dem Ausbruch des Bürgerkrieges in Ruanda und Burundi machte man sich große Sorgen über die 2 Millionen Menschen, die durch dieses tragische Ereignis zur Flucht gezwungen wurden. Wenn GATT »Erfolg« hat, wird eine Wanderungsbewegung entstehen, die tausendfach größer ist. Dann wird es zu einer weitreichenden und tragischen Destabilisierung der Weltbevölkerung kommen.

Warum unterstützen dann aber Länder der dritten Welt selbst den freien Welthandel?

Wir müssen unterscheiden zwischen der Bevölkerung einerseits und der sie regierenden Elite andererseits. Diese Kreise sind es, die mit dem freien Welthandel liebäugeln. Sie sind es, die ihren Wohlstand steigern werden. In Indien hat rund eine Million Menschen gegen die Zerstörung ihrer ländlichen Gemeinden, ihrer

Kultur und ihrer Traditionen demonstriert. Auf den Philippinen protestierten einige hunderttausend Bauern gegen das GATT, weil es ihr Agrarsystem zerstört.

Vandana Shiva ist eine bekannte indische Philosophin und Physikerin. Sie ist Direktorin der Forschungsstiftung für Wissenschaft, Technologie und heimische Rohstoffe sowie Wissenschafts- und Umweltberaterin des Dritte-Welt-Netzwerkes. Sie sagt, daß der freie Welthandel in Indien »...zu einer weiteren Zerstörung unserer Gemeinschaften, der Entwurzelung von Millionen kleiner Bauern und ihrer Abwanderung in die Slums der überbevölkerten Städte führen wird. GATT zerstört die kulturelle Vielfalt und soziale Stabilität unseres Landes ... für uns bedeutet GATT eine erneute Kolonialisierung«.[14]

Wie können sich die Länder der dritten Welt ohne den freien Welthandel entwickeln?

Diejenigen, die eine Industrialisierung anstreben, sollten Freihandelszonen bilden entsprechend den Handelsregionen, die zur Zeit gerade in Lateinamerika und Südostasien geschaffen werden. An diesen Zonen sollten sich Länder beteiligen, deren Volkswirtschaften miteinander vergleichbar sind, was den Stand ihrer Entwicklung und die Lohnstruktur betrifft. Handelsregionen könnten mit anderen Regionen auf der Welt Übereinkommen treffen, von denen beide Seiten profitieren. Die Freiheit, Technologien und Kapital zu transferieren, bliebe bestehen. So müßten Unternehmen, die ihre Produkte in einem bestimmten Gebiet verkaufen wollen, sie vor Ort produzieren und dafür Kapital und Technologien importieren, so daß sie in dieser Region Arbeitsplätze schaffen und die Entwicklung vorantreiben. Dies ist der Weg, um Wohlstand und Stabilität in den Entwicklungsländern zu fördern, ohne diese bei uns zu zerstören.

Es gibt Stimmen, die behaupten, das europäische Arbeitsmarkt-problem sei kein Problem des GATT, sondern nur eine Folge altbekannter Krankheiten in nicht wettbewerbsfähigen, unflexi-blen und zerrissenen Gesellschaften: der Wohlfahrtsstaat sei au-ßer Kontrolle geraten; die sozialen Kosten, die die Arbeitgeber tragen müßten, verhinderten die Schaffung neuer Arbeitsplätze; hohe Staatsausgaben und Steuern erstickten die Wirtschaft; staat-liche Eingriffe hätten eine lähmende Wirkung, starre Fronten verhinderten Heilungsprozesse usw. Stimmt das nicht?

Teilweise ist das richtig, und diese Krankheiten müssen energisch bekämpft werden. Aber selbst wenn die Behandlung erfolgreich ist, werden dadurch nicht die Probleme gelöst, die der freie Welt-handel schafft. Stellen Sie sich vor, wir wären in der Lage, auf einen Schlag Sozialausgaben und Steuern zu senken und so die Arbeitskosten um ein ganzes Drittel zu reduzieren. Das bedeutet nichts weiter, als daß man anstelle der 47 Vietnamesen oder 47 Philippinos für einen Franzosen nun nur noch 31 zu denselben Kosten einsetzen könnte.

Jedenfalls sollte man sich das Beispiel Frankreich, über das wir schon gesprochen haben, ins Gedächtnis zurückrufen. In Frank-reich wurde das aufsehenerregende Wachstum des BSP in den vergangenen 20 Jahren von einem noch weit aufsehenerregende-ren Anstieg der Arbeitslosigkeit begleitet, und dies zu einer Zeit, in der Europa seine Märkte dem freien Welthandel öffnete. Wie kann man ein System akzeptieren, in dem die Zahl der Arbeitslo-sen von 420 000 auf 5,1 Millionen in einer Zeit steigt, in der die Wirtschaft um 80 Prozent gewachsen ist (vgl. Kapitel 8, S. 196-198)?

Es ist wichtig, darauf hinzuweisen, daß wir nicht über den norma-len Wettbewerb zwischen den Ländern sprechen. Die 4 Milliarden Menschen, die auf einmal der Weltwirtschaft zur Verfügung ste-hen, kommen aus einer völlig anderen Gesellschaft, einer anderen

Welt. Es ist absurd zu glauben, daß wir von heute auf morgen eine weltweite Freihandelszone schaffen können, beispielsweise einen gemeinsamen Markt mit China, ohne enorme Veränderungen zu bewirken, deren Folgen wir überhaupt nicht vorhersehen können.

Warum gelingt es nicht, unseren Erfolg bei der Steigerung des Wohlstandes in Ländern wie Taiwan, Hongkong, Südkorea und Singapur zu wiederholen?

In diesen Ländern leben zusammen etwa 75 Millionen Menschen, also ist das Problem ganz anders zu bewerten. Die Vereinigten Staaten könnten eventuell mit Mexiko einen ähnlichen Erfolg erzielen, und Westeuropa könnte nach und nach Osteuropa integrieren. Aber der Versuch, 4 Milliarden Menschen auf einmal aufzunehmen, ist blinde Utopie.

Jedenfalls hat jedes dieser Länder einen Nutzen aus dem Kalten Krieg gezogen. Zu jener Zeit versuchte immer die eine oder die andere Supermacht, jeden Teil der Welt auf ihre Seite zu ziehen. Gelang es einer von ihnen nicht, kam die andere auf den Plan. Deshalb konnte sich Südkorea nach dem Koreakrieg auf eine bevorzugte Behandlung durch die Westmächte ebenso verlassen wie Taiwan, Singapur oder Hongkong, als China als einer der kommunistischen Hauptfeinde galt.

Besondere wirtschaftliche Zugeständnisse in Verbindung mit ihren billigen, gutausgebildeten Arbeitskräften verhalfen ihnen zum Erfolg. Während der vergangenen 30 Jahre hat sich die Handelsbilanz zwischen diesen Ländern und dem Westen so entwickelt, daß wir Milliarden von Dollar in diese Regionen transferiert haben. Die westlichen Industriestaaten sind förmlich ausgeblutet, was Arbeitsplätze und Kapital anbelangt, um zu ihrem Wohlstand beizutragen (vgl. Kapitel 8, Abb. 1, S. 170).

Was empfehlen Sie?

Zunächst einmal müssen wir das Konzept des freien Welthandels durch ein Konzept des regionalen Freihandels ersetzen. Das heißt nicht, irgendeine Region von dem Handel mit dem Rest der Welt auszuschließen. Es bedeutet vielmehr, daß sich jede Region frei entscheiden kann, ob sie bilaterale Abkommen mit anderen Regionen schließen will oder nicht. Wir dürfen unsere Märkte nicht einfach für jeden und jedes Produkt öffnen, gleichgültig, ob unsere Wirtschaft davon profitiert oder dadurch unsere Arbeitsplätze verlorengehen oder unser soziales System leidet.

Bedeutet das nicht, daß wir uns von den Innovationen in anderen Teilen der Welt abschotten?

Nein. Die Freiheit des Kapitalflusses sollte erhalten bleiben. Wenn eine japanische oder europäische Firma ihre Produkte in Nordamerika verkaufen will, sollte sie in Nordamerika investieren. Sie sollte ihr Kapital und ihre Technologie mitbringen, Fabriken in Amerika bauen, Amerikaner beschäftigen und ein Teil der amerikanischen Gesellschaft werden. Dasselbe gilt für amerikanische und japanische Firmen, die ihre Produkte in Europa verkaufen wollen.

Denken Sie an den Unterschied zwischen den GATT-Vorschlägen und denen, die ich gerade gemacht habe. GATT verlangt von den Unternehmen in den Industriestaaten ja geradezu, ihre Produktion einzustellen, ihre Angestellten zu entlassen und ihre Produktionsstätten in Niedriglohnländer zu verlagern. Ich schlage genau das Gegenteil vor: Um Zugang zu unseren Märkten zu gewinnen, müssen ausländische Unternehmen Fabriken bauen, unsere Arbeitskräfte beschäftigen und zu unserer Wirtschaftskraft beitragen. Das ist der Unterschied zwischen Leben und Tod.

Nimmt dadurch nicht der Wettbewerb ab?

Wettbewerb ist ein notwendiges ökonomisches Instrument, um die Effizienz zu fördern, um Druck auf die Preise auszuüben und einen Ansporn zu bieten für Innovationen, Diversifizierung und eine breitere Angebotspalette. Für einen dynamischen Wettbewerb ist ein großer, freier Markt notwendig, in dem Kartelle und andere Wettbewerbsbeschränkungen verboten sind. Europa und der NAFTA-Raum sind, wirtschaftlich betrachtet, die beiden größten Freihandelszonen, die jemals in der Geschichte geschaffen wurden. Beide sind wahrlich groß genug, um sehr wettbewerbsintensive Binnenmärkte zu gewährleisten. Sie sind riesig, offen und frei und stehen Innovationen aus allen Teilen der Welt positiv gegenüber. Jedes bedeutende Unternehmen muß auf diesen Märkten vertreten sein und sich der Konkurrenz stellen, weil kein Unternehmen es sich leisten kann, diese Märkte zu ignorieren – sie sind einfach viel zu groß und wohlhabend. Ein derartiger Wettbewerb aber ist konstruktiv, nicht destruktiv (vgl. Kapitel 8, S. 184).

Viele werden Ihnen entgegenhalten, daß man nicht in andere Länder exportieren kann, wenn man eine regionale Wirtschaft erhalten will. In diesem Fall wäre sicher mit Vergeltungsschlägen zu rechnen.

Nehmen Sie zum Beispiel Japan: Natürlich konnten die Japaner auch während der Zeit, in der sie ihre Wirtschaft schützten, Güter exportieren. Ohnehin würden bilaterale Absprachen den Austausch von Produkten in einer Weise ermöglichen, die allen Beteiligten gerecht wird. Und unsere Unternehmen könnten überall auf der Welt investieren und sich dort dem Wettbewerb stellen.

Was empfehlen Sie darüber hinaus?

Ich lehne das Konzept der Spezialisierung vollständig ab. Die Spezialisierung auf bestimmte Aktivitäten ist gleichbedeutend mit der Vernachlässigung anderer Aktivitäten. Nun ist aber eines der wertvollsten Elemente unseres Erbes die Existenz der klein- und mittelständischen Industrie- und Handwerksbetriebe, die alle zusammen eine große Palette an Aktivitäten abdecken. Eine gesunde Wirtschaft sollte wie eine Pyramide aufgebaut sein. An der Spitze stehen die großen Unternehmen. Die Grundlage bildet die Vielfalt der kleinen Betriebe. Eine Wirtschaft, die auf wenigen, spezialisierten Unternehmen beruht, kann erhebliche Gewinne erwirtschaften; da aber das Ziel der Spezialisierung eine Verschlankung der Produktion ist, kann sie nicht die Zahl an Arbeitsplätzen bereitstellen, die sich selbstverständlich aus einer breitgefächerten Wirtschaft ergibt. Nur eine diversifizierte Wirtschaft kann die Arbeitsplätze anbieten, die den Menschen die volle Teilhabe an der Gesellschaft ermöglichen.

Es ist erstaunlich, wie Wirtschaftswissenschaftler die gegenwärtige Situation kommentieren. Sie halten die Gewinne großer Unternehmen und die Notierung der Börsenkurse für einen vertrauenswürdigen Maßstab, mit dem das Wohlergehen der Gesellschaft und der Wirtschaft gemessen werden kann. Eine gesunde Wirtschaft schließt allerdings nicht einen großen Teil seiner Bevölkerung von der aktiven Teilnahme am Wirtschaftsleben aus.

Es dürfte schwierig sein, die Briten von diesen Ideen zu überzeugen. In Großbritannien hat der nahezu bedingungslose Glaube an den Freihandel eine lange Tradition.

Der Glaube Großbritanniens an den Freihandel geht auf das frühe 19. Jahrhundert zurück. In Großbritannien begann damals die Industrielle Revolution. Die neuen Industriebarone, deren Macht im gleichen Umfang wuchs wie die britische Industrie, brauchten eine große Zahl billiger Arbeitskräfte für ihre Fabriken. So entstand die Idee, billige Nahrungsmittel aus den Kolonien zu importieren, mit denen die britischen Farmer nicht konkurrieren konnten. Das würde zu einer Abwanderung der Landarbeiter in die Städte führen. In jener Zeit lebten 80 Prozent der britischen Bevölkerung in ländlichen Gebieten.[15] Waren die Bauern, die ihre Lebensgrundlage eingebüßt hatten, erst einmal in den Städten angekommen, konnten sie für wenig Geld angestellt werden, weil es billige Nahrungsmittel aus den Kolonien gab. Hinzu kam, daß das Geld, mit dem die Briten die billigen Nahrungsmittel kauften, durch den Erwerb industrieller Güter nach Großbritannien zurückfloß. Zu jener Zeit hatten die Briten gewissermaßen das Monopol für Industrieprodukte. Diese Dynamik führte 1846 zur Aufhebung der Getreidegesetze (*Corn Laws*), die die britische Landwirtschaft geschützt hatten (vgl. Kapitel 8, S. 179-180).

Heute sind die Verhältnisse genau umgekehrt: nur noch 1,1 Prozent aller britischen Arbeitskräfte sind in der Landwirtschaft beschäftigt;[16] in den Städten ist an die Stelle der Nachfrage nach Arbeitskräften eine chronische Arbeitslosigkeit getreten; und das Geld, das Großbritannien für Importe ausgibt, fließt nicht mehr zurück zum Kauf britischer Industriegüter. Es fließt nach Japan, Korea oder in irgendeine andere Region auf der Welt – mit dem Ergebnis, daß Großbritannien ein Handelsbilanzdefizit in praktisch jeder wichtigen Kategorie von Industrieprodukten verzeichnet. Und obwohl einige der großen Unternehmen gute Gewinne erwirtschaften, lebten 1992 ungefähr 25 Prozent aller Haushalte und nahezu eines von drei Kindern in Armut.[17]

Einer der größten Irrtümer in der Wirtschaftstheorie besteht in dem Glauben, daß die Gelder, die als Folge einer negativen Handels- oder Kapitalbilanz abfließen, automatisch zurückkämen. Viele Wirtschaftswissenschaftler glauben, daß die asiatischen Länder zum Beispiel bei einem Außenhandelsüberschuß die überschüssigen Gelder im Ausland investieren würden und daß dieser Kapitalzufluß letztendlich dem Kapitalabfluß entspreche, den Länder mit einer negativen Handelsbilanz aufweisen. Dieser Annahme scheint die Vermutung zugrunde zu liegen, daß die Handelsbilanz einer Nation aus streng mathematischen Gründen ausgeglichen sein müsse. Doch wenn ein fremdes Land seine überschüssigen Gelder in ein Land leitet, das ein Handelsdefizit aufweist, dann fließen die Mittel normalerweise in Form von Kapitalanlagen oder festverzinslichen Krediten zurück. Diese Vermögenswerte werden dadurch zum Eigentum eines ausländischen Besitzers, der dann auch die Gewinne abschöpft. Die Folgen lassen sich an einem Pokerspiel verdeutlichen, in dem man mehr Bargeld verliert, als man insgesamt besitzt. Anstatt in bar zu bezahlen, gibt man die Eigentumsrechte an seinem Haus ab, in dem man fortan als Mieter wohnt. Sollen wir wirklich glauben, daß solch eine Transaktion keinerlei Auswirkungen auf die Finanzlage hätte?

Die Vereinigten Staaten beginnen nun die Folgen genau dieses Problems zu spüren. Der *Economist* schreibt: »Seit 1981 hat sich Amerika aufgrund seines ständigen Leistungsbilanzdefizits weltweit vom größten Gläubiger zum größten Schuldner entwickelt. Am Ende des Jahres 1993 verzeichnete Amerika eine Auslandsverschuldung von 556 Milliarden Dollar. «[18] In einem Leitartikel der *Washington Post* heißt es:

Die amerikanische Wirtschaft schüttet mittlerweile höhere Gewinne auf ausländische Investitionen im eigenen Land aus und muß mehr für die riesige Auslandsverschuldung des Landes aufbringen, als sie durch Investitionen im Ausland verdient. Das sind die Kosten, die durch das enorme Handelsdefizit Jahr für Jahr anfallen. Sie werden durch ausländisches Kapital finanziert, und wie jeder andere Schuldner auch müssen die Vereinigten Staaten für die Verwendung des Geldes zahlen. ... Die amerikanische Wirtschaft nimmt jetzt im Ausland Kredite auf, um die Zinsen früherer Auslandsanleihen zu begleichen. Das ist für ein Land genauso ungesund wie für ein Geschäft oder einen Haushalt. Wie lange kann es so weitergehen? Solange wie die ausländischen Investoren bereit sind, Kredite zu gewähren. Falls und wenn ihre Bereitschaft dazu abnimmt, wird man es in Form von höheren Zinssätzen spüren. Sollte das geschehen, wären die Amerikaner gezwungen sich anzupassen, wie es die Wirtschaftswissenschaftler ausdrücken. Wie man an den lateinamerikanischen Ländern sieht, ist das gleichbedeutend mit einem geringeren Lebensstandard. Je länger der Zeitraum, über den sich die Auslandsschulden ansammeln, um so schlimmer wird diese Anpassung sein.[19]

Wenn Kapital aus einem Land abfließt, dann können die Empfänger es in jedem beliebigen Land auf der Welt wieder anlegen; und sie werden es dort investieren, wo mit den höchsten Gewinnen zu rechnen ist. Sie suchen sich nicht unbedingt Länder aus, die »ausbluten«.

Wenn ein System unter bestimmten Bedingungen funktioniert, ist es sehr unwahrscheinlich, daß dies auch unter genau umgekehrten Vorzeichen der Fall ist. Es wäre zu hoffen, daß allein diese Beobachtung die führenden politischen Kreise Großbritanniens veranlassen könnte, ihre Wirtschaftsdoktrin unvoreingenommen zu überdenken.

Anscheinend haben wir den Sinn der Wirtschaft vergessen. Die gegenwärtige britische Regierung ist stolz darauf, daß die Lohnkosten in Großbritannien unter denen in den meisten anderen europäischen Ländern liegen. Sie hat noch gar nicht erkannt, daß in einem System des freien Welthandels nicht mehr die anderen Europäer, sondern die Billiglohnländer die Konkurrenz darstellen. Und verglichen mit diesen Ländern bleiben die britischen Arbeitskräfte konkurrenzlos teuer, gleichgültig, in welch tiefe Armut die britische Regierung ihre Bevölkerung noch treibt.

In der Blütezeit der Vereinigten Staaten sagte Henry Ford, er wolle seinen Angestellten hohe Löhne zahlen, damit sie seine Kunden werden und seine Autos kaufen könnten. Heute sind wir stolz darauf, daß wir niedrige Löhne zahlen. Wir haben vergessen, daß die Wirtschaft ein Instrument ist, mit dessen Einsatz die Bedürfnisse der Gesellschaft befriedigt werden sollen und nicht umgekehrt. Das höchste Ziel der Wirtschaft besteht darin, Wohlstand und Stabilität zu schaffen.

Was meinen Sie mit Stabilität?

Stabilität bedeutet weder Verknöcherung noch Stillstand. Eine stabile Gesellschaft bewältigt die notwendigen Anpassungen ohne einen Zusammenbruch des Sozialsystems, und sie kann von einem verantwortungsvollen Wirtschaftswachstum profitieren, ohne sich selbst zu zerstören.

Wie würden Sie Deutschland von den Vorzügen eines regionalen Handels überzeugen, angesichts des Engagements führender Kreise in Deutschland für die Globalisierung?

Die Deutschen sollten erkennen, daß ihre bei weitem wichtigsten Kunden ihre Nachbarn sind; mehr als siebzig Prozent der exportierten Güter werden innerhalb Europas verkauft. Deutschland kann nicht daran gelegen sein zuzusehen, wie seine Hauptabnehmer infolge schwindender Arbeitsplätze und schwindenden Kapitals verarmen. Der Wohlstand Deutschlands hängt vom Wohlstand der anderen europäischen Länder ab, und seine soziale Stabilität wird stark von der in den Nachbarländern beeinflußt. Ungeachtet des Entwicklungsstandes seiner Industrieproduktion wird Deutschland unter dem Produktionstransfer in Niedriglohngebiete leiden, ebenso wie der Rest der industrialisierten Länder. Hinzu kommt, daß Deutschland durch die Beschlüsse der Uruguay-Runde auf seinen verbleibenden Märkten mit Importen aus Japan, Korea und anderen Ländern konkurrieren muß.

Wie würden Sie die Auswirkungen eines regionalen Freihandels zusammenfassen?

Stellen wir uns einmal vor, Europa kehrte zum ursprünglichen Konzept der Römischen Verträge zurück, die die Grundlage für die Europäische Gemeinschaft bildeten. Im wirtschaftlichen Bereich hatten sie das Ziel, den größten freien Markt auf der ganzen Welt zu schaffen. Innerhalb Europas gäbe es dann weder Zölle noch andere Handelshemmnisse, sondern einen Markt mit freiem Wettbewerb. Auf den Handel mit außereuropäischen Ländern würde ein einziger Zoll erhoben. Dieses Konzept war als »Priorität der Gemeinschaft« bekannt. Das heißt, die Arbeitsplätze und die Industrie innerhalb Europas hätten Vorrang. Vor rund zwanzig Jahren begannen die Technokraten an der Spitze Europas still und leise mit der Veränderung dieses grundlegenden Prinzips und setzten an seine Stelle nach und nach den freien Welthandel. Seitdem ist die Arbeitslosigkeit in Europa sprunghaft angestiegen, trotz des Wachstums des BSP. Der Vertrag von Maastricht schreibt diese Änderung fest und macht den freien Welthandel zu einer der Grundlagen, auf denen das neue Europa gebaut werden soll (vgl. Kapitel 8, S. 223ff).

Wären wir zu den Ideen der Gründerväter zurückgekehrt und hätten uns erneut zur Priorität der Gemeinschaft bekannt, müßten über Nacht alle Unternehmen, die ihre Produktion in Niedriglohnländer ausgelagert haben, zurückkehren. Wenn sie in außereuropäischen Ländern hergestellte Waren importierten, wären sie nicht länger wettbewerbsfähig. Fabriken würden gebaut, europäische Arbeitnehmer beschäftigt, die Wirtschaft würde wachsen und gedeihen und die soziale Stabilität zurückkehren. Hinzu kommt, daß internationale Unternehmen, die ihre Produkte in Europa verkaufen wollten, ebenfalls Fabriken bauen, Arbeitskräfte einstellen und sich an der europäischen Wirtschaft beteiligen müßten. Von einer mit dem Tode ringenden Gemeinschaft würde Europa ganz plötzlich zu einem der aufregendsten Plätze werden, in den man investieren und an dessen Wirtschaftsleben man teilhaben könnte. Und europäische Unternehmen würden überall auf der Welt investieren und zum Wohlergehen anderer Regionen beitragen. Gleiches gilt für Nordamerika.

Was die Freihandelszonen der Entwicklungsländer betrifft, so würden sie ebenfalls profitieren. Beispielsweise werden zur Zeit Freihandelszonen in Lateinamerika und Südostasien geschaffen. Die meisten nordamerikanischen, europäischen und japanischen Unternehmen wollen ihre Produkte auf diesen riesigen Märkten verkaufen. Deshalb werden sie Kapital und Technologien transferieren müssen, Fabriken in Lateinamerika und Südostasien bauen und Arbeitnehmer aus diesen Regionen beschäftigen. Durch die Beteiligung an diesen Volkswirtschaften werden sie deren Entwicklung vorantreiben.

Die Globalisierung des freien Handels muß abgelehnt werden. Dieser Prozeß weist zu schwere Mängel auf, um als Sprungbrett zu einem besseren System dienen zu können. Der Schaden, den er sowohl den Industrieländern als auch den Entwicklungsländern zufügen wird, kann nicht hingenommen werden.

3

Nationen, künstliche Staaten und besiedelte Gebiete

Derzeit werden weltweit ungefähr dreißig Kriege geführt. Warum, glauben Sie, hat es nach Ende des Kalten Krieges eine derartige Zunahme an Konflikten gegeben?

Die meisten dieser Konflikte sind auf eine relativ kleine Anzahl von Gründen zurückzuführen. Viele wurden nicht durch Aggressionen von außen hervorgerufen, sondern durch den Wunsch wirklicher Völker, sich aus den künstlichen Staaten zu befreien, in die sie gezwängt worden waren.

Die meisten künstlichen Staaten sind entstanden, als die westlichen Regierungen die Landkarten der Welt neu zeichneten und dabei von falschen Voraussetzungen ausgingen. In der gängigen Lehre, auf die sie sich bei ihrem Vorgehen stützten, wurde die Existenz eines Nationalgefühls nicht akzeptiert, und sie war daher außerstande, zwischen Nationen, künstlichen Staaten und besiedelten Gebieten zu unterscheiden. Während des Kalten Krieges wurde an unnatürlichen politischen Strukturen festgehalten, bedingt durch die komplizierte Weltordnung, die die Supermächte unterstützten. Heute hoffen die Völker, ihre Freiheit wiederzuerlangen, was zwangsläufig Konflikte zur Folge hat.

Wie definieren Sie eine Nation?

Eine Nation ist ein Land, dessen Bewohner zum überwiegenden Teil eine gemeinsame Kultur haben, eine gemeinsame Identität, ein gemeinsames Erbe und traditionelle Wurzeln.

Worin unterscheidet sich eine Nation von dem, was Sie als künstlichen Staat beschreiben?

Lassen Sie mich ein paar einleuchtende Beispiele nennen. Tschechen und Slowaken sind zwei Nationen, zwei Völker, die 1918 in einen gemeinsamen Staat gezwungen wurden, die Tschechoslowakei. Sobald sie nach dem Fall der Berliner Mauer ihre Freiheit wiedererlangt hatten, beendeten sie ihre künstliche Einheit und trennten sich friedlich.

Jugoslawien war ein künstlicher Staat, ebenfalls 1918 gebildet, in dem Serben, Kroaten, Slowenen und andere Völker in sechs »Republiken« und zwei »autonomen Regionen« lebten, alle beherrscht von den mächtigen Serben. Der jüngste Krieg in Ex-Jugoslawien spiegelt den Wunsch dieser verschiedenen Völker nach Unabhängigkeit wider. Kompliziert wurde die Lage durch das Bestreben, ein möglichst großes Gebiet für sich zu gewinnen.

Der künstliche Staat Belgien wurde 1831 gebildet. Er sollte die Wallonen und die Flamen zusammenbringen. Nach 162 konfliktreichen Jahren wurde 1993 die Verfassung geändert, die nun den einzelnen Völkern größere Autonomie zubilligt. Viele Menschen glauben, dies sei nur der erste Schritt in Richtung auf eine effektive Trennung.

In zwei dieser drei Beispiele hat der Versuch, sich aus den künstlichen Staatsgebilden zu befreien, zu friedlichen Lösungen geführt: in der Tschechoslowakei wurde die Trennung durch Verhandlungen erreicht, in Belgien durch eine Änderung der Verfassung. Jugoslawien dagegen war zum Krieg verdammt und blickt nun einer ungewissen Zukunft entgegen.

Dies ist ein weltweites Phänomen. Auf dem amerikanischen Kontinent findet sich das deutlichste Beispiel für separatistische Bewegungen in Kanada. Beispiele im europäischen Raum sind die separatistische politische Partei, die Liga Nord, in Italien sowie weitere, häufig gewalttätige Bewegungen, die eine nationale Neugestaltung anstreben: die baskischen Separatisten und, weiter im Osten, die Kurden, deren Volk auf eine Reihe von Ländern aufgeteilt wurde und die auf der Suche nach einem eigenen Land sind. In der ehemaligen Sowjetunion, in der das Nationalgefühl unterdrückt wurde, gibt es zahlreiche Beispiele; typisch sind Armenien, Georgien, Moldawien und Tadschikistan.

Afrika ist am schlimmsten von allen betroffen. Die Kolonialmächte haben dem Kontinent großen Schaden zugefügt, indem sie direkt durch die traditionellen Gebiete einzelner Völker Grenzen zogen. So wurde zum Beispiel eine Linie durch Somalia gezogen, wodurch ein Teil des somalischen Volkes abgetrennt und Kenia zugeteilt wurde. Dasselbe geschah mit dem großen Volk der Massai, das zwischen Kenia und Tansania aufgeteilt wurde. Anderswo wurden natürlich auch die üblichen künstlichen Staaten geschaffen. Nigeria setzt sich im wesentlichen aus vier ursprünglichen Völkern zusammen: den Hausa, Igbo, Yoruba und Fulani. Es hat bereits unter einem schrecklichen Krieg gelitten, in dem Hunderttausende Menschen getötet wurden und der nichts bewirkt hat. Sudan, der Tschad, Dschibuti, der Senegal, Mali, Burundi und natürlich Ruanda gehören zu den zahlreichen anderen Staaten, die durch Konflikte erschüttert werden.

Unsere gegenwärtige Politik ist keineswegs besser. Selbst nach dem Sturz des rassistischen Apartheid-Regimes können wir nicht begreifen, daß Südafrika ein künstlicher Staat ist, in dem zahlreiche stolze und große schwarze Völker zusammengefaßt sind. Sie wurden von der weißen Kolonialmacht unterworfen und in Schach gehalten, nun aber streben sie nach Autonomie. Wie immer bleibt die Politik der westlichen Industrieländer vom Geiste des Kolonialismus geprägt, und wir weigern uns zu verstehen, daß die Probleme nicht mehr grundsätzlich zwischen Weißen und Schwarzen bestehen, sondern zwischen den Völkern, die in einer Zwangsjacke stecken, die ihnen der Westen angelegt hat. So arbeiten unsere Staatsführer daran, die imperialistischen Strukturen zu erhalten, indem sie die eine imperiale Macht durch eine andere ersetzen. Sie unterstützen das südafrikanische Volk der Xhosa in seinem Bestreben, alle anderen zu beherrschen, und wir sind Zeugen eines Versuchs, ein weiteres Jugoslawien zu bilden. Für Somalia bestand das formulierte Ziel der UNO-Intervention darin, durch die Lieferung von Nahrungsmitteln die Hoffnung wiederherzustellen. Dann kamen unsere kolonialen Eigenschaften wieder durch. Wir glaubten zu wissen, wie die Probleme Somalias zu lösen seien, und machten aus der Operation »Restore Hope« eine militärische Expedition, um eine Nation zu formen. Das Ergebnis besteht nach Ansicht des amerikanischen Botschafters in Somalia darin, daß »es kein Somalia mehr gibt. Somalia ist verschwunden. Man kann den Ort, an dem die Somalier leben, Somalia nennen, als Staat aber ist Somalia 1991 verschwunden.«[1] Das war der Zeitpunkt, als unter amerikanischer Leitung die Militärintervention durchgeführt wurde, die Somalia in einem Zustand der Anarchie zurückließ. Es ist fast unglaublich, daß wir trotz der Tragödien und chaotischen Zustände, die wir in Afrika herbeigeführt haben, und trotz unserer Unfähigkeit, unsere eigenen Probleme zu lösen, arrogant genug sind zu glauben, wir hätten das Wissen, sogar die Pflicht, andere Nationen zu unterwerfen und ihnen unsere Ideen aufzuzwingen.

Wollen Sie damit etwa andeuten, ein Volk könnte Fremde nicht integrieren?

Natürlich nicht. Tatsächlich brauchen Völker frisches Blut und neue Ideen. Aber sie können nur eine begrenzte Zahl Fremder zur Zeit aufnehmen. Sie können sich nicht erlauben, von Immigranten überrollt zu werden, weil sie dann ihre Identität verlieren und aufhören, ein Volk zu sein. Neuankömmlinge, die in einem Volk willkommen geheißen werden, sollten die Gebräuche und Gepflogenheiten ihrer neuen Umgebung ehren und respektieren. Sie dürfen nicht das Land betreten oder über die Grenzen kommen und die nationale Kultur ablehnen. Anderenfalls sind Feindschaft, Intoleranz und Konflikte zwangsläufig die Folge.

Worin unterscheidet sich eine Nation von dem, was Sie ein »besiedeltes Gebiet« nennen?

In der heutigen Zeit vertreten viele Intellektuelle die Lehrmeinung, daß eine geographische Region, einmal besiedelt, gewissermaßen von selbst eine Nation werde. Das heißt, sie glauben, daß Menschen unterschiedlichster Herkunft, aus unterschiedlichsten Kulturen und ethnischen Gruppen in einem bestimmten Gebiet zusammengefaßt und miteinander vermischt werden könnten und daraus eine Nation, ein Volk, entstehe. In Wirklichkeit wird so nur ein Gebiet mit Menschen besiedelt, die sich eventuell innerhalb einer langen Zeitspanne zu einem Volk entwickeln.

Wie ist das mit den Kriegen, die aus religiösen Gründen geführt werden?

Die Wiedererstarkung des Islam ist der Hauptgrund für die jüngste Zunahme der religiös motivierten Auseinandersetzungen. Die

Wiedererstarkung selbst aber ist eine natürliche Reaktion auf die enorme Störung durch westliche, moderne Einflüsse.

Im Iran zum Beispiel versuchte der Schah, sein Land innerhalb einer Generation in einen westlichen Staat umzuwandeln. Er führte eine Landreform durch, trug zur Entwurzelung der ländlichen Bevölkerung bei und trieb sie in die Städte, wo die Slums sich enorm ausdehnten; er leitete eine intensive Industrialisierung ein und führte, um die traditionellen Sitten und Gebräuche zu ersetzen, die westliche Kultur ein. Hinzu kommt, daß er die religiösen Gefühle seines Volkes verletzte. Wie könnte eine Nation davon absehen, sich einer derart umfassenden Aggression zu widersetzen? Natürlich folgt auf eine Aktion eine Reaktion. Und wenn die Aktion übertrieben ist, fällt die Reaktion um so heftiger aus.

Ein weiteres Land, das in großen Schwierigkeiten steckt, ist Algerien. Auch hier hatte der Westen geglaubt, seine kulturellen Werte aufdrängen und althergebrachte Traditionen durch so eine Art westlichen, progressiven Sozialismus ersetzen zu müssen, eine Mischung jener Ideen, denen Intellektuelle unserer Tage so gern anhängen. Die Ergebnisse waren dieselben wie immer: Entwurzelung der ländlichen Bevölkerung, relativ wenig erfolgreiche Industrialisierung, Massenabwanderungen in städtische Gebiete mit der tragischen Folge der Slumbildung, die Ausweitung der Wohlfahrt als Versuch, die destabilisierte Bevölkerung ruhigzustellen, wodurch eine vom Staat abhängige, unterprivilegierte Klasse entstand, Bevölkerungsexplosion, Zusammenbruch des Sozialgefüges, eine rasante Zunahme der Kriminalität und schließlich die brutale Zurückweisung der fremden Kultur, die den Algeriern aufgezwungen worden war.

Es ist interessant, die Reaktion der westlichen Welt auf die Vertreibung von Jean-Bertrand Aristide nach seiner demokratischen Wahl in Haiti mit dem Verhalten der westlichen Staaten zu vergleichen, das sie an den Tag legten, als die Wahlen in Algerien gestoppt wurden, nachdem abzusehen war, daß die islamischen politischen Parteien die demokratische Wahl gewinnen würden. Was Haiti betrifft, so gestikulierte und posierte eine endlose Zahl von Rednern vor den Fernsehkameras, das Militär intervenierte, und Politiker bestanden darauf, daß die Ergebnisse demokratischer Wahlen allgemein respektiert werden müßten. Im Gegensatz dazu wurde die Tatsache, daß die demokratische Wahl in Algerien für ungültig erklärt wurde, mit Schweigen begrüßt. Der Westen kann nicht begreifen, daß seine Ideen auf demokratische Weise abgelehnt werden. Für den Westen ist eine derartige Ablehnung entweder ein Zeichen für Schwachsinn oder für das Böse.

Wie erklären Sie sich das?

Der Westen glaubt daran, daß es seine Bestimmung sei, unterschiedliche menschliche Kulturen in eine einzige, weltumspannende Zivilisation zu führen oder ihnen diese aufzuzwingen. Er vermag die Koexistenz verschiedener Kulturen auf der Welt nicht zu tolerieren. Hauptgrund dafür ist, daß der Westen wirklich davon überzeugt ist, daß er das einzige Modell menschlichen Zusammenlebens gefunden hat, das humanitären Ansprüchen genügt. Deshalb hält er es für seine moralische Pflicht sicherzustellen, daß die ganze Welt dieses Modell übernimmt. Die Debatte um Haiti ist dafür ein gutes Beispiel. Die wichtigsten Berater der Clinton-Regierung schlagen vor, daß das Recht auf Demokratie weltweit gelten und von der internationalen Gemeinschaft als Rechtsanspruch garantiert werden solle. Folglich führte die US-Regierung eine militärische Intervention in Haiti durch. Jeane Kirkpatrick schreibt dazu: »Wenn wir etwas gegen Haiti unternehmen, sollte uns klar sein, daß es 55 Länder gibt, die nach den Richtlinien des *Freedom House* nicht ›frei‹ sind.«[2]
Diese extreme Form des kulturellen Imperialismus wird durch die internationale Geschäftswelt gestützt, die sich einen Vorteil davon

verspricht, daß die soziale Vielfalt durch eine weltweite Monokultur zerstört wird, die nach westlichen Produkten verlangt.

Wie sehen Sie die Vereinigten Staaten? Bilden sie Ihrer Ansicht nach eine Nation, einen künstlichen Staat oder eine besiedelte Region?

Amerika hat im Laufe seiner Geschichte mehrmals einen neuen Weg eingeschlagen. Am Anfang des 18. Jahrhunderts kamen die Einwanderer hauptsächlich aus dem europäischen Kulturraum. Dann kam es zur schrecklichen Tragödie der Masseneinfuhr von Sklaven. James Madison sah nach seinem Ausscheiden aus dem Amt des Präsidenten die sozialen Folgen dieses Wechsels voraus. Obwohl er selbst Sklaven besaß, glaubte er an die Gleichberechtigung. Aber er wußte auch, daß die Sklaven aus ihrer ursprünglichen Kultur herausgerissen und ihrer Identität beraubt worden waren und von der vorherrschenden weißen Kultur ausgeschlossen bleiben oder sie diese selbst ablehnen würden. Er schloß daraus, daß es nahezu unmöglich sei, die sozialen Wunden zu heilen, und daß viele der Schwarzen deshalb allein und isoliert bleiben würden, während die weiße Bevölkerung ein Schuldgefühl davontragen werde. Beide ethnische Gruppen würden, wie auch die gesamte Nation, leiden. Es ist bekannt, daß Madison der Meinung war, daß die Sklaven nach ihrer Befreiung nach Afrika zurückkehren sollten und Amerika mit größtmöglichem Wohlwollen eine derartige Massenabwanderung unterstützen solle. Er gehörte zu den Gründungsmitgliedern der *American Colonization Society*, die zu diesem Zweck ins Leben gerufen wurde.

Wie kamen seine Ratschläge an?

Die Vereinigten Staaten erreichten, daß 1822 das Gebiet von Liberia in Westafrika zur Zufluchtsstätte für zurückkehrende ehemalige Sklaven wurde. Der Name Liberia stand als Symbol für ihre Befreiung, und das Motto des Landes war »Wir kommen um der Freiheit willen hierher«. Unglücklicherweise (wie in jedem Falle eines solchen Vorhabens) hatte das Bedürfnis der Immigranten nach einem Heimatland Vorrang vor den Rechten der bereits in Liberia lebenden Bevölkerung, der bei der Verfügung über ihr Land kein Mitspracherecht eingeräumt wurde. Leider hatte das Experiment ganz unerwartete, moralisch verwerfliche Folgen. Die befreiten Sklaven gingen nämlich schnell zur Versklavung der lokalen Bevölkerung über. 1930 wurde Liberia von dem Völkerbund gerügt für die stillschweigende Duldung von »Bedingungen, die sich kaum von der Sklavenhaltung und dem Sklavenhandel unterscheiden«.[3] Die Bürgerkriege, die in den vergangenen Jahrzehnten über Liberia hinwegtobten, haben eine Hauptursache: die ursprünglichen Einwohner haben sich entschlossen, die Kontrolle über ihr Land zurückzugewinnen.

Welche Auswirkungen hat Ihrer Meinung nach die erzwungene Einwanderung von Afrikanern auf den Charakter Amerikas?

Ich stimme den Schlußfolgerungen Madisons zu. Man kann den Menschen nicht ihre Kultur nehmen, ihr Erbe und ihre Identität, ohne eine schreckliche Reaktion zu provozieren. Vor der Ankunft der Afro-Amerikaner schienen die Einwanderer in Amerika zu einer Nation zu verschmelzen. Sie waren aus freien Stücken nach Amerika gekommen, angespornt von dem Ideal einer freien, klassenlosen Gesellschaft, der leuchtenden Stadt auf dem Hügel. Sie hatten sich freiwillig entschlossen, einen großen Teil ihres kulturellen Erbes hinter sich zu lassen und sich von ihren angestammten Wurzeln zu lösen. Sie vermischten sich ohne Probleme. Natürlich gab es Ausnahmen. Mitglieder einiger Gemeinschaften neigten dazu, nur untereinander zu heiraten. Doch der typische weiße Amerikaner der Südstaaten hatte deutsche, angelsächsische, schottische und irische Vorfahren. Zwischen 1820 und 1860 kamen neun von zehn Einwanderern aus England, Irland oder Deutschland.[4] Offensichtlich war die Beziehung zwischen Afro-Amerikanern und Amerikanern europäischer Abstammung aus all den Gründen, die Madison vorhergesehen hatte, sehr viel schwieriger.

Das Jahr 1965 markierte einen weiteren Wendepunkt. In jenem Jahr wurde ein neues Einwanderungsgesetz, die *Immigration and Nationality Act Amendments,* verabschiedet. Es beendete eine Politik, die früher die Einwanderung so organisiert hatte, daß sie dem Muster entsprach, das durch den kulturellen Ursprung der bereits in Amerika lebenden Menschen bestimmt war. Das neue Gesetz stand symbolisch für die Entscheidung Amerikas, anstelle einer fortdauernden Bevorzugung der europäischen Einwanderer eine eigene, freie Welt zu werden. In den fünfziger Jahren überstieg die Zahl der europäischen Einwanderer die der asiatischen um das Neunfache.[5] Im Zuge des neuen Einwanderungsgesetzes wurden die Verhältnisse radikal umgekehrt. 1990 hatte sich die absolute Zahl der Einwanderer aus Europa halbiert, die Zahl der Einwanderer von anderen Kontinenten und aus anderen Kulturen war dagegen sprunghaft angestiegen.[6] Durch die Öffnung für alle, die ein Leben in Freiheit suchten, egal woher sie kamen, wollte Amerika eine große, neue Gesellschaft schaffen, die die Einwanderer willkommen hieß. Präsident Reagan beschrieb in seiner berühmten Neujahrsansprache 1982 Amerika mit folgenden Worten: »Wir sind eine Nation, die sich aus Menschen zusammensetzt, die aus den unterschiedlichsten Ecken der Welt gekommen sind, Menschen aller Rassen und Glaubensbekenntnisse. . .«[7]

Eine so großartige Vision wurde mit großem Enthusiasmus aufgenommen. Sie zeugte nicht nur von einer ausgesprochen großzügigen Geisteshaltung, sondern schien auch eine lebendige, innovative und tüchtige, neue Generation zu versprechen, die Amerika eine gewaltige Belebung bringen würde. Und so kam es. Diese

Einwanderer bringen heute oft die besten Schulnoten nach Hause und sind führend in Forschung, Wissenschaft und Mathematik. Aber zwangsläufig hat dies auch noch andere Folgen. Wie das *Time Magazine* schrieb: »Im Jahr 2020 ... dürfte die Zahl der US-Bürger hispanischer oder nicht-weißer Herkunft auf etwa 115 Millionen angestiegen sein und sich damit mehr als verdoppelt haben.« Nur kurze Zeit später wird die Bevölkerung europäischer Abstammung in der Minderheit sein; »der durchschnittliche US-Bürger, wie er in der Bevölkerungsstatistik definiert wird, wird seine Spuren zurückverfolgen können nach Afrika, Asien, in die hispanische Welt, auf die pazifischen Inseln, nach Arabien – nahezu überallhin, außer auf das weiße Europa.«[8]

Welche Folgen werden diese Veränderungen haben?

Diese radikale Veränderung in der amerikanischen Bevölkerung hat sich mit einer unglaublichen Geschwindigkeit vollzogen. Es hat in großem Umfang sowowhl legale als auch illegale Einwanderungen gegeben (letztere wird auf zwei bis drei Millionen pro Jahr geschätzt).[9] Hinzu kommt, daß die Einwanderer, wenn sie sich erst einmal niedergelassen haben, eine höhere Geburtenrate aufweisen. Oakeshott[10] und Santayana,[11] zwei zeitgenössische Autoren, glauben, daß eine der Katastrophen, die jede Gemeinschaft heimsuchen könne, darin bestehe, daß das gemeinsame Verständnis, also die gemeinsame Kultur, sich durch zu schnelle oder zu radikale Veränderungen auflöse.

Wie auch immer dieses außergewöhnliche und große Experiment ausgehen mag, es wird unweigerlich soziales Leid nach sich ziehen. Die Destabilisierung und der soziale Zusammenbruch mancher Städte, die multikulturelle, mehrsprachige Bevölkerung, die große räumliche Mobilität, die entwurzelte Kleinfamilien oder zerrüttete Familien zur Folge hat, tragen zu der weitverbreiteten Orientierungslosigkeit bei. Wie nicht anders zu erwarten, waren die Reaktionen auf diese rasante Veränderung der Lebensbedingungen unterschiedlich. Einige Menschen haben nach ihren historischen Wurzeln in Afrika, Irland, Israel, Italien, China oder sonstwo gesucht, mehr oder weniger abgeschlossene Gemeinschaften gebildet und sich dafür entschieden, nur unter ihresgleichen zu leben. Sie streben danach, ihre Kultur, Religion und Sprache zu erhalten oder wiederzuentdecken. Das heißt, ihre Reaktion besteht darin, ihre Unterschiedlichkeit zu respektieren und zu schützen.

Andere haben eine völlig andere Richtung eingeschlagen. Sie haben versucht, die Unterschiede auszumerzen und eine homogene Gesellschaft zu bilden, indem sie die Existenz kultureller und ethnischer Gegensätze und sogar die Unterschiede zwischen den Geschlechtern verleugnen. Die Homogenisierung hat die Unterschiede zwischen Mann und Frau in Frage gestellt. Es ist eine Tatsache, daß Männer und Frauen unterschiedlich sind und daß sich ihre jeweiligen Stärken und Schwächen kompensieren, so daß eine Familie in Harmonie leben kann. An die Stelle der natürlichen Ergänzung von Männern und Frauen ist die Konkurrenz zwischen ihnen getreten, wodurch sich die Gesellschaft ändern wird — insbesondere in einer Kultur, in der es *in* ist, die Individualität zu betonen. Der Individualismus unserer heutigen Zeit betrachtet alle sozialen Strukturen und Verpflichtungen, selbst innerhalb der Familie, als Hindernis auf dem Weg zur Selbsterkenntnis und damit als Form der Unterdrückung.

Dieses soziale Phänomen, die Gleichmacherei der Geschlechter und der moderne Individualismus, wird zusätzlich die Stabilität der Familie bedrohen.

Welche Schlußfolgerung ziehen Sie aus alledem?

Aus geopolitischer Sicht wird es Amerika schwerer fallen, eine interne Übereinkunft über seine politische Ausrichtung zu erzielen. Amerikaner asiatischer Abstammung, Hispano- und Afro-Amerikaner werden nicht dasselbe spezielle Verhältnis zu Europa haben wie die Amerikaner europäischer Herkunft. Und letztere werden sich gegenüber Problemen in anderen Teilen der Welt ähnlich verhalten. So mögen die amerikanischen Regierungen versuchen, einen Konsens zu erzielen, indem sie ihre Außenpolitik mit humanitären Überlegungen rechtfertigen, was manchmal mit dem Begriff »Kanonenbootmitleid« bezeichnet wird, und das kann sehr schnell in eine Form des Neo-Kolonialismus ausarten.

Lassen Sie uns nun zum Aufbau Europas kommen. Sie glauben an eine Europäische Gemeinschaft, aber Sie lehnen Europa in der Form ab, wie es nach den Maastrichter Verträgen aussehen soll. Warum?

Die Maastrichter Verträge haben zum Ziel, einen länderübergreifenden, zentralisierten und bürokratischen Staat zu schaffen – eine homogene Union. Sie zerstören damit die Säulen, auf denen Europa errichtet wurde, seine Nationen. Sie wollen aus Europa ein einziges, multikulturelles Gebiet machen, in dem sich nationale Identitäten vermischen und die Souveränität einzelner Nationen abgeschafft wird. Sie zwingen dadurch die traditionellen europäischen Nationen, schließlich zu einem einzigen künstlichen Staat zu verschmelzen. Wie George Orwell feststellte, ist es charakteristisch für Intellektuelle, die vorherrschenden politischen Leidenschaften ihrer Zeit mit Unverständnis zu übergehen.[12] Diese politische Leidenschaft ist heute die Suche nach nationaler Identität. Und diesen Zeitpunkt haben sich die herrschenden Klassen Europas ausgesucht, um die Identität jeder einzelnen Nation zu zerstören.

Wie kommt es dann, daß die Bevölkerungen von fünfzehn europäischen Staaten den Verträgen zugestimmt haben?

Die Europäische Union wurde im Verborgenen geschaffen, und das geschah nicht etwa aus Nachlässigkeit oder durch Zufall, sondern war wohlüberlegt und wurde geschickt durchgeführt. Claude Cheysson, der frühere französische Außenminister und Mitglied der Europäischen Kommission von 1985 bis 1989, beschrieb die Mechanismen in einem Interview mit dem *Figaro* am 7. Mai 1994.[13] Stolz erklärte er, daß die Europäische Union nur ohne jede Demokratie habe geschaffen werden können, und behauptete weiter, daß die gegenwärtigen Probleme das Ergebnis einer irrtümlich gestatteten, öffentlichen Debatte über die Vorzüge der Maastrichter Verträge seien.

Die britische Zeitung *Guardian* reichte bei dem Europäischen Gerichtshof in Luxemburg Klage ein und beschwerte sich über die Heimlichkeit, mit der europäische Entscheidungen gefällt würden. Die Anwälte des Europäischen Ministerrates antworteten darauf, indem sie den Richtern erklärten: »Es gibt keinen Grundsatz in der Gesetzgebung der Gemeinschaft, der den Bürgern das Recht einräumt, Dokumente der Europäischen Union einzusehen.« Sie fuhren mit der erstaunlichen Aussage fort, daß Regierungschefs zwar wiederholt eine größere Offenheit in Angelegenheiten der Europäischen Union gefordert hätten, ihre Erklärungen aber »sind ganz eindeutig politischer Natur und nicht bindend für die Institutionen der Gemeinschaft.«[14] Also baten sie die Richter, die Erklärungen, die in den vergangenen zwei Jahren wiederholt auf den Gipfeltreffen der Europäischen Union zugunsten einer größeren Offenheit abgegeben worden waren, zu ignorieren. Statements, die die (damals) zwölf Regierungschefs abgaben, seien nichts weiter als »politische Orientierungshilfen« und hätten keinen bindenden Charakter.

Dieser Glaube daran, daß die Führungsschicht alles am besten wisse und die Öffentlichkeit nichts weiter als ein Hindernis sei, erklärt, warum es nun eine tiefe und gefährliche Kluft zwischen den europäischen Gesellschaften und den Regierenden gibt.

Was wurde denn in aller Heimlichkeit getan?

Leise und Schritt für Schritt ist die Macht den zwanzig nichtgewählten Technokraten, Mitgliedern der Europäischen Kommission, übertragen worden. Ursprünglich war die Macht auf den Ministerrat beschränkt gewesen, der sich aus den gewählten Regierungschefs bzw. ihren Repräsentanten zusammensetzt. Da diese aber eher an nationaler Politik interessiert waren als an dem Aufbau Europas, wurde den Technokraten der Kommission Stück für Stück die exekutive Macht überlassen. Ihnen wurde das alleinige Recht übertragen, neue Initiativen zur Entwicklung der Europäischen Union anzuregen. Ihr Ehrgeiz ist alles andere als bescheiden. Jacques Delors, der ehemalige Kommissionspräsident, erklärte, daß künftig in jedem Land der Europäischen Union achtzig Prozent aller Gesetze im wirtschaftlichen, sozialen und steuerlichen Bereich in Brüssel ihren Ursprung haben und dort durch Vorschläge der Kommission initiiert werden sollten.[15]
Ganz ohne Zweifel war es diese Hast in Richtung auf eine überzogene technokratische Zentralisierung, die ein Europa geschaffen hat, das nach außen hoffnungslos schwach und nicht in der Lage ist, das Weltgeschehen zu beeinflussen. Nach innen wird die Macht der Technokraten eingesetzt, um Souveränität, Freiheit und Selbstbewußtsein zu zerstören.

Was verstehen Sie unter einem Technokraten?

In der Regel ist ein Technokrat ein früherer Politiker oder ein Beamter. Er wird nicht gewählt und kann während seiner Amtszeit praktisch nicht abgelöst werden; ihm werden umfangreiche exekutive und sogar legislative Befugnisse eingeräumt, ohne daß er ein Mandat vom Volk hat und ohne daß er den Menschen, deren Interessen er theoretisch vertreten soll, direkt verantwortlich ist.

Wie müßte ein Europa aussehen, an das Sie glauben?

Es würde auf den Stärken, Kulturen und Traditionen seiner Mitgliedsländer beruhen. Seine Institutionen würden nach dem grundlegenden Prinzip arbeiten, daß alles, was auf der Ebene der Familie geleistet werden kann, dort belassen würde. Alles, was auf lokaler, regionaler oder nationaler Ebene durchgeführt werden kann, würde entsprechend dezentralisiert.

Ich bin der Ansicht, Demokratie funktioniert reibungslos auf lokaler Ebene und bei echter Mitbestimmung. In einer gesunden Demokratie entscheiden die Menschen, mit welcher Macht sie die Regierenden ausstatten wollen. In einer Scheindemokratie dagegen entscheiden die Regierenden, welche Freiheiten den Menschen eingeräumt werden sollen.

In kleinen Wahlkreisen müssen die gewählten Vertreter sich um die lokalen Interessen ihrer Wähler kümmern. Sind politische Vertreter weit von der Basis entfernt, sind sie anonym und repräsentieren eine riesige Zahl unbekannter Wähler, dann vertreten sie nicht ihre Wähler, sondern Gruppen mit speziellen Interessen, deren zahlreiche Lobbyisten überall gegenwärtig sind.

Darüber hinaus sollte in einer Demokratie Wert auf Mitbestimmung gelegt werden und nicht nur auf Vertretung. Damit meine ich, daß die Bürger die letzte Entscheidung über alles haben sollten, was für die Gesellschaft von wesentlicher Bedeutung ist. In einer funktionierenden Demokratie wie der Schweiz können 100 000 Menschen ein nationales Referendum herbeiführen über alle Fragen, die eine Änderung der Verfassung betreffen. Mit einer von 50 000 Menschen unterzeichneten Petition kann durchgesetzt werden, daß über Vorschläge, die dem Parlament unterbreitet wurden, in einem öffentlichen Referendum abgestimmt wird. In Großbritannien aber hat sich die Regierung beispielsweise systematisch geweigert, ein Referendum zu den Maastrichter Verträgen durchzuführen, einem Vertragswerk, das die nationale Souveränität radikal beschneidet. Die Ausrede der Regierung lautet, daß Referenden im politischen System Großbritanniens nicht vorgesehen seien. Doch als Großbritannien in die Europäische Union eintrat, *erhielten* die Briten Gelegenheit, ihre Meinung darüber in einem nationalen Referendum zu äußern. Nein, der tatsächliche Grund ist, daß Meinungsumfragen gezeigt haben, daß das europäische Modell, so wie es die Maastrichter Verträge vorsehen, mit überwältigender Mehrheit von der britischen Bevölkerung abgelehnt würde. Durch die Weigerung, über einen derart wichtigen Punkt frei zu entscheiden, demonstriert die gegenwärtige Regierung ihre Geringschätzung für die Menschen, die sie gewählt haben.

Demokratie auf Mitbestimmungsbasis ist ein Weg, die Macht der Politiker zu kontrollieren, wenn sie erst einmal gewählt worden sind; sie gewährleistet außerdem, daß die Verantwortung letztlich bei den Wählern bleibt. Das Recht, ein Referendum zu fordern, sollte sowohl auf lokaler als auch auf nationaler Ebene gelten.

Nun haben die europäischen Staatschefs das Prinzip der Subsidiarität aber immer akzeptiert und gesagt, sie würden ein Optimum an Dezentralisierung anstreben.

Die Subsidiarität ist von den Eurokraten mißbraucht worden, um ihre Gier nach Zentralisierung zu kaschieren. Es bedeutet eigentlich ein Optimum an Dezentralisierung der Macht, das Wort selbst aber ist heute hoffnungslos diskreditiert. Welch eine Farce war es, als die Kommission behauptete, daß sie im Geiste der Subsidiarität handele, während zur selben Zeit vorhergesagt wurde, daß achtzig

Prozent aller nationalen Gesetze ihren Ursprung in Brüssel haben würden!

In welchen Bereichen sollte Brüssel die Verantwortung übernehmen?

Grundsätzlich in den Bereichen Verteidigung, diplomatische Vertretung, Umweltschutz und Bewahrung eines freien Binnenmarktes innerhalb Europas.

Welche Institutionen wären für diese Zwecke notwendig?

Die Hauptinstitution mit exekutiven Befugnissen sollte der Europäische Ministerrat sein, der, wie ich schon gesagt habe, aus den gewählten Regierungschefs der Mitgliedsstaaten und ihren Repräsentanten besteht. Da im derzeitigen System der Vertreter jedes europäischen Landes turnusgemäß für ein paar Monate Ratspräsident wird, sollte ein Vizepräsident des Ministerrates ernannt werden, der den Mitgliedern direkt verantwortlich wäre. Damit wäre die exekutive Kontinuität gewährleistet. Anderenfalls füllen, wie wir gesehen haben, die nichtgewählten Technokraten der Kommission diese Lücke.

Was ist mit der Europäischen Kommission?

Sie sollte das Verwaltungssekretariat des Rates sein. Ihr sollte die exekutive und legislative Macht entzogen werden, und sie sollte effizient und diszipliniert arbeiten, wie es von Funktionären einer Demokratie zu erwarten ist.

Welche Strukturen würden für Verteidigung und diplomatische Vertretung gebraucht?

Diese Bereiche sollten einem Europäischen Sicherheitsrat anvertraut werden, dem UN-Sicherheitsrat nicht unähnlich. Die großen europäischen Nationen, die den größten Teil des militärischen Kontingents stellen würden, sollten die wichtigsten Mitglieder im Sicherheitsrat sein. Jede europäische Nation hätte die Freiheit, eine Unterstützung militärischer Initiativen, die der Europäische Sicherheitsrat beschlossen hat, abzulehnen. Der Rat könnte auf die Streitkräfte der Nationen zurückgreifen, die seiner Entscheidung zustimmen, ohne danach zu trachten, ein einheitliches Eurocorps aufzubauen. Entwicklung und Produktion der militärischen Ausrüstung könnten durch Joint-ventures zwischen europäischen Unternehmen koordiniert werden.

Das Hauptziel der europäischen Verteidigung muß es sein, Europas lebenswichtige Interessen zu schützen und insbesondere seine Territorien gegen militärische oder unkontrollierte Invasionen zu verteidigen. Es sollte keine neokolonialen Expeditionen unter dem Deckmantel der humanitären Hilfe starten, wenn es genaugenommen darum geht, irgendwelche westliche Politiker bei der Planung ihrer Karriere im Heimatland zu unterstützen.

Was meinen Sie mit unkontrollierter Invasion?

Ich meine Immigration in solch einem Ausmaß, daß die Einwanderer nicht mehr integriert werden können.

Wie sollte das Verhältnis zwischen dem Europäischen Sicherheitsrat, den Vereinigten Staaten und der NATO aussehen?

Jetzt, wo der Kalte Krieg vorüber ist, muß Europa erwachsen werden. Es ist absurd, daß 250 Millionen Amerikaner gebeten werden sollten, 350 Millionen Europäer gegen einen unbekannten Feind zu verteidigen. Europa und die Vereinigten Staaten sollten als unabhängige Verbündete zusammenarbeiten, und die NATO könnte die Institution sein, die für ad-hoc-Kooperationen eingesetzt wird.

Und die Umwelt ?

Umweltprobleme machen nicht an Grenzen halt, deshalb sollten auf europäischer Ebene Standards entwickelt werden, die überall in Europa gelten. Die europäische Diplomatie sollte versuchen durchzusetzen, daß diese Standards international akzeptiert werden. Selbstverständlich müssen Umweltkatastrophen möglichst im Vorfeld verhindert werden, oder sie müssen schnell und effektiv durch internationale Maßnahmen bekämpft werden.

Welche Rolle sehen Sie für das Europäische Parlament?

Bevor ich über das Parlament spreche, möchte ich gern eine letzte europäische Institution beschreiben, von der ich glaube, daß sie dringend notwendig ist. Alle Organisationen werden zentralistisch und bürokratisch, wenn sie degenerieren. Die Gründungsväter in Philadelphia konzipierten die Vereinigten Staaten ursprünglich als eine wahre Föderation freier Nationen. Der amerikanische Wirtschaftswissenschaftler James Buchanan, der mit dem Nobelpreis ausgezeichnet wurde, hat die Ansicht geäußert, daß sich Amerika zu einem Staat entwickelt habe, der sich nicht sehr von anderen, zentralisierten Staaten unterscheide, und daß James Madison niemals geglaubt haben könne, daß sein Konzept des Föderalismus zu einem zentralistischen Ungetüm ausarten werde.[16]
Die oberste Pflicht der neuen Institution sollte darin bestehen, die Ansammlung von Macht durch das Zentrum zu verhindern. De-

zentralisierung muß das Fundament sein, auf dem Europa errichtet wird.

Was das Europäische Parlament betrifft, so ist es eine pseudodemokratische Institution. Es wird völlig von den beiden wichtigsten Parteien beherrscht, den Sozialisten und den Christdemokraten, die mit der Europäischen Kommission die Vision eines länderübergreifenden, zentralisierten europäischen Staates teilen, der eine vereinheitlichte Union dominiert. Die einzige Aufgabe des Parlaments besteht in Wirklichkeit darin, der Kommission Deckung zu bieten.

Bei Meinungsverschiedenheiten zwischen dem Europäischen Ministerrat und der Kommission sind die Fronten klar und unmißverständlich: die Technokraten in Brüssel gegen die gewählten Vertreter der Nationen. In einem solchen Wettstreit ist das Europäische Parlament der natürliche Verbündete der Technokraten. Wie ich schon gesagt habe, teilen sie dieselben Vorstellungen. Hinzu kommt, daß sie diese Visionen nur verwirklichen können, wenn sie die nationalen Parlamente unterjochen. Die Stärke des Europäischen Parlaments und der Kommission ist umgekehrt proportional zu dem Einfluß der nationalen demokratischen Institutionen. Je schwächer die nationalen Institutionen, desto stärker sind diejenigen in Brüssel. Daher verfolgen die Europäische Kommission und das Europäische Parlament dieselben Ziele und stehen demselben Feind gegenüber.

Wenn es nach Ihren Vorstellungen ginge, welche Befugnisse sollten dann dem Europäischen Parlament eingeräumt werden?

Seine Macht sollte sich auf die Überwachung der wenigen Dinge beschränken, die zentralisiert werden müssen. Das Europäische Parlament hat bereits das Recht, Verträge zwischen der Europäischen Union und Dritten zu ratifizieren, ebenso hat es das Recht, Beitrittsverträge neuer Unionsmitglieder zu ratifizieren. Diese

Befugnisse scheinen akzeptabel zu sein. Zusätzlich sollte die Besetzung wichtiger Positionen in europäischen Institutionen von der Zustimmung des Parlamentes abhängig gemacht werden. Dem Parlament ist das Recht eingeräumt worden, die Mitgliedschaft in der Kommission zu genehmigen, zur Zeit aber übt es dieses Recht in unverantwortlicher Art und Weise aus; denn es führt die Abstimmungen durch, ohne ausreichend informiert zu sein. Es gibt keine öffentlichen Anhörungen, mit dem Ergebnis, daß weder die Mitglieder des Parlaments noch die Öffentlichkeit die Gelegenheit erhalten, etwas über die Kandidaten zu erfahren.

Wie steht es um die Kontrolle des europäischen Haushalts?

Das Parlament hat bereits die Pflicht, den europäischen Gesamthaushalt zu verabschieden sowie den Haushalt am Ende des Jahres zu entlasten. Das entspricht der Genehmigung des Jahresabschlusses eines Unternehmens auf der jährlichen Aktionärsversammlung. Doch hier zeigt sich ein weiteres Mal die Ohnmacht des Parlaments. Der Rechnungsabschluß für die Jahre 1982 und 1992 wurde wegen erheblicher Unregelmäßigkeiten zurückgewiesen. Man sollte annehmen, eine solche Mißbilligung sei ein wichtiges Ereignis mit folgenschweren Konsequenzen. Nicht im geringsten. Auf die Zustimmung zum Jahresabschluß wurde verzichtet, und die Kommission verteilt weiterhin Geld in immer rasanterem Tempo.

Über welche Befugnisse sollte das Parlament noch verfügen?

Mir fällt auf, daß ich einzelne Beispiele gegeben habe, aber noch keine umfassende Liste, doch zur Zeit ist die Arbeit des Europäischen Parlamentes zum ganz überwiegenden Teil entweder vergeudete Zeit oder ausgesprochen destruktiv. Zu der letzten Kategorie zähle ich alle Gesetzestexte und Diskussionspapiere, die sich mit Themen beschäftigen, von denen eigentlich keines zum Geschäftsbereich des Europäischen Parlamentes gehört und die in den Verantwortungsbereich der Länderparlamente fallen sollten. Wir sollten sehr vorsichtig sein, diesem Parlament Befugnisse einzuräumen. Wenn man fast 600 Personen dafür bezahlt, Gesetze zu verabschieden, dann tun sie das auch, und die meisten dieser Gesetze sind bestenfalls überflüssig.

Sie sind gegen die Einführung einer einzigen Währung. Warum?

Eine einzige Währung wirkt sich auf sehr viel mehr aus als nur auf die Wirtschaft. Sie würde die politische Struktur Europas ebenso verändern wie die Stabilität der einzelnen Nationen. Eine Währung ist sowohl ein wirtschaftliches Instrument als auch ein Spiegelbild der wirtschaftlichen und sozialen Bedingungen einer Gesellschaft. Die Menge des im Umlauf befindlichen Geldes muß so beschaffen sein, daß es nicht zu einer übermäßigen Inflation, einer Deflation oder anderen Störungen kommt. Offensichtlich müßte eine einzige Währung zentral gesteuert werden, und das würde notwendigerweise bedeuten, daß die grundlegende wirtschaftliche Strategie jeder einzelnen europäischen Nation ebenfalls zentral bestimmt werden müßte. Es wäre unmöglich, eine einzige Währung zu haben und gleichzeitig unterschiedliche Wirtschaftsprogramme in jeder der fünfzehn Nationen.

Der wahre Grund für den Vorschlag, eine einzige Währung einzuführen, besteht darin, die Schaffung eines europäischen Einheitsstaates zu erzwingen, obwohl man vorgibt, sich für eine rein wirtschaftliche Idee einzusetzen. Dies ist ein weiteres Beispiel dafür, mit welcher Geheimniskrämerei die Eurokraten ans Werk gehen, um ihr Ziel, eine homogene europäische Union, zu erreichen.

Darüber hinaus würde eine einzige Währung die europäischen Gesellschaften zerstören. Um zu verstehen, welche Auswirkungen eine einzige Währung hat, die sowohl in reichen als auch in armen Regionen gilt, muß man nur Italien betrachten.

Die Wirtschaft Norditaliens ist überaus wettbewerbsfähig im Vergleich zum Rest Europas, die Wirtschaft Süditaliens hingegen nicht. Offensichtlich kann die Währung des Südens im Verhältnis zu der im Norden nicht so angepaßt werden, daß sie die wirtschaftlichen Unterschiede in beiden Regionen wiedergibt; denn Norden und Süden haben dieselbe Währung. Im Süden kam es zur Stagnation der Wirtschaft und zum Anstieg der Arbeitslosigkeit. Süditaliener zogen auf der Suche nach Arbeit in den Norden, und um diese Wanderungsbewegung aufzuhalten, förderte Italien im Süden Investitionen zur Schaffung von Arbeitsplätzen. Zu diesem Zweck wurden besondere Institutionen gegründet wie die *Cassa del Mezzogiorno* sowie Folgeorganisationen, durch die enorme finanzielle Mittel in den Süden geleitet wurden. Diese Politik war ein Mißerfolg. Ein Großteil der Investitionen wurde für nutzlose, bürokratische Riesenprojekte ausgegeben, und viel Geld wurde entwendet oder für politische Zwecke abgezweigt. Anstatt Arbeitsplätze zu schaffen, legten die Subventionen den Grundstein für Korruption. Es gelang auch nicht, auf diese Weise die Wanderungsbewegung zu stoppen, so daß die Auflösung der Gemeinden im Süden anhielt und jene im Norden überbevölkert und destabilisiert wurden. Dies ist ein typischer Fall von gegenseitiger Vergiftung. Im Süden werden Familien und Gemeinschaften zerstört und im Norden städtische Slums und soziale Krisen geschaffen.

Dieses Fiasko rief enormen Widerstand in Norditalien hervor und führte zur Gründung der Liga Nord, deren Parteiprogramm eine Wiedereinführung der Autonomie im Norden vorsieht. Die Liga ist zu einer wichtigen politischen Bewegung geworden und war bereits an Regierungskoalitionen beteiligt. Aus der Parlamentswahl 1996 ist sie als stärkste Einzelpartei in Norditalien hervorgegangen. Sie schlägt vor, daß Italien in ähnlicher Weise wie die frühere Tschechoslowakei aufgeteilt werden solle.

Die oben erwähnten Subventionen und Wanderungsbewegungen betreffen ein und dasselbe Land, und doch haben sie starke separatistische Tendenzen hervorgerufen. Stellen Sie sich vor, um wieviel größer die ablehnende Haltung wäre, wenn es sich um zwei unterschiedliche Nationen handelte wie Griechenland und die Niederlande oder Spanien und Deutschland. Ohne Zweifel gäbe es große Spannungen, wenn irgendwann in der Zukunft Griechenland und Spanien – oder irgendeine andere Nation – sich nicht in der Lage sähen, den wirtschaftlichen Stabilitätsstandard aufrechtzuerhalten, der in den Niederlanden oder in Deutschland herrscht. Mit einer einzigen Währung wäre keine Nation für sich allein in der Lage, den Wert ihrer Währung so anzupassen, daß sie die im Land herrschenden ökonomischen Gegebenheiten widerspiegelt. Die Folgen wären dieselben wie in Italien, aber in viel größerem und verheerenderem Umfang: Entwurzelung der Menschen in erfolglosen Ländern, Massenmigration, Destabilisierung der Städte in den erfolgreichen Ländern, Auftreten zentrifugaler Kräfte, die möglicherweise gewalttätige separatistische Bewegungen ins Leben rufen und Europa zerreißen könnten.

Die Eurokraten wissen das und haben in die Verträge von Maastricht zwei Artikel aufgenommen, Artikel 123 und 130 C, sowie einen speziellen Abschnitt mit dem Titel »Wirtschaftlicher und sozialer Zusammenhalt«. Ziel dieser Maßnahmen ist es, europaweit ein Netz von Institutionen wie die *Cassa del Mezzogiorno* aufzubauen. Es gibt allerdings keinen Grund anzunehmen, daß die Ergebnisse anders ausfallen werden.

Trotzdem und ungeachtet aller Instabilität auf der Welt glauben die Eurokraten immer noch, daß die Menschen dahin ziehen müßten, wo sie Arbeit finden und nicht umgekehrt. Damit bestätigen sie ihre große Ignoranz im Hinblick auf das Funktionieren einer Gesellschaft.

In einer stabilen Gesellschaft bestimmen alle Mitglieder einer Familie gemeinsam mit ihren Freunden und Nachbarn die öffentliche Meinung, die als Leitfaden für das Verhalten der Kinder gilt, wenn sie erwachsen werden und ihren Platz in der Gesellschaft einnehmen. Wenn aber die Eltern gezwungen werden, auf der Suche nach Arbeit mit den Kindern umzuziehen, ändern sich die Faktoren, die einen Einfluß auf die Erziehung der Kinder haben. Die älteren Menschen, die zurückbleiben, sammeln sich in speziellen Rentnerstädten. Häufig wird die Verantwortung für die Vermittlung von Werten, an denen sich Kinder orientieren, auf die Schulen übertragen, die sich selbst in einer tiefen moralischen Krise befinden. Die Kinder werden zu anonymen Mitgliedern unpersönlicher Gemeinschaften, ohne Verwandte, die den Platz der Eltern einnehmen könnten, während diese arbeiten. In besonders schweren Fällen, in denen Familien auseinanderbrechen, suchen sich Kinder Ersatzfamilien in Form von Straßengangs.

Eine echte Stadt ist kein Camp für durchreisende Besucher, auch kein Netz von Autobahnen oder eine Ansammlung kurzlebiger Wohnviertel. Sie ist eine langlebige menschliche Siedlung, eine Generationen überspannende Gemeinschaft, eine komplexe soziale Organisation, die Engagement und Stolz auslöst. Jeder architektonische Schandfleck, jedes Symptom des sozialen Zusammenbruchs sollte die Bewohner tief im Herzen berühren und einen Heilungsprozeß in Gang setzen. Siena in Italien ist vielleicht das beste Beispiel für eine gesunde Stadt. Deshalb konnte es seine soziale Stabilität aufrechterhalten und weist nur eine sehr geringe Kriminalitätsrate auf.

Was schlagen Sie hinsichtlich einer europäischen Währung vor?

Ich meine, jedes Land sollte seine eigene Währung behalten mit einem festen Wechselkurs gegenüber dem Ecu. Der Ecu sollte von der Europäischen Bank herausgegeben werden, deren Aufgabe darin bestünde, seinen Wert zu halten und sicherzustellen, daß Auf- und Abwertungen nationaler Währungen nicht aus purem

Eigennutz vorgenommen werden, sondern soweit wie möglich die wirtschaftliche Realität widerspiegeln. Der Ecu würde als reine Reservewährung und nicht als einheimische Währung geführt, die naturgemäß im Dienste der eigenen Wirtschaft und Politik steht. Der Unterschied zwischen einer einzigen und einer gemeinschaftlichen Währung besteht darin, daß eine einzige Währung starr, unflexibel und unfähig ist, an die wirtschaftlichen Gegebenheiten jedes einzelnen Landes angepaßt zu werden. Eine gemeinschaftliche Währung ist dagegen anpassungsfähig, und sie kann auf die Veränderungen reagieren, die sich zwangsläufig in den Volkswirtschaften ergeben.

Ihre Idee erinnert stark an den britischen Vorschlag eines harten Ecu.

In vielerlei Hinsicht sind sich beide Vorschläge sehr ähnlich. Tatsächlich habe ich diese gemeinsame Währung am 12. Juni 1990 zum erstenmal vorgeschlagen, als ich eingeladen war, im *Institute of Directors' Annual Lecture* in London eine Rede zu halten. Der Plan der britischen Regierung wurde im Oktober 1990 veröffentlicht. Damit will ich nicht für mich reklamieren, der Vater des Gedankens zu sein. Oft liegt eine Vorstellung in der Luft, und einige Leute sind von ihr mehr oder weniger gleichzeitig überzeugt.

Welche Art Europa würde sich Deutschland wünschen?

Die regierende Partei, die Christdemokraten, veröffentlichte im September 1994 ein Papier, ihre »Überlegungen zur Europapolitik«.[17]
Das Ziel ist unmißverständlich: einen integrierten Staat schaffen, das Europäische Parlament in eine typisch nationale, gesetzgebende Institution umwandeln, die einem Einheitsstaat angemessen ist,

den Ministerrat zu einer zweiten parlamentarischen Kammer machen und der Kommission gestatten, die Aufgaben einer exekutiven europäischen Regierung zu übernehmen. Der neue europäische »Überstaat« hätte den internationalen Freihandel zur Grundlage. Er würde expandieren und die Länder Zentral- und Osteuropas mit einbeziehen und eine weitreichende Partnerschaft mit Rußland aufbauen. Natürlich stünde im Zentrum Europas Deutschland, der Koloß auf der Landkarte.

Ist es noch möglich, den Kurs der Europäischen Union zu verändern, oder haben wir keine andere Wahl mehr, als eine staatenübergreifende Einheit zu werden?

Die zur Zeit in Turin stattfindende Konferenz der europäischen Regierungen hat es sich zur Aufgagbe gestellt, die Strukturen in Europa noch einmal zu überdenken. Jetzt ist es an der Zeit, massive Anstrengungen in Richtung auf eine Kursänderung zu unternehmen. Die Schlacht muß auf nationaler Ebene geschlagen werden. In jedem europäischen Land müssen sich politische Koalitionen bilden, die für einen neuen Vertrag kämpfen, der auf einem Europa der Nationen beruht. Und sie müssen alles Notwendige unternehmen, um sicherzustellen, daß die letzte Entscheidung demokratisch gefällt wird. Das ist gleichbedeutend mit einem nationalen Referendum in jedem europäischen Land.

Sind kleine Länder noch überlebensfähig?

Natürlich. Die lokale Demokratie, die kleinen, demokratischen Ländern eigen ist, ist der distanzierten Demokratie der Megastaaten weit überlegen. Die Gesellschaften kleiner, demokratischer Staaten können ungleich stabiler sein als die der Megastaaten, in denen ein Großteil der Bevölkerung entwurzelt und anonym lebt.

Kleine Länder haben deutliche Nachteile in den Bereichen Verteidigung und Diplomatie. Ebenso könnte es erforderlich sein, daß ihnen Zugang zu einem großen, homogenen, freien Markt gewährt wird, der die Wettbewerbsbedingungen bietet, die eine moderne Wirtschaft zu brauchen scheint. Doch wie wir gesehen haben, kann eine dezentralisierte Europäische Gemeinschaft, die aus einer Familie von Nationen besteht, die notwendige Verteidigung und diplomatische Stärke ebenso bieten wie einen großen, freien Markt, ohne die Identität und Autonomie kleiner Mitgliedsstaaten zu zerstören.

Die Vordenker unserer Zeit haben vergessen, daß kulturelle Verbundenheit eine notwendige Voraussetzung für politische Loyalität ist.

Wie auch immer, die riesigen, zentralisierten, multikulturellen Nationen haben nicht bewiesen, daß ihre Strukturen überlebensfähig sind. Die Sowjetunion ist auseinandergebrochen. Und die Vereinigten Staaten sind zu einem Ungetüm geworden, das durch die Zentralisierung teilweise gelähmt wird.

Wie ist das mit der neuen Weltordnung?

Wir haben sicherlich viel darüber gehört. Meiner Meinung nach sollte sie sicherstellen, daß jede Nation friedlich ihren eigenen Weg gehen kann mit ihrer eigenen Kultur, ihren eigenen Traditionen, selbst wenn diese uns befremdlich oder unbegreiflich erscheinen. Der Grundstock sozialer Vielfalt ist gegenseitiger Respekt. Wenn wir uns in unserer eigenen westlichen Gemeinschaft einmal umsehen und unsere eigenen Probleme betrachten, sollten wir willens sein, anderen gegenüber mit Bescheidenheit aufzutreten.

4

Den Wohlfahrtsstaat
überdenken

Viele Industriestaaten überdenken die Strukturen ihres Wohl-
fahrtssystems. Was meinen Sie dazu?

Der allumfassende Wohlfahrtsstaat kann nicht aufrechterhalten
werden. Seine wirtschaftlichen Kosten und sozialen Folgen sind
untragbar.

Das Ziel einer institutionalisierten, staatlichen Wohlfahrt sollte es
sein, denjenigen ein soziales Netz zu bieten, die es wirklich
brauchen. Sie sollte nicht dazu dienen, die natürliche Verantwortung der Bürger, Familien, örtlichen Gemeinschaften, religiösen
Gruppen und anderer Strukturen aufzuheben, die in einer gesunden Gesellschaft auf unterschiedlichen Ebenen zwischen den einzelnen und den Staat treten. Wer die Voraussetzungen für eine
starke, demokratische Nation zerstören will, kann nichts Besseres
tun, als das Selbstbewußtsein der Bürger und der Familien zu
erschüttern, indem er sie vom Staat abhängig macht. Die unver-
meidlichen Folgen sind die Stärkung der staatlichen Bürokratie
und die Schwächung der bürgerlichen Gesellschaft.

Als wir vorhin über den Aufbau Europas diskutierten, sprachen
wir über das Wort »Subsidiarität« und darüber, was es heißen soll.
Es sollte bedeuten, den Familien all das zu überlassen, was auf
dieser Ebene erledigt werden kann, den örtlichen, sozialen oder

religiösen Gemeinschaften all das, was auf lokaler Ebene geleistet werden kann, und der Region alles, was sich regional klären läßt. In die Hände der staatlichen Bürokratie sollten nur die Verantwortlichkeiten gelegt werden, die nicht dezentralisiert werden können.

Die Vorstellung, eine Gesellschaft bestehe aus einer Vielzahl von Individuen, ist falsch. In Wirklichkeit besteht eine widerstandsfähige Gesellschaft aus Familien und lokalen Gruppen. Dies sind die wahren Bausteine, und diese wesentlichen Elemente der Gesellschaft schwächt der allumfassende Wohlfahrtsstaat, indem er ihre Verantwortung und ihren Einfluß schmälert. Entbindet man eine Familie von der Pflicht, für die Gesundheit, Erziehung und das Wohlergehen ihrer Kinder zu sorgen, dann zerstört man den Zusammenhalt der Familie und dadurch die Gemeinschaft, zu der die Familie gehört. Die Kinder werden genaugenommen zu Mündeln des Staates.

Weitreichende Reformen werden notwendig sein, um die grundsätzliche Orientierung der staatlichen Interventionen zu ändern. Diese können nur im Rahmen einer landesweiten Debatte und eines Referendums durchgesetzt werden. In einer freien Gesellschaft müssen einschneidende Veränderungen wie diese durch die öffentliche Meinung legitimiert werden.

Lassen Sie uns mit Ihren Vorschlägen für das Gesundheitswesen beginnen.

Eine wohlhabende und zivilisierte Gesellschaft muß sicherstellen, daß alle Bürger Zugang zu einer vernünftigen medizinischen Versorgung haben. Die Frage, um die es dabei geht, betrifft eher die Mittel als den Zweck selbst.

Die Art und Weise, in der medizinische Dienste angeboten werden, sollte auf den beiden Grundsätzen Subsidiarität und Vielfalt beruhen. So wie es dringend notwendig ist, daß lokale Gemeinschaften überleben, sogar wachsen und gedeihen und ihre Bevölkerung nicht in die großen städtischen Ballungszentren abwandert, so dringend müssen örtliche Krankenhäuser zur Verfügung stehen, die in der Lage sein sollten, relativ weitverbreitete und vorhersehbare Krankheiten zu behandeln. Zentralisierung ist erforderlich bei hochentwickelten und spezialisierten Dienstleistungen, die, um einigermaßen wirtschaftlich angeboten werden zu können, ein viel größeres Einzugsgebiet brauchen. Örtliche Krankenhäuser würden Patienten, die eine spezielle Behandlung benötigen, in diese Spezialkliniken schicken. Demzufolge sollte bei der Standortwahl von Krankenhäusern zweigleisig verfahren werden: Dezentralisierung bei Krankenhäusern mit Standardleistungen und Zentralisierung bei hochspezialisierten Einrichtungen.

Hinter der Vielfalt der medizinischen Dienste steckt der Gedanke, Wahlmöglichkeiten zu schaffen und die Qualität zu verbessern, indem das Element des Wettbewerbs eingeführt wird, während gleichzeitig das staatliche System in den Ländern, in denen es bereits besteht, erhalten bleibt und verbessert wird. Es sollte zahlreiche Krankenhäuser geben, die entweder von Ärztegemeinschaften betrieben werden oder von religiösen Gruppen, örtlichen Gemeinden, Wohlfahrtsverbänden und privaten Trägern, sowie staatliche Einrichtungen, sofern sie existieren.

Der Staat würde weiterhin eine wichtige Rolle spielen. Es sollte eine gesetzliche Bestimmung geben, daß für jede Person bei ihrer Geburt eine private Krankenversicherung abgeschlossen wird, so wie Autofahrer gesetzlich dazu verpflichtet sind, eine Haftpflichtversicherung abzuschließen. Diese Krankenversicherung muß ein Leben lang gelten, und den Versicherungsunternehmen muß untersagt werden, jemanden aufgrund später auftretender gesundheitlicher Probleme auszuschließen. Da jeder sein Leben lang versichert wäre, würden sich Unterschiede im Gesundheitszustand nicht auf den Preis auswirken. Die Versicherungsprämien würden aufgrund der durchschnittlichen Aufwendungen für die medizinische Betreuung zum Zeitpunkt der Geburt festgesetzt und blieben ein Leben lang stabil.

Die Versicherungsunternehmen könnten sowohl privat als auch staatlich organisiert sein, letzteres besonders in den Ländern, in denen eine staatliche Gesundheitsfürsorge bereits besteht. Die staatliche Dienstleistung würde die Wahlmöglichkeiten erhöhen und den Wettbewerb beleben.

Bei dem Gedanken an eine Pflichtversicherung sollte niemand erschrecken; denn, wie oben erwähnt, gibt es sie bereits für Autofahrer. Und in vielen Ländern, die einen staatlichen Gesundheitsdienst anbieten, ist der Abschluß einer Krankenversicherung bereits obligatorisch – so wie in Deutschland. Die Sozialabgaben werden automatisch von den Löhnen abgezogen und an den Staat weitergeleitet.

Für die Personen, die ihre Versicherungsprämien nicht selbst zahlen können, würde der Staat sie entrichten. Auf diese Weise könnte der Staat seine finanzielle Unterstützung auf jene konzentrieren, die sie brauchen, und würde selbstbewußte Bürger nicht in die Abhängigkeit treiben. So würden beträchtliche Mittel frei für die Verbesserung des Gesundheitswesens. Ohne solch eine radikale Änderung wird die Qualität der vom Staat angebotenen medizinischen Versorgung weiter auf ein nicht mehr akzeptables Niveau sinken; denn es sind einfach keine Mittel vorhanden.

Die Öffentlichkeit könnte weiterhin das staatliche System nutzen, das durch die Bereitstellung von Geldern für Investitionen stark verbessert würde. Und die Allgemeinheit könnte zusätzlich zwischen all den anderen Krankenhäusern und medizinischen Diensten wählen, die auf einem freien Markt neben dem staatlichen Angebot zur Verfügung stünden.

Die Krankenhäuser und medizinischen Einrichtungen, die die öffentliche Nachfrage am besten befriedigen, würden expandieren. Die anderen, die nicht zufriedenstellend arbeiten, müßten ihre Leistung verbessern oder wären schließlich gezwungen, sich vom

Markt zurückzuziehen. Die Allgemeinheit würde davon profitieren.

Wie könnten Sie sicher sein, daß private Versicherungsunternehmen in der Lage sind, ihren Verpflichtungen nachzukommen?

Darin besteht eine weitere Aufgabe des Staates. Er muß sicherstellen, daß die privaten Versicherungsunternehmen eine solide Finanzierungsgrundlage haben und vernünftig geführt werden. Außerdem sollte es eine Art branchenweites Absicherungssystem geben, das die Leistung jedes Versicherers garantiert.

Viele sind der Meinung, alle Menschen müßten denselben Zugang zur medizinischen Versorgung haben. Werden durch das System, das Sie propagieren, nicht zwei Klassen in der Medizin gebildet, eine für die Reichen und eine für die Armen?

Mein Vorschlag geht dahin, daß die Reichen für sich selbst zahlen und die Armen Hilfe von der Gemeinschaft erhalten. Beide Gruppen können wählen zwischen staatlichen und privaten Krankenhäusern und Gesundheitsdiensten. Jede Gesellschaft kann selbst über die medizinische Mindestversorgung der Bevölkerung entscheiden.

Wie können die Preise für pharmazeutische Produkte und medizinische Dienstleistungen kontrolliert werden?

Lassen Sie uns mit den pharmazeutischen Produkten beginnen. Allgemein gibt es zwei unterschiedliche Möglichkeiten der Preiskontrolle: einerseits formale Kontrollen durch den Staat und andererseits Kontrollen als Ergebnis eines wettbewerbsfähigen, freien Marktes. Auf einem solchen Markt herrscht ein echter Wettbewerb zwischen zahlreichen Anbietern, die hinsichtlich Qualität und Preis miteinander in Konkurrenz stehen. Das letztgenannte System hat sich bekanntlich in den Vereinigten Staaten, Großbritannien und anderen Ländern, die an freie Märkte glauben, durchgesetzt.

Unglücklicherweise basiert dieses Konzept im Falle pharmazeutischer Produkte auf falschen Voraussetzungen. Die Märkte sind nämlich nicht frei, sondern im Gegenteil monopolistisch strukturiert. Die Produzenten können nicht unabhängig handeln und miteinander konkurrieren. Der Grund dafür liegt darin, daß ein Unternehmen, das ein neues Produkt entwickelt hat, das alleinige Patent darauf erwirbt, das ihm eine langfristige Monopolstellung garantiert.

Der Inhaber des Patents kann frei entscheiden, zu welchem Preis er sein Produkt verkauft. Ist das Produkt einzigartig und beispielsweise das beste verfügbare Mittel zur Behandlung einer bestimmten gefährlichen Krankheit, ist man unabhängig vom Preis gezwungen, es zu kaufen. Darum sind die Gewinnspannen der Pharmaindustrie so astronomisch und unannehmbar hoch.

Gerechtfertigt werden derartige Gewinne mit der Behauptung, die Forschung werde eingestellt, wenn sie nicht angemessen vergütet werde, und die Bevölkerung könne dann nicht länger vom medizinischen Fortschritt profitieren. Das stimmt. Aber es gibt eine Lösung, die die Forscher motiviert und die Forschung lohnenswert macht, während gleichzeitig die exzessive Schädigung der Bevölkerung entfällt bzw. – im Falle eines staatlichen Gesundheitswesens – der Mißbrauch des Staates verhindert wird.

Patente sollten weiter ausgegeben werden. Wird ein neues Produkt entwickelt, sollte der Entdecker ein Patent darauf erhalten. Aber jeder seriöse Pharmaproduzent sollte automatisch berechtigt sein, von dem Patentinhaber eine Lizenz zur Herstellung des neuen Produktes zu bekommen, und er sollte eine feste Lizenzgebühr für dieses Privileg zahlen. Mit anderen Worten, der Erfinder würde einen beträchtlichen Teil des Geldes erhalten, das die Bevölkerung für den Kauf seiner Erfindung ausgibt, egal welches Unternehmen das Produkt letztlich auf den Markt bringt.

Auf diese Weise würden die Forscher angemessen entlohnt und motiviert, und ein echter Wettbewerb hielte auf dem Pharmamarkt Einzug. Zahlreiche Hersteller könnten das neue Produkt anbieten, alle würden denselben Prozentsatz ihrer Verkaufserlöse als Lizenzgebühr abführen, und es käme zu einem lebhaften Wettbewerb sowohl hinsichtlich der Qualität als auch des Preises. Das würde zu einer erheblichen Preissenkung bei Arzneimitteln führen. Es läge in der Verantwortung des Staates, einen verbindlichen Mindestqualitätsstandard festzuschreiben und sicherzustellen, daß keine geheimen Kartellabsprachen die Freiheit des Marktes beeinträchtigen.

Was ist mit den Preisen für die medizinischen Dienstleistungen?

In gewissem Maße würden die Preise durch den normalen kommerziellen Druck reguliert, den die Versicherungen ausüben. Zusätzlich sollten, wie in Deutschland, Gesundheitsbehörden Preisrichtlinien aufstellen. Wegen der großen Bedeutung des Gesundheitswesens sollte es zudem eine formale Schiedsstelle geben, die Differenzen zwischen Versicherern und Anbietern medizinischer Dienstleistungen beilegt.

Wie ist das mit dem Schulwesen?

Für das Schulwesen gelten dieselben allgemeinen Grundregeln wie für das Gesundheitswesen. Beide Bereiche müssen auf den Prinzipien Subsidiarität und Vielfalt basieren. Im Falle des Schulwesens muß außerdem die Familie weitreichenden Einfluß auf die staatlichen Schulen ausüben.

Mit Subsidiarität meine ich ein Maximum an Dezentralisierung, so daß die Schulen stark in die lokalen Gemeinden eingebettet werden. Mit Vielfalt meine ich, daß eine Vielzahl unterschiedlicher Schultypen nebeneinander existieren sollte: Schulen, die vom Staat geführt werden, von Städten, lokalen Gemeinden, Religionsgruppen, Zusammenschlüssen von Lehrern, Eltern, von privaten Trägern usw. Damit hätten die Eltern eine Wahlmöglichkeit. Die Folge wäre — wie dies bei freien Märkten üblich ist —, daß die Schulen, die zur Zufriedenheit der Öffentlichkeit arbeiten, expandieren und die anderen ihre Lehrmethoden reformieren müßten oder einen Rückgang der Schülerzahlen zu verzeichnen hätten. Der Staat sollte den Familien Gutscheine ausstellen, die sie in den Schulen ihrer Wahl einlösen könnten. Die Gutscheine sollten einen ausreichenden Wert haben, so daß gutgeführte Schulen, wenn sie die Gutscheine einlösen, genügend Mittel zur Verfügung hätten, um den Qualitätsstandard aufrechtzuerhalten und profitabel arbeiten zu können.

Zusätzlich sollte der Staat Mindestvorgaben für den Unterricht, für Prüfungen und Hygiene in den Schulen erarbeiten. Die Normen entsprächen dem Minimum, das die Gesellschaft akzeptieren könnte, und sobald die einzelnen Schulen miteinander in Konkurrenz treten würden, sollten die Standards in der Praxis erheblich verbessert werden.

Sollten die Gutscheine allen Familien kostenlos zur Verfügung stehen?

Diese Frage muß jede Gesellschaft für sich entscheiden. Ich für meinen Teil glaube, daß sie für arme Familien kostenlos sein sollten, nicht aber für reiche. Aber es wäre sehr wichtig, daß es zwischen den Gutscheinen keine Unterschiede gibt. Die Tatsache, daß ein Gutschein kostenlos und ein anderer gegen Bezahlung abgegeben wurde, sollte nicht einmal den Schulen bekannt sein. Was die Hochschulausbildung betrifft, so sollten die staatlichen Zuschüsse als Kredite gewährt werden, die die Studenten zurückzahlen müssen. Die Rückzahlungsrate könnte prozentual zum späteren Einkommen festgelegt werden.

Wird ein solches System eingeführt, setzt es beträchtliche Mittel für Verbesserungen im Bildungssektor frei.

Haben Sie weitere Empfehlungen für das Schulwesen?

Ich glaube, es ist nicht richtig, daß der Fortschritt der begabteren Schüler durch jene bestimmt wird, die mit dem Klassendurchschnitt nicht mithalten können. Das gilt für wissenschaftliche Fächer ebenso wie für den Unterricht in Sport oder Kunst.

Außerdem glaube ich fest an die praktische Lehre. Die Ausbildung sollte sowohl auf theoretischen Studien als auch auf praktischen Erfahrungen beruhen. Ich kenne viele fähige Lehrer, die zwar die besten Vorsätze haben, jedoch ein erhebliches Defizit aufweisen; denn ihre Vorstellungen treten niemals mit der tatsächlichen Welt in Kontakt. Jene, die eine Disziplin dagegen praktisch ausüben und sie nicht nur lehren, testen ihre Vorstellungen laufend in der realen Welt und passen sie sehr schnell an, wenn sie fehlzuschlagen drohen, solange, bis sie ein erfolgreiches System gefunden haben. Ein Theoretiker kann weiter an seinen Vorstellungen festhalten und dieselben Theorien lehren, ohne jemals zu erfahren, ob sie zutreffen. Das erinnert an die Legendenfigur des Virtuoso, der sich als Experte für alles betrachtet, was sich bewegt, und glaubt, er sei der beste Schwimmer der Welt. Er führt die Schwimmbewegungen vor, während er auf einem Tisch liegt, schwimmt jedoch nie im Wasser.

In den meisten westlichen Gesellschaften gehen fortlaufend Wissen und wertvolle Fähigkeiten verloren. Anstelle von Auszubildenden, die von einem Meister praktisch unterwiesen werden, gibt es Studenten, die die Theorie von Theoretikern lernen. Deutschland hat sich einen großen Vorteil gegenüber seinen europäischen

Konkurrenten verschafft, weil hier der Lehre weiterhin große Bedeutung beigemessen wird.

Was ist mit den anderen Aspekten eines umfassenden Wohlfahrtsstaates?

Wir müssen an den Anfang zurückgehen und unsere Ziele neu definieren. Ich glaube, der Sinn der staatlichen Wohlfahrt besteht darin, für alle, die vorübergehend oder auf Dauer nicht selbst zurechtkommen, ein soziales Netz aufzubauen. Sie sollte keine bürokratische Bevormundung der Bürger von der Wiege bis zur Bahre sein und sie ihrer natürlichen Verantwortung berauben. Sinn und Zweck der staatlichen Wohlfahrt sollte nicht sein, den einzelnen von der Verpflichtung zu befreien, für sich und seine Familie zu sorgen, Vorsorge für das Alter zu treffen und eine Krankenversicherung abzuschließen.

Wir haben erlebt, wohin eine derartige Politik führen kann. Das schwedische Wohlfahrtsmodell erzeugte ein System, in dem es möglich war, ohne Arbeit genausoviel Geld zu verdienen wie mit Arbeit: Väter von Säuglingen konnten ein Jahr lang bezahlten Erziehungsurlaub nehmen, und die Gehaltsfortzahlung bei längerer Abwesenheit aus gesundheitlichen oder psychischen Gründen war allgemein üblich, wodurch eine beträchtliche Zahl von Arbeitnehmern regelmäßig nicht zur Arbeit erschien. In den Niederlanden kann ein gewitzter Arbeitnehmer mit 43 Jahren bei vollen Bezügen in Rente gehen.

Professor Walter Williams von der George-Mason-Universität hat nachgewiesen, daß Probleme grundsätzlich nicht allein durch die großzügige Bereitstellung von Geldern gelöst werden können. Er schreibt beispielsweise: »Das Geld, das seit den sechziger Jahren für Programme zur Bekämpfung der Armut ausgegeben wurde, hätte ausgereicht, um das gesamte Vermögen der 500 erfolgreichsten Unternehmen aufzukaufen und praktisch das gesamte Akkerland der Vereinigten Staaten. Und was hat es bewirkt? Die Probleme sind geblieben und sogar schlimmer geworden.«[1]

Unser Problem ist klar. Wir haben jahrzehntelang unser Wohlfahrtssystem ausgebaut, ohne einen Gedanken daran zu verschwenden, wodurch Wohlfahrt überhaupt notwendig wird oder wie wir Unterstützung leisten können, ohne die Kraft derjenigen zu zerstören, die die Unterstützung erhalten, und ohne die Gesellschaft insgesamt zu destabilisieren. Unsere Aktionen waren manchmal durch eine gewisse Großzügigkeit motiviert, häufiger aber durch politische Berechnung und Unvermögen. Heute federt unser Wohlfahrtssystem die Schwächen unserer Gesellschaft ab, ohne im geringsten die Ursachen zu bekämpfen. Wir lindern die Symptome unserer sozialen Desorientierung und verschlimmern dabei ihre eigentlichen Ursachen.

5

Moderne Landwirtschaft und die Zerstörung der Gesellschaft

Sie sind der Ansicht, daß die intensive Landnutzung, die der modernen Landwirtschaft zugrunde liegt, die Gesundheit der Bevölkerung schädigt und die Gesellschaft destabilisiert. Warum?

Die intensive Landnutzung beruht auf der Annahme, daß Nahrungsmittel mit jedem anderen Produkt vergleichbar seien und die Landwirtschaft auf Technologien ebenso reagiere wie die Industrie. Der Einführung neuer Technologien, so das Argument, folgten höhere Effizienz und Produktivität. Große, mechanisierte Höfe, die die neuesten Errungenschaften der Wissenschaft nutzten, würden Nahrungsmittel in größerer Menge und billiger produzieren, zum Wohle der Wirtschaft und der Menschen überall auf der Welt. Die zwangsläufige Vernichtung von Arbeitsplätzen in der Landwirtschaft, so wird weiter argumentiert, unterscheide sich nicht von dem täglich zu beobachtenden Verlust von Arbeitsplätzen in der Industrie infolge technischer Neuerungen. Darüber hinaus würden Frauen und Männer vom Land befreit und könnten sich in den Wachstumsbereichen der modernen Industrie verdingen, in denen sie zur Steigerung des BSP und zum allgemeinen Wohlstand beitragen würden.

Auf den ersten Blick erscheinen diese Argumente einleuchtend. Trotzdem sind sie völlig unzutreffend. Wenn Menschen das Land verlassen, wandern sie auf der Suche nach Arbeit in die Städte ab. Aber weltweit gibt es in den Städten nicht genügend Arbeitsplätze, und die Infrastruktur – wie Wohnungen, Schulen, Krankenhäuser usw. – entspricht schon heute nicht mehr den Erfordernissen. Das Resultat sind steigende Arbeitslosigkeit mit den sozialen Folgekosten sowie ein erheblicher Investitionsbedarf im Bereich der Infrastruktur. Dies sind die indirekten Kosten einer intensiven Landwirtschaft, die in Rechnung gestellt werden müssen.

Es gibt aber noch einen anderen Preis. Wenn als Ergebnis von Veränderungen Arbeitsplätze in einem bestimmten Industriezweig verlorengehen, wird das grundlegende Gleichgewicht der Gesellschaft dadurch nicht berührt. Einige Unternehmen befinden sich auf dem absteigenden Ast und erleiden unweigerlich Einbußen, während neue, wettbewerbsfähigere Bereiche entstehen. Der Verlust von Arbeitsplätzen in der Landwirtschaft aber und die Abwanderung vom Land in die Städte verursachen einen grundlegenden, nicht wieder rückgängig zu machenden Wandel. Er hat weltweit zu einer Destabilisierung der ländlichen Gesellschaft und zur Entstehung riesiger städtischer Ballungszentren beigetragen. In den städtischen Slums versammeln sich sozial entwurzelte Menschen, deren Familien in alle Winde zerstreut sind, deren kulturelle Traditionen ausgelöscht wurden und die von der staatlichen Wohlfahrt abhängig sind. Sie bilden eine entfremdete Unterschicht. Von den Industrienationen bis zu den Entwicklungsländern haben sich diese riesengroßen Barackensiedlungen zu tragischen, krankhaften Geschwulsten entwickelt. Die Kosten eines derartigen sozialen Zusammenbruchs kann niemand ermessen; denn die Schäden sind zu weitreichend. Überall auf der Welt gefährdet der soziale Zusammenbruch in den Millionenstädten die Existenz freier Gesellschaften.

Wie José Lutzenberger, der vorausschauende frühere Umweltminister Brasiliens, schreibt,[1] waren die berüchtigten Slums Brasiliens, die *favelas*, eine direkte Folge der Aufgabe ländlicher Ortschaften, verursacht durch die Grüne Revolution in den fünfziger Jahren (vgl. Kapitel 8, S. 217-218). Dies war die erste bedeutende wissenschaftliche Initiative, mit der die intensive Landnutzung in einem großen Gebiet eingeführt wurde. Sie sollte für alle Zeiten die Hungersnöte auf der ganzen Welt beenden.

Aber stellen Sie die Behauptung in Frage, daß die intensive Landwirtschaft produktiver sei?

Nur im Hinblick auf den Arbeitseinsatz sind große Höfe produktiver. Wird Produktivität dagegen als Ertrag pro Hektar oder in Energieeinheiten gemessen bzw. nach dem relativen Kapitaleinsatz beurteilt, steht der kleine Hof besser da.[2] Ertrag pro Arbeitskraft mag ein wichtiger Faktor in den hochentwickelten westlichen Ländern gewesen sein, mit ihren enormen Arbeitskosten und ihrem hohen Lebensstandard. Aber wir betreten eine neue Welt, in der wir 4 Milliarden Menschen unterbringen müssen, die sich plötzlich der Weltwirtschaft angeschlossen haben, u.a. die Bevölkerungen in China, Indien, Vietnam, Bangladesh und den Ländern der ehemaligen Sowjetunion. Diese Völker wachsen rasch und werden in 35 Jahren voraussichtlich 6,5 Milliarden Menschen umfassen. Unter diesen veränderten Gegebenheiten lautet die Frage nicht mehr, wie man Arbeitskräfte einsparen kann. Das Problem besteht darin, diese riesigen und schnell wachsenden Bevölkerungen zu stabilisieren, in denen ein großer Teil der Menschen keine Arbeit hat.

Nehmen Sie zum Beispiel Vietnam. Seine Bevölkerung zählt 74 Millionen Menschen, von denen 80 Prozent auf dem Land leben (verglichen mit 14,8 Prozent in Australien, einem wichtigen Agrarland).[3] Wenn sie von den Feldern in die städtischen Slums gejagt würden, hätte das verheerende Folgen.

Insgesamt leben auf der Welt immer noch 3,1 Milliarden Menschen auf dem Land. Würden überall intensive Methoden der

Landnutzung eingeführt und sollte die Produktivität pro Arbeitskraft den Stand Australiens erreichen, würden – wie wir schon gesehen haben – rund 2 Milliarden dieser Menschen ihren Lebensunterhalt verlieren. Überall auf der Welt würden ländliche Gemeinden wie durch eine große Flut weggespült. Ganze Bevölkerungsgruppen würden entwurzelt und in die städtischen Slums geschwemmt. Die betreffenden Länder wären nicht mehr regierbar und würden verarmen, so daß ihre Einwohner gezwungen wären, irgendwo anders Unterschlupf zu finden. Massenwanderungen verdrängter Menschen wären die Folge. Trotzdem lassen Wirtschaftswissenschaftler diese sozialen und ökonomischen Kosten völlig außer acht, wenn sie die Kosten für Nahrungsmittel berechnen, die durch intensive Anbaumethoden hergestellt werden.

Die moderne Gesellschaft glaubt an die intensive Landwirtschaft, weil in der heutigen Kultur Messen und Zählen einen höheren Stellenwert haben als der Versuch, langfristige und tiefgreifendere Folgen zu erkennen.

Welche Folgen hat die intensive Landwirtschaft außerdem?

Ihre Auswirkungen auf die Umwelt und die Bevölkerung sind allgemein bekannt: Bodenerosion, Wasserverschmutzung durch die Einleitung chemischer Stoffe, beschleunigter Verbrauch des Grundwassers, Zerstörung der genetischen Vielfalt, Belastung der Nahrungsmittel und Gesundheitsschäden der Bevölkerung. Aus einer von Professor David Pimentel 1995 an der Cornell-Universität durchgeführten Studie geht hervor, daß in den letzten vierzig Jahren weltweit fast ein Drittel des Ackerlandes durch Landwirtschaft und andere Aktivitäten verlorengegangen ist, die zu einer dramatischen Beschleunigung der Bodenerosion geführt haben. Jedes Jahr gehen schätzungsweise 75 Milliarden Tonnen Muttererde durch Erosion verloren, was die Zerstörung von 8,1 Millionen Hektar Ackerland zur Folge hat.[4]

Sie sprechen von den Auswirkungen, die durch intensive Anbau-methoden produzierte Nahrungsmittel auf die Gesundheit der Bevölkerung haben. Was meinen Sie damit?

Das Ziel der intensiven Tierhaltung ist die größtmögliche Gewichtszunahme innerhalb kürzester Zeit bei möglichst geringen Kosten. Die Gewichtszunahme ist das Ziel, nicht die Zunahme der Nährwerte, und dies läßt sich einfacher durch die Produktion von fettem als von eiweißreichem Fleisch erreichen. Derzeit werden Hühner, Truthähne, Enten, Schweine, Kälber und Rinder im allgemeinen in intensiver Tierhaltung aufgezogen. Lachs, Forelle, Heilbutt und einige andere Fische sind Beispiele aus der jüngeren Vergangenheit.

Nehmen wir doch einmal das Fleisch, das als erstes aus der modernen Tierfabrik kam, das Hühnerfleisch.

Hühner, die später als Brathähnchen auf den Markt kommen, werden normalerweise in Ställen aufgezogen, in denen 40 000 Jungtiere heranwachsen. Es gibt acht »Ernten« im Jahr, so daß jedes Jahr achtmal ein bis zwei Tage alte Küken aus den Brutkästen in die Ställe der Mastfarmen gebracht werden. Dort bleiben sie bis zur Schlachtung 42 Tage später. Ihr Futter besteht nur zu einem sehr kleinen Teil aus natürlichen, pflanzlichen Stoffen und zu einem erheblichen Teil aus Fischmehl und dem, was man diskret »Knochenmehl« nennt. Tatsächlich wird dies aus den Überresten früherer Generationen ihrer eigenen Vorfahren und anderer Tierarten gewonnen. In vielen Fällen werden ihrem Futter künstliche wachstumsfördernde Substanzen wie Antibiotika (z.B. Virginiamycin) beigemischt sowie Kokzidiostatika zur Behandlung von Pilzerkrankungen. Regelmäßiges Füttern mit Antibiotika erhöht das Gewicht der in intensiver Tierhaltung aufgezogenen Hühner zusätzlich um vielleicht 5 Prozent.[5] Andere Tierarten werden ähnlichen industrialisierten Prozessen unterzogen.

Tiere aus der Massentierhaltung unterscheiden sich physisch von ihren freilebenden Artgenossen. Im Fleisch freilebender Tiere übersteigt der Proteingehalt den Fettgehalt bei weitem. Bei Tieren aus intensiver Aufzucht ist der Anteil des Fettes im Verhältnis zum Protein sehr viel höher. Bei der Umrechnung in Kalorien zeigt sich, daß das Verhältnis von Fett zu Protein bei Tieren aus intensiver Aufzucht häufig neunmal so groß ist wie das bei ihren freilebenden Artgenossen. Es wurde nachgewiesen, daß der Fettgehalt im Hühnerfleisch sich seit Ende des vergangenen Jahrhunderts um fast 1000 Prozent erhöht hat.[6]

Es gibt noch weitere Veränderungen. Es werden im wesentlichen drei Arten von Fetten unterschieden, von denen uns zwei besonders betreffen: die mehrfach ungesättigten und die gesättigten Fette. Mehrfach ungesättigte Fette enthalten essentielle Fettsäuren, so genannt, weil sie für das Wachstum und die Entwicklung des Gehirns von essentieller Bedeutung sind und als Bestandteile der Zellmembranen dafür sorgen, daß diese effektiv arbeiten. Sie unterstützen die Produktion hormonähnlicher Stoffe, die u.a. das Immun- und das Blutgefäßsystem regulieren. Gesättigte Fettsäuren dagegen tragen entscheidend zu Herzerkrankungen bei und spielen möglicherweise auch eine Rolle bei Brust- und Darmkrebs.[7]

Das Fleisch von Wildschweinen weist schätzungsweise eine doppelt so hohe Konzentration an essentiellen Fettsäuren auf wie an gesättigten Fetten. Im Gegensatz dazu ist der Anteil an gesättigten Fetten im heutigen Schweinefleisch fünfmal so hoch wie der an mehrfach ungesättigten Fettsäuren – eine Veränderung um den Faktor zehn in die falsche Richtung.[8]

Unsere Nahrungsmittel werden damit auf zweierlei Weise beeinträchtigt: Fleisch enthält im Verhältnis mehr Fett als Protein, und die Qualität des Fettes hat sich verschlechtert.

Und da ist noch etwas. Der begrenzte Raum, in dem die Tiere leben, erleichtert die Übertragung von Mikroben, was die Verbreitung von Infektionskrankheiten fördert. Die unnatürlichen Lebensbedingungen an sich können schon die Gesundheit der Tiere beeinträchtigen und ihre Widerstandskraft gegen Krankheiten herabsetzen. Und da die Tiere aus einem einheitlichen genetischen Bestand kommen und so etwas wie eine Monokultur darstellen, sind sie alle anfällig für dieselben Infektionen. Impfungen, Antibiotika und andere Medikamente werden verabreicht, um Epidemien zu verhindern. Der systematische Einsatz von Antibiotika könnte zur Entwicklung resistenter Bakterien führen, die dann auf den Menschen übertragen werden.[9]

Gibt es einen Zusammenhang zwischen dem »Rinderwahnsinn« und der intensiven Tierhaltung?[*]

Rinderwahnsinn oder *Bovine Spongiforme Enzephalopathie* (BSE) gehört zu einer Gruppe von Infektionskrankheiten, die als TSEs bekannt sind: übertragbare (transmissible) spongiforme Enzephalopathien. Die Form von TSE, die Schafe befällt, wird *scrapie* genannt, und die Form, unter der hauptsächlich Menschen leiden, ist als Creutzfeldt-Jakob-Krankheit (CJK) bekannt. Die Krankheiten enden alle tödlich, ein Heilmittel gibt es bisher nicht. Sie können auf andere Arten übertragen werden, haben sehr lange Inkubationszeiten und stecken schon im tierischen Gewebe, lange bevor die Krankheitssymptome auftreten. Die Auflösung der Gehirnzellen und das Auftauchen mikroskopisch kleiner Löcher, die dem Gehirn ein schwammähnliches Aussehen verleihen, haben zu der Bezeichnung »spongiform« (schwammförmig) geführt.

---

[*] Die ursprünglichen Angaben zu BSE sind einem Vortrag entnommen, den Caroline Walker 1991 vor der *Royal Society* gehalten hat.

Es wird angenommen, daß die Enzephalopathie auf strukturelle Veränderungen eines fehlerhaften Proteins, eines sogenannten Prions, zurückzuführen ist, eines völlig neuen Erregers, der sich entscheidend von Bakterien und Viren unterscheidet. Prionen sind sehr klein, und obwohl mittlerweile ein Test entwickelt worden ist, um das Vorkommen dieser krankhaften Proteine beim Menschen festzustellen, gibt es keine Möglichkeit, die Infektion von Rindern zu erkennen, bevor Symptome sichtbar werden, es sei denn, man injiziert zentrales Nervengewebe in Mäuse. Selbst dann ist nicht vor Ablauf eines Jahres mit Ergebnissen zu rechnen, die zudem negativ und damit fehlerhaft ausfallen können.

Prionen sind extrem hartnäckig und hitzebeständig. Experimente haben gezeigt, daß sie jede beliebige Dosis Röntgenstrahlen überleben, die in der Praxis denkbar ist. Sie sind resistent gegen antiseptische Mittel, Enzyme oder Formaldehyd, sie überstehen unbeschadet Erhitzungen auf 360 Grad Celsius für eine Stunde sowie Autoklavierungen unter Bedingungen, die alle anderen bekannten Krankheitserreger töten.[10] Sie sind langlebig und können im Boden viele Jahre lang überdauern.[11] Kochen und Braten am heimischen Herd können den Krankheitserregern vermutlich überhaupt nichts anhaben.

TSEs befallen Säugetiere, jedoch keine anderen Tierarten (mit Ausnahme der langlebigen Strauße). Interessant ist die Tatsache, daß sich bei der Übertragung von TSE von einer Art auf eine andere die Eigenschaften der Krankheitserreger ändern. So scheint beispielsweise *scrapie* nicht direkt von Schafen auf Rhesusaffen übertragen werden zu können, und angesichts der genetischen Verwandtschaft zwischen Rhesusaffen und Menschen ist dies vereinbar mit der Meinung, daß *scrapie* Menschen nicht direkt angreifen könne. Wird *scrapie* aber im Rahmen eines Versuchs von Schafen auf Nerze übertragen, entwickelt der Krankheitserreger bei den Nerzen neue Eigenschaften und kann im Versuch auf Rhesusaffen übergehen.[12] Auf diese Weise können TSEs anscheinend entweder direkt oder indirekt von einer Tierart auf die andere übertragen werden.

Die ersten Fälle von BSE wurden 1986 festgestellt. Viele Wissenschaftler sind der Meinung, daß die Veränderung im Prion-Eiweiß, die BSE auslöste, darauf zurückzuführen ist, daß die Kühe mit Produkten aus Fleischmehlfabriken gefüttert wurden, d.h. Fabriken, die die Überreste von geschlachteten Tieren, auch von Kühen, verwerten. Die von ihnen hergestellten Produkte werden dem Tierfutter beigemischt und als Konzentrate, Proteinzusätze oder Knochenmehl vertrieben. Auf diese Weise verfüttern wir die Überreste von Kühen an Kühe, wir zwingen die Kühe sozusagen zum Kannibalismus.

Interessant ist, daß in der ersten Hälfte dieses Jahrhunderts eine andere Form von TSE beim Menschen vorkam – die Kuru-Krankheit. Sie trat im Fore-Stamm in Papua-Neuguinea auf, einer Zivilisation aus der Steinzeit, deren Mitglieder damals noch als Kannibalen lebten.

Wie reagierten die britischen Behörden auf das Auftauchen von BSE?

Die Regierung befand sich in einer äußerst schwierigen Situation. Die Erkenntnisse waren vage und die Risiken, wenn auch groß, noch nicht bewiesen. Wegen der langen Inkubationszeit würde es etliche Jahre dauern, herauszufinden, ob die Epidemie von Rindern auf Menschen übergehen könnte. Hätte die Regierung die höchste Alarmstufe ausgerufen, wäre vielleicht Panik ausgebrochen mit möglicherweise katastrophalen Folgen für die britische Landwirtschaft. Deshalb reagierte die britische Regierung mit der Bildung wissenschaftlicher Beraterstäbe und ergriff einige Vorsichtsmaßnahmen, um die Öffentlichkeit zu beruhigen.

Seit 1989 müssen »hochgradig gefährdete« Organe aus den geschlachteten Rindern entfernt werden[13] – eine sinnvolle Entscheidung, deren positiver Effekt allerdings unsicher ist, weil noch nicht nachgewiesen ist, in welchem Gewebe die Krankheitserreger zu finden sind. So enthalten zum Beispiel alle Organe und das gesamte Fleisch Nervenbahnen, die mit dem Gehirn verbunden sind. Es ist bekannt, daß einige Krankheitserreger zwischen den peripheren Organen eines Tieres und dem Gehirn über Nervenbahnen hin und her wandern. Ist also das Gehirn infiziert, sind die Nerven möglicherweise ebenfalls befallen.

Darüber hinaus wurde entschieden, daß Rinder, von denen man annahm, sie seien mit BSE infiziert, gemeldet werden mußten, und Milch von offensichtlich erkrankten Kühen durfte nicht in den Handel gelangen. Auch diese Entscheidung war sinnvoll, doch wie ich bereits erklärt habe, gibt es keine sichere Methode, um erkrankte Tiere zu erkennen, bevor die Krankheit ihr Endstadium erreicht, deshalb wirken sich diese Entscheidungen nur auf die Tiere aus, bei denen bereits erste Anzeichen für eine Erkrankung zu erkennen sind.

Die Beraterstäbe empfahlen außerdem, daß die Verfütterung von Tierfutter, das Proteine von Wiederkäuern enthält, an Wiederkäuer verboten werden sollte. Mit anderen Worten, Schluß mit dem Kannibalismus unter Wiederkäuern. Dies war eine ausgezeichnete Entscheidung, aber das Verbot wurde nicht auf Schweine und Geflügel ausgeweitet, die weiterhin mit den Überresten ihrer Artgenossen gefüttert werden. Auf jeden Fall müssen die Auswirkungen dieser Empfehlungen nun neu bewertet werden, seit es stichhaltige Hinweise darauf gibt, daß Mutterkühe BSE an ihre Kälber weitergeben können. Obwohl es von den wissenschaftlichen Beratern der Regierung bestritten wird, scheint es jetzt nahezu sicher zu sein, daß die natürliche Übertragung von BSE von Kühen auf ihre Kälber vorkommt und solange weitergehen wird, bis Vorsichtsmaßnahmen getroffen werden.[14]

Zu den wichtigsten Schlußfolgerungen des von der Regierung eingesetzten Southwood-Komitees zählte im Februar 1989 folgende Feststellung: »Nach heutigem Erkenntnisstand ist es wahrscheinlich, daß Rinder ›Sackgassen-Wirte‹ für die Krankheitserreger sind, und es ist sehr unwahrscheinlich, daß BSE Auswirkungen auf die menschliche Gesundheit haben wird. Wenn allerdings unsere Einschätzung dieser Wahrscheinlichkeiten falsch ist, hätte dies sehr ernste Folgen.«[15] Der Ausdruck »Sackgassen-Wirt« bedeutet, daß BSE von Kühen nicht weiter auf andere Arten übertragen wird.

Glauben Sie, daß diese Schlußfolgerung richtig war?

In den sieben Jahren seit der Veröffentlichung des Southwood-Berichts hat sich die Epidemie viel rascher verbreitet als vorhergesagt. Anstelle der zunächst vom Komitee geschätzten 20 000 infizierten Tiere liegt die Zahl heute schon bei über 161 000, und auf mehr als 30 000 Bauernhöfen ist diese Krankheit mindestens einmal aufgetreten (das heißt in 52 Prozent aller britischen Milchbetriebe).[16] Nach Dr. Stephen Dealler von der Abteilung für Mikrobiologie am *York District Hospital* entspricht diese Zahl nur etwa 20 Prozent der Gesamtzahl der betroffenen Tiere; die restlichen wurden bereits verspeist, bevor die Diagnose feststand.[17] Außerdem wurden 18 von 19 Säugetierarten, von denen bekannt ist, daß sie mit BSE in Kontakt kamen, infiziert, und die Ergebnisse der experimentell durchgeführten Impfung von Hühnern stehen noch aus.[18] Zu den Tierarten, auf die die Krankheit übertragen wurde, gehören Mäuse, Antilopen, Gazellenantilopen und Katzen ebenso wie Schweine und Pinseläffchen. Der Tatsache, daß Schweine infiziert wurden, kommt große Bedeutung zu, weil das Gewebe der Schweine dem des Menschen sehr ähnlich ist: etliche Bindegewebskomponenten wurden für menschliche Transplantate verwendet. Zudem ist die Übertragung der Krankheit auf Affen aufgrund der engen Verwandtschaft mit dem Menschen besonders besorgniserregend.

Trotz dieser Entwicklungen, trotz des Auftretens von CJK unter Rinderzüchtern und trotz des ungeklärten Todes einiger junger Menschen infolge von CJK (normalerweise tritt die Krankheit nur bei Personen über fünfzig auf) vertrat die Regierung zu Beginn des Jahres 1996 immer noch die Auffassung, daß keine Gefahr bestehe, daß BSE von Rindern auf Menschen übertragen werden könne.

Diese Meinung mußte gründlich revidiert werden infolge von Forschungen an der staatlichen CJK-Überwachungsbehörde in Edinburgh. Zehn Fälle von CJK waren bei Personen unter 42 Jahren innerhalb der letzten zwei Jahre gemeldet worden, und Obduktionen ergaben, daß die Krankheit einen neuen und zuvor unbekannten Verlauf genommen hatte (sieben weitere CJK-Fälle sind bisher bekannt geworden, die wahrscheinlich auf diese neue Krankheitsform zurückzuführen sind). Es gibt keine konkreten wissenschaftlichen Hinweise darauf, daß der Verzehr von BSE-infiziertem Fleisch zu dieser neuen Ausprägung der CJK geführt hat, doch die Berater der Regierung waren nicht mehr in der Lage, irgendeine andere plausible Erklärung abzugeben. Am 25. März 1996 verkündete der BSE-Beratungsausschuß:

Der Ausschuß hat 10 Fälle einer bisher unbekannten Variante der CJK festgestellt. Seine Mitglieder verständigten sich dieses Wochenende nach weiteren Diskussionen und unter Berücksichtigung zusätzlicher genetischer Daten von einigen dieser Patienten darauf, daß die Schlußfolgerungen vom 20. März 1996 unverändert Bestand haben. Das heißt, nach den vorliegenden Daten und in Ermangelung glaubwürdiger Alternativen besteht die zur Zeit wahrscheinlichste Erklärung darin, daß diese Fälle in Zusammenhang stehen mit einem BSE-Kontakt vor der Einführung des spezifischen Verbots von Rinderorganen 1989.[19]

Die Reaktionen auf diese absolute Kehrtwende ließen nicht lange auf sich warten. Britisches Rindfleisch wurde in der gesamten Europäischen Union und in vielen anderen Ländern verboten; Fast-food-Ketten wendeten sich an Lieferanten außerhalb Großbritanniens und reagierten damit auf die Bedenken ihrer Kunden; in den Supermärkten ging der Verkauf von Rindfleisch drastisch zurück, und diejenigen, die in den Bereichen Rindfleisch- und Nahrungsmittelproduktion beschäftigt sind, stehen vor dem Ruin.

Sind dies Einzelfälle oder müssen wir mit weiteren Problemen infolge der intensiven Landnutzung rechnen?

Die neueste Entwicklung in der intensiven Landnutzung ist die Biotechnologie, zu der auch genetische Manipulationen zählen. Diese werden sicherlich einige bemerkenswerte und unerwartete Ergebnisse erzielen.

Die Geschichte des biosynthetisch hergestellten bovinen Wachstumshormons ist ein gutes Beispiel für die Art und Weise, wie genetisch erzeugte Produkte, die für den Gebrauch in der Landwirtschaft bestimmt sind, getestet und den Landwirten und der Öffentlichkeit vorgestellt werden. Die chemische Industrie änderte den Namen dieses Produktes in *Bovines Somatotropin* oder BST, vermutlich um das Wort »Hormon« zu vermeiden, das die Öffentlichkeit mißtrauisch machen könnte.

Die Industrie behauptete, daß BST die Milchproduktion von Kühen erheblich steigere, ohne den Hormongehalt der Milch zu erhöhen und ohne sich nachteilig oder toxisch auf die Gesundheit der Kühe auszuwirken. Milch, die auf diese Weise gewonnen werde, so wird behauptet, sei für Menschen unbedenklich.[20] Ein weiterer Anreiz für die Verwendung von BST ist der geringe erforderliche Kapitaleinsatz.

Die ersten Reaktionen seitens der amerikanischen Lebensmittelbehörde und der britischen Regierung waren positiv. Der britische

Landwirtschaftsminister ging sogar so weit zu sagen: »Die Vorstellung, daß Großbritannien abseits stehen solle, während allen anderen die moderne Milchproduktion erlaubt wird, ist verrückt... Niemand hegt Zweifel an der Ungefährlichkeit für den Menschen, es ist völlig sicher.«[21]

Trotzdem gab es Zweifler, die den Nutzen und die Sicherheit in Frage stellten, wenn Kühe mit Hilfe größerer Mengen Drogen in Hochleistungsmaschinen verwandelt werden.

Die Position der Skeptiker wurde erheblich gestärkt, als Samuel Epstein, Professor für Arbeits- und Umweltmedizin am medizinischen Zentrum der Universität Illinois, Dokumente zugespielt wurden, in denen die Ergebnisse von Versuchen mit BST detailliert aufgelistet waren, die die *Monsanto*-Gruppe in ihren Chemielabors durchgeführt hatte.[22] Hier sind einige Zitate aus den zugespielten Papieren:

- »Es wurden deutliche Zunahmen von Milch-Somatotropin bei fünfmaliger Behandlung verzeichnet.« Somatotropin ist das synthetische Hormon, das in BST enthalten ist und von dem es hieß, es werde nicht in die Milch gelangen.
- »Bei allen Gruppen ... war das Gewicht der rechten Nebenniere im Verhältnis zum Körpergewicht und zum Gewicht des Gehirns gegenüber der Kontrollgruppe deutlich erhöht.« Mit anderen Worten, verglichen mit nichtbehandelten Kühen war die rechte Nebenniere der mit BST behandelten Tiere entzündet.
- »Das absolute Gewicht der linken Nebenniere war ... bei allen behandelten Gruppen deutlich erhöht.«
- »Das absolute Gewicht der Nieren lag ... deutlich höher als in der Kontrollgruppe.«
- »Das Verhältnis zwischen dem Gewicht des Herzens und dem Körpergewicht war in den Gruppen, die drei- bzw. fünfmal behandelt wurden, erheblich größer als in der Kontrollgruppe... «

- »Das Verhältnis zwischen dem Gewicht der Leber und dem Körpergewicht ... war deutlich erhöht.«
- »Statistisch signifikante Gewichtszunahmen wurden auch bei der Lunge, der Hirnanhangdrüse und dem linken Eierstock gemessen.«

Die *Monsanto*-Akten zeigten ebenfalls, daß bei behandelten Kühen die Hormonkonzentrationen im Blut durch künstliches BST bis auf das 1200fache erhöht wurden im Vergleich zu den Konzentrationen bei unbehandelten Kühen.

Diese Fakten stehen im Gegensatz zu den Behauptungen der beteiligten Chemieunternehmen.

In der Tat. Der Vorsitzende des Ausschusses für Regierungsangelegenheiten des amerikanischen Kongresses schrieb folgendes an den Generalinspektor des Gesundheitsministeriums:

Insbesondere bereitet mir die Behauptung Sorgen, nach der wichtige Forschungsinformationen der Öffentlichkeit von der Lebensmittelbehörde und der *Monsanto Agricultural Company* vorenthalten wurden, um den kommerziellen Einsatz des bovinen Wachstumshormons zu empfehlen, ohne Rücksicht auf die nachteiligen Auswirkungen auf die Gesundheit von Menschen und Tieren. Noch wichtiger ist die Tatsache, daß im Gegensatz zu den öffentlichen Beteuerungen sowohl von seiten der Lebensmittelbehörde als auch von *Monsanto* aus den Unterlagen der Industrie hervorgeht, daß die Milch der Kühe, die mit dem synthetischen bovinen Wachstumshormon behandelt wurden, einen hohen Gehalt des Hormons aufweist ... Außerdem bin ich tief besorgt darüber, daß sich die Forschung im Grunde nur wenig mit den Aspekten der menschlichen Sicherheit im Zusammenhang mit dem bovinen Wachstumshormon beschäftigt. [23]

Aber am 5. November 1993 gab die Lebensmittelbehörde dem Druck der Agrarchemielobby nach, ungeachtet des Protestes des *General Accounting Office*[*] sowie des Leiters der Verbraucherschutzorganisation im Staat New York, die beide die Risiken für die Gesundheit der Bevölkerung betonten.

Zweifelsohne mit der Absicht, sich vor einem Rechtsstreit zu schützen, hat *Monsanto* nun die folgenden Informationen über BST veröffentlicht:

> Der Gebrauch von POSILAC kann eine geringere Trächtigkeitsquote bei Kühen zur Folge haben, denen dieses Mittel injiziert wurde, und eine Zunahme der Tage, an denen Färsen, die zum erstenmal trächtig werden, befruchtet werden können. Der Gebrauch von POSILAC ist ebenso mit einer Zunahme der Zystenbildung an den Eierstöcken und Veränderungen des Uterus während der Zeit der Behandlung in Zusammenhang gebracht worden. Bei Kühen, denen POSILAC injiziert wurde, kann es zu einer geringfügigen Abnahme der Tragezeiten, des Geburtsgewichtes der Kälber sowie zu einer steigenden Zahl von Zwillingsgeburten kommen. Außerdem ist es möglich, daß bei nachfolgenden Geburten das Einbehalten der Plazenta häufiger auftritt ...
>
> Bei Kühen, denen POSILAC gespritzt wurde, erhöht sich das Risiko für klinische Mastitis (erkennbar anomale Milch). Die Zahl der Kühe mit klinischer Mastitis und die

---

[*] Unabhängige Behörde der amerikanischen Regierung, die auf Anfrage des Kongresses Gutachten erstellt.

Häufigkeit des Auftretens bei ein und derselben Kuh können steigen. Außerdem wächst das Risiko einer subklinischen Mastitis (Milch nicht erkennbar anomal). In einigen Herden war der Gebrauch von POSILAC mit einem Anstieg der Anzahl somatischer Zellen in Verbindung gebracht worden...

Der Gebrauch von POSILAC kann eine Zunahme von Verdauungsstörungen nach sich ziehen wie Darmträgheit, Blähsucht und Durchfall...

Studien haben ergeben, daß Kühe, denen POSILAC injiziert wurde, häufig vergrößerte Fesselgelenke und Verletzungen des Knies (z.B. Rißwunden, Vergrößerungen, Knochennarben) aufweisen und daß Kühe in der zweiten Laktationsperiode oder ältere Kühe verstärkt Probleme im Fußbereich haben.[24]

Die Öffentlichkeit reagierte sofort auf die Zustimmung der Regierung zu BST. Zahlreiche Einzelhandelsketten im Lebensmittelbereich und Molkereiketten weigerten sind, das belastete Produkt zu verkaufen. *Monsanto* antwortete darauf mit einer Klage gegen mehrere kleine Molkereien und Drohungen gegen einige tausend andere Firmen und Einzelhändler. *Monsanto* nahm Anstoß daran, daß diese Unternehmen die Verbraucher darüber informierten, daß die von ihnen gelieferte Milch BST-frei war (durch einen Aufdruck auf dem Etikett) und auf diese Weise für ihre Produkte warben.

Monsantos Entscheidung, gerichtliche Schritte einzuleiten, zeigt, wie weit das Unternehmen bereit war zu gehen, um BST auf den Markt zu bringen. Es kam ebenfalls heraus, daß Monsanto beträchtlichen politischen Druck ausgeübt hatte, um eine offizielle Studie über die Folgen des Gebrauchs von BST auf die Gesellschaft zu verhindern.[25] Im September 1994 wurde das amerikanische Justizministerium aufgefordert, eine Untersuchung einzuleiten.

Wie ist die gegenwärtige Situation in den USA?

Trotz aggressiver Werbekampagnen ist der Verkauf von BST nicht richtig angelaufen. Nur in 5 bis 8 Prozent der Milchbetriebe des Landes wird das Präparat eingesetzt, und das bei 40 Prozent des Viehbestandes oder weniger.[26] Seit Markteinführung war das Unternehmen gezwungen, den Preis von POSTILAC um 15 Prozent zu reduzieren.[27] In einem kürzlich in der *Business Week* erschienenen Unternehmensprofil von Monsanto gehen Experten von der Wall Street davon aus, daß BST dem Unternehmen jedes Jahr Verluste in Höhe von 10 Millionen Dollar einbringt. Der Sachverständige James Wilbur von *Smith Barney* erwartet, daß Monsanto »bis Jahresende nicht mehr im Geschäft sein wird«. Und obwohl der Betriebsleiter von Monsanto, A. Nicholas Filippello, keine Stellungnahme zur Zukunft des Präparats abgeben will, gibt er zu, daß die Ergebnisse »schlechter ausgefallen sind als erwartet«.[28] Nach einer Umfrage des *Dairy Today Magazine* und Aussagen von Tierärzten haben in einigen Regionen 90 Prozent der Landwirte, die BST benutzt hatten, das Präparat wieder abgesetzt, wobei die gesundheitliche Beeinträchtigung der Rinder und fehlende Rentabilität als Gründe genannt wurden.[29] Skeptisch bleiben auch die Verbraucher, und aus einer Umfrage im Januar 1996 geht hervor, daß zwei Drittel aller Amerikaner beunruhigt sind über die möglichen gesundheitlichen Auswirkungen von BST und daß 94 Prozent die Etikettierung der Waren befürworten, wodurch die Verbraucher erkennen könnten, welche Milch nicht mit BST behandelt worden ist.[30]

Sind in Europa dieselben Themen erörtert worden?

Die europäischen Behörden haben ihr Interesse auf die Frage
beschränkt, ob BST zu einer Zeit der Milchüberschußproduktion
überhaupt gebraucht werde und ob ein riesiges Angebot an billiger, hormonell produzierter Milch kleine Bauern vom Markt
drängen werde. Im Juli 1993 sprach die Europäische Kommission
ein siebenjähriges Verbot für BST aus, dem das Europäische
Parlament zustimmte. Im Dezember ging das Parlament noch
einen Schritt weiter und beschloß, das BST-Verbot von der Diskussion um die Milchquoten zu trennen (und damit den Weg zu
bahnen für ein totales Verbot, unabhängig von der Höhe der
Milchproduktion in der EU) und es auf Milch und Milchprodukte
auszuweiten, die von mit BST behandelten Kühen stammten und
aus anderen Ländern importiert wurden. Fast gleichzeitig ent-
schied sich allerdings der Ministerrat, sowohl die Europäische
Kommission als auch das Europäische Parlament zu ignorieren
und das Moratorium von sieben Jahren auf ein Jahr zu verkürzen.
David Martin, Mitglied des Europäischen Parlaments und einer
seiner Vizepräsidenten, gab folgenden Kommentar: »Es ist ein
verfassungsrechtlicher Skandal, daß der Ministerrat in dieser Weise reagiert. Da er sich unter Ausschluß der Öffentlichkeit trifft,
folgt er wahrscheinlich den Vorschlägen hochrangiger Regie-
rungsberater, die persönliche industrielle Interessen haben.«[31]
Gillian Shephard, damals britischer Landwirtschaftsminister, behauptete, daß die Zulassung von BST »internationale Handelspro-
bleme vermeiden«[32] werde – das heißt, daß im Rahmen des GATT
jedes Verbot von BST in Europa, selbst wenn es nur zeitweilig
gilt, wegen der Behinderung des Freihandels illegal sein könnte
und daß das Präparat aus diesen Gründen in Europa auf den Markt
kommen sollte. Hier haben wir ein weiteres Beispiel dafür, daß
die Doktrin des Freihandels Vorrang hat vor dem grundlegendsten
Bedürfnis einer Gesellschaft, der öffentlichen Gesundheit. Und es

illustriert die Komplizenschaft, die sich zwischen politischen und geschäftlichen Interessen entwickelt hat.

Ein weiterer Beweis für diese Komplizenschaft wurde durch eine Aktennotiz erbracht, die dem Europäischen Sonderausschuß des Unterhauses vom Landwirtschaftsministerium zugestellt wurde. Das Ministerium zitierte *Dista Products*, ein Unternehmen in Speke in Merseyside, um seinen Standpunkt zu erläutern: »Dies könnte Auswirkungen auf Investitionen in Höhe von 40 Millionen Pfund und damit auf 150 Arbeitsplätze haben. Die Mitteilung der [Europäischen] Kommission (d.h. das siebenjährige Moratorium) bedeutet, daß ein beachtlicher heimischer und europäischer Exportmarkt weiterhin nicht erreichbar für diese Produkte wäre«, und ein BST-Verbot würde »eine ernsthafte Bedrohung für die Entwicklung und Kommerzialisierung der Biotechnologie darstellen... und Investoren abschrecken.«[33] An diesem Beispiel wird deutlich, daß man sich in Regierungskreisen keine Gedanken über die Arbeitsplätze macht, die in den ländlichen Gemeinden durch intensive Landbewirtschaftung verlorengehen — die naturgemäß weniger quantifizierbar sind als Arbeitsplätze in der Industrie —, und auch nicht über die möglicherweise ernsten Auswirkungen auf die Gesundheit der Bevölkerung.

Trotz dieser Haltung der britischen Regierung revidierte der Ministerrat seine Entscheidung im Dezember 1994 und beschloß, daß das EU-Moratorium für BST nun bis zum Jahre 2000 gelten solle.

Sollte man daraus schließen, daß die Biotechnologie vollständig abgelehnt werden müsse?

Nein, in der Humanmedizin wird die Biotechnologie zur Heilung bestimmter Krankheiten sinnvoll sein, aber wir müssen ihre Entwicklung sehr strengen Kontrollen unterwerfen, um ernste Unfälle zu vermeiden. In der Landwirtschaft dagegen scheinen mir die

Nachteile die Vorteile bei weitem zu überwiegen. Lassen Sie uns die außergewöhnlichste Form der Biotechnologie betrachten, die Gentechnologie. Ziel der Gentechnologie ist es, Gene von einer Zelle in eine andere zu transferieren und dadurch neue Lebensformen zu schaffen. Es ist mittlerweile möglich, Gene zu manipulieren und sie von einer Art auf eine andere zu übertragen. So haben zum Beispiel Forscher an der Universität von Kentucky Gene von einem Fisch auf Sojabohnenpflanzen übertragen.[34] Andere Forscher haben ein Gen des menschlichen Wachstumshormons auf ein Schwein übertragen.[35]

In der Landwirtschaft wird die Gentechnologie auf Pflanzen, Tiere, Bakterien und Viren angewandt. Die genetische Veränderung des Pflanzenreiches hat weitreichende Folgen. Befürworter der Gentechnologie behaupten, daß gentechnisch manipulierte Feldfrüchte resistent seien gegen Herbizide, widerstandsfähiger gegen Trockenheit, Frost, Krankheiten und Schädlinge sowie den Bedarf an chemischen Düngemitteln und Insektiziden senken würden.

Infolge der Lobbyarbeit der biotechnischen Industrie ist es jetzt möglich, ein Patent auf lebende Organismen anzumelden, die gentechnisch verändert wurden. Neue Lebensformen werden zum patentierten kommerziellen Besitz eines einzelnen. Natürlich gibt es auch Menschen, die diese neue Industrie für unverantwortbar gefährlich halten. Es sollte eine Diskussion darüber angeregt werden, da wir mit den grundlegenden Bausteinen irdischen Lebens herumspielen.

Die Hauptargumente gegen gentechnisch veränderte Samen sind:
Erstens: Es handelt sich hierbei um eine gefährliche Wiederauflage der Grünen Revolution, die in den fünfziger und sechziger Jahren versuchte, landwirtschaftliche Prozesse durch fortschrittliche, wissenschaftliche Methoden zu verändern. Zu jener Zeit gab es eine große Begeisterung für künstlich hergestellte, organische Chemikalien. Natürliche Rohstoffe wurden ersetzt, und die Erträ-

ge stiegen durch die Verwendung von Chemikalien bei Sorten mit einer bestimmten genetischen Struktur, die als »Wundersorten« bekannt wurden. Dies führte zur Entwicklung von Monokulturen, d.h., auf riesigen Flächen wurde eine einzige Frucht angebaut, deren Sorten alle einen ähnlichen genetischen Ursprung hatten. Weitere Folgen waren die stärkere Mechanisierung und der ständig steigende Einsatz von Chemikalien und Energie. Fowler und Mooney, Preisträger des *Right Livelihood Award* (bekannt als Alternativer Nobelpreis), drückten es so aus:

> Höhere Erträge erforderten Dünger und Bewässerung. Dünger und Bewässerung förderten das Wachstum des Unkrauts sowie der Feldfrüchte und schafften den Bedarf an Herbiziden. Und Schädlinge fanden die Gleichförmigkeit der neuen Sorten appetitanregend, was zusätzlich den Einsatz von Insektiziden notwendig machte... Der Dünger ermöglichte die neuen Sorten. Die neuen Sorten machten den Einsatz von Dünger erforderlich.[36]

Zweitens: Entgegen den Behauptungen der Industrie führt der Einsatz herbizidverträglicher Sorten wahrscheinlich zu der Notwendigkeit, wirksamere Herbizide und diese in größeren Mengen einzusetzen. Studien an der Universität von Kalifornien haben gezeigt, daß Pollen über mehr als 1000 Meter von Pflanze zu Pflanze getragen werden und deren Gene verändern können. Dazu Dr. David Ehrenfeld von der Rutgers-Universität: »Es wird vermutlich nur wenige Wachstumsperioden dauern, bis sich diese künstlich geschaffene Herbizidresistenz auf dem Feld ganz natürlich auf das Unkraut überträgt.«[37] Hinweise auf eben solch eine Übertragung finden sich tatsächlich in den USA, wo die Basta-Herbizidresistenz von genmanipuliertem Raps auf andere Kreuzblütler – Rübsen – übergegangen ist.[38]

Drittens: Auf der Welt gibt es ständige Veränderungen, Evolution und Anpassung. Insekten entwickeln eine Resistenz gegen Insektizide, wie Unkraut gegen Herbizide resistent wird. In den Vereinigten Staaten haben sich die jährlichen Ernteeinbußen durch Insektenbefall trotz eines zehnfach höheren Einsatzes von Insektiziden im Laufe der Jahre nahezu verdoppelt.[39]

Ganz ähnlich können sich die Krankheitserreger weiterentwickeln und an neue Gegebenheiten anpassen. In relativ kurzer Zeit werden sie durch Mutationen in der Lage sein, die Abwehr der gentechnisch manipulierten Pflanzen zu durchbrechen, und da sie alle genetisch homogen sind – d.h. alle für dieselbe Krankheit anfällig sind –, könnten ganze Kulturen von Feldfrüchten vernichtet werden.

Wissenschaftler können nicht verläßlich vorhersagen, wie sich die neuen, abgewandelten Organismen entwickeln und verhalten werden, wenn sie erst einmal freigesetzt sind.

Viertens: Es wird völlig unmöglich sein, die unerlaubte Freisetzung von nicht getesteten Organismen in die Umwelt zu kontrollieren. Seit 1986 sind zahlreiche solcher Beispiele bekannt geworden.[40]

Fünftens: Die Entwicklung gentechnisch erzeugter Monokulturen wird zur weiteren Plünderung der weltweiten genetischen Ressourcen führen. Die genetische Vielfalt ist einer der größten Reichtümer der Natur. Vor vielen Jahren bestätigte der Pflanzenpathologe Martin Wolfe, der mit dem Genetiker John Barrett zusammenarbeitete, daß Mischkulturen gesünder sind als Monokulturen.[41] Die Forscher zeigten, daß eine Mischung aus drei verschiedenen Gerstesorten nahezu völlig resistent gegen Mehltau ist; wenn die Sorten getrennt voneinander angebaut werden, ist dies jedoch nicht der Fall. Sollte eine Krankheit eine einzelne Sorte einer Mischkultur befallen, wird jeder Halm dieser Sorte durch die Halme der resistenten Nachbarn abgeschirmt, die möglicherweise nicht befallen sind. Die Forscher schlossen daraus, daß eine Monokultur höhere Erträge in einem Jahr erbringen könne, Mischkulturen aber langfristig betrachtet höhere Erträge lieferten.

Welche Gefahren entstehen durch den Verlust der genetischen Vielfalt?

Die Geschichte hält viele bekannte Beispiele parat. So werden weltweit zum Beispiel noch 5000 verschiedene Kartoffelsorten angebaut. In Irland stammten im 19. Jahrhundert allerdings alle Kartoffeln von zwei Sorten ab. Die genetische Verarmung führte zu einer geringeren Widerstandskraft gegen Kartoffelfäule, die sich deshalb zu einer Epidemie ausweitete und eine große Hungersnot verursachte.[42]

Nach der großen Stengelfäule beim Mais, die in den sechziger Jahren in den Südstaaten der USA auftrat, bestätigte die amerikanische Akademie der Wissenschaften, daß die Hauptursache für diese Epidemie in der Gleichförmigkeit der Maispflanzen lag. Die verwendete Sorte war eine Hybride. Die Akademie zog den folgenden Schluß: »Als eine der genetischen Komponenten anfällig wurde für die neue Fäule, geriet der gesamte amerikanische Maisbestand in Gefahr.«[43]

Dasselbe gilt für die in Rußland in den siebziger Jahren aufgetretene Weizenepidemie. 40 Millionen Hektar waren mit einer einzigen sogenannten »Wundersorte« bestellt worden. Unerwartet und trotz wissenschaftlicher Tests erwies sich die Saat in dem harten Winter als nicht winterfest. Aufgrund der einheitlichen genetischen Struktur kam es zu einer landesweiten Mißernte.[44]

Intensive Landwirtschaft zerstört nicht nur die genetische Vielfalt des Saatguts, sondern natürlich aller Formen tierischen und pflanzlichen Lebens, die geklont werden, deren Embryos übertragen und deren Gene selektiert werden, wo Monokulturen geschaffen, Gewebekulturen gezüchtet und gentechnische Manipulationen vorgenommen werden und all die anderen Prozesse der inten-

110

siven Landwirtschaft ablaufen. Die Ausgabe von Patenten für neue Lebensformen wird diesen Trend beschleunigen, weil das Patentgesetz vorschreibt, daß die neuen Sorten in sich konsistent, d.h. einheitlich, sein müssen. Außerdem müssen neue Sorten genetisch einheitlich sein, um von den entsprechenden Behörden registriert zu werden, und es wird illegal sein, unregistriertes Saatgut zu verkaufen. Die Patentierung versetzt die Unternehmen in die Lage, von den Landwirten Gebühren für die Verwendung des Saatguts zu erheben und sie davon abzuhalten, ihr eigenes zu verwenden, was für die genetische Vielfalt und in finanzieller Hinsicht möglicherweise weitreichende Konsequenzen hat.

Da die Landwirte gezwungen sind, in einer Welt des Wettbewerbs zu überleben, werden sie intensive Anbaumethoden einsetzen müssen, oder sie werden vom Markt gedrängt. Hinzu kommt, daß sie von den Anbietern chemischer Produkte abhängig sein werden. Da das patentierte Saatgut und die entsprechenden Pflanzen genetisch manipuliert werden, um auf spezielle Chemikalien anzusprechen, werden die Anbieter dieser Chemikalien die Landwirte in der Hand haben, die diese Sorten einsetzen.

Welche Fragen müssen gestellt und beantwortet werden, bevor wir zu weit voranschreiten in der Biotechnologie?

Können wir die langfristigen Auswirkungen, direkte wie indirekte, dieser völlig neuen und nur zum Teil erforschten Produkte einschätzen? Können wir ihre Vorzüge nutzen, ohne daß dies schreckliche Folgen hat? Glauben wir wirklich, daß neue Gesetze ausreichen, um die unkontrollierte Verbreitung dieser neuen Lebensformen in der Biosphäre zu stoppen? Wie können wir verhindern, daß neue Lebensformen wie genetisch veränderte Mikroben grenzenlosen Schaden anrichten? Gerade ihre »Neuheit« bedeutet, daß die auf der Erde lebenden Tiere und Pflanzen ihnen noch niemals ausgesetzt waren und deshalb nicht gegen sie immun sind.

Begreifen wir, daß wir durch die plötzliche Schaffung unerforschter, neuer Lebensformen den lebenswichtigen Schutz aufgegeben haben, aus unseren Fehlern lernen zu können?

Ist es angesichts der Tatsache, daß Tausende von Forschern, die überall auf der Welt experimentieren und ihre Phantasie walten lassen, um unmittelbar neue Lebensformen zu schaffen, die in der Natur unbekannt sind und deshalb nicht über Millionen von Jahren auf dem Prüfstand der natürlichen Evolution gestanden haben, möglich, Fehler und Unfälle mit vielleicht unvorstellbaren Folgen zu vermeiden? Wir sollten niemals vergessen, daß es kein verläßliches Schnellverfahren gibt, um neue chemische Zusammensetzungen zu testen. Es kann Jahre dauern, bis deren Auswirkungen sichtbar werden.

Aber es gibt noch gewichtigere Fragen. Hat der Mensch das moralische Recht, neue Mikroben zu erschaffen, neue Tiere, neue Lebensformen? Sind wir gut beraten, den Verlauf der Evolution künstlich und unmittelbar zu ändern? Ist uns klar, daß die meisten Änderungen nicht mehr rückgängig zu machen sind? Können wir aus Tieren, Wiesen und Wäldern und allen anderen Lebewesen unnatürliche Hochleistungsmaschinen machen, deren einziger Zweck darin besteht, dem Menschen zu dienen? Ist die Veränderung der grundlegenden genetischen Informationen von Lebewesen, die in der Erbmasse bestehen bleibt, die äußerste Form der Umweltzerstörung?

Welche Lösungen schlagen Sie vor?

Wir müssen unsere Prioritäten ändern. Das Ziel der Landwirtschaft besteht nicht einfach nur darin, die größtmögliche Menge an Nahrungsmitteln zu den niedrigsten direkten Kosten bei möglichst geringem Personaleinsatz zu produzieren. Das eigentliche Ziel sollte sein, eine Vielzahl von Nahrungsmitteln zu produzieren, deren Qualität der menschlichen Gesundheit förderlich ist, und die Produktionsweise sollte auf die Umwelt abgestimmt sein und darauf abzielen, die Beschäftigung auf solch einem Niveau zu halten, daß die soziale Stabilität in ländlichen Gemeinden sichergestellt wird.

Das heißt also, die Art und Weise zu ändern, mit der viele Industrienationen ihre Bauern und ihre Landwirtschaft subventionieren?

Ja. Der größte Teil der offiziellen Unterstützung, u.a. auch die gemeinsame traditionelle Agrarpolitik in Europa, basiert darauf, daß der Staat den Bauern ihre Produkte zu einem festen Preis abkauft. Beruht ein System auf Mengen, ist die natürliche Folge, daß die Bauern zur Erzielung eines größtmöglichen Ertrags ihre Anbaumethoden intensivieren. Obwohl durch Reformen in der gemeinsamen Agrarpolitik erreicht worden ist, daß Subventionen bis zu einem gewissen Grad unabhängig von der Produktion gewährt werden, werden durch das System die Landwirte, die auf weniger intensive Anbauweisen umsteigen wollen, immer noch benachteiligt.

Schlagen Sie ein ökologisches Anbausystem vor, und wenn ja, kann es wirtschaftlich sein?

Ich schlage keine allgemeine Kursänderung in Richtung einer ökologischen Landwirtschaft vor. *Was* ich vorschlage, das ist die Rückkehr zu einer Form der Landwirtschaft, die den Einsatz von Pestiziden, chemischen Düngemitteln, pharmazeutischen Produkten wie Hormonen und Antibiotika und biotechnologischen Produkten erheblich reduziert. Bauernhöfe, die entsprechend verfahren, sind schon häufig untersucht worden. David Pimentel vom *New York State College of Agriculture and Life Sciences* an der Cornell-Universität hat nachgewiesen, daß mit weniger intensiven

Methoden Nahrungsmittel wirtschaftlich hergestellt werden können.[45] Das Problem ist natürlich, daß eine ungesunde und destruktive Landwirtschaft kurzfristig schneller Gewinne abwirft als eine vernünftige, gesunde Landwirtschaft. Offensichtlich ergeben sich schnelle Gewinne nur, wenn indirekte Kosten nicht in die Rechnung einfließen.

Ich habe die Studien von Herman Daly und John Cobb bereits zitiert, die nachweisen, daß, wenn sich die Berechnung der Produktivität auf den Ertrag pro Hektar, die eingesetzte Energie oder das investierte Kapital bezieht, kleinere Höfe eine höhere Produktivität aufweisen. Die großen, modernen Monokulturen mit hohem Maschineneinsatz stehen dann am besten da, wenn die Produktivität an der Anzahl der Beschäftigten gemessen wird.

Wer wären die Verlierer, wer die Gewinner, wenn wir von intensiven auf weniger intensive Formen der Landwirtschaft übergingen?

Lassen Sie uns mit den Gewinnern anfangen. Die Stabilität ländlicher Gemeinden würde wiederhergestellt. Die Städte und ihre Bewohner hätten Vorteile; denn die Landflucht würde aufhören. Die Verbraucher bekämen gesunde Nahrungsmittel. Die Verschmutzung der Umwelt durch chemische und biotechnische Produkte würde sich erheblich verringern. Überall auf der Welt würden die Länder von den Kosten der Sozialhilfe entlastet, die denen gezahlt werden muß, die aus den ländlichen Regionen verdrängt worden sind und keine Arbeit finden. Und sie bräuchten nicht weiter in die städtische Infrastruktur zur Aufnahme der Landflüchtlinge zu investieren.

Die Verlierer sind leicht auszumachen: die chemische und biotechnische Industrie, zusammen mit den von ihr bezahlten Experten und Lobbyisten.

6

Kernenergie: die große Lüge

Sie glauben, es sei möglich, eine Kehrtwende in unserer Energie-politik zu vollziehen?

Ja. Heute stehen Technologien zur Verfügung, die neue Wege in der Erzeugung und Verwendung von Energie ermöglichen. Wenn wir die Gelegenheit ergreifen, einen radikalen Wandel zu vollziehen, hätte das ausgesprochen positive Auswirkungen auf Wirtschaft, Umwelt und öffentliche Sicherheit.

Was hat sich denn so plötzlich verändert, das Sie so optimistisch stimmt?

Der Kalte Krieg ist beendet. Während des Kalten Krieges waren die wichtigsten Waffen die Nuklearwaffen. Kernenergie war ein Ableger der militärischen Forschung, und beide wurden in gewissem Umfang von derselben wissenschaftlichen Elite im Staat kontrolliert, die aus Gründen der nationalen Sicherheit selbst dann weiterhin im Geheimen forschte, als das Nuklearprogramm auf nichtmilitärische Projekte ausgeweitet wurde. Verschiedene Regierungen glaubten, daß möglicherweise bei der zivilen Nutzung auftretende Probleme geheimgehalten werden sollten, um die militärischen Programme nicht zu gefährden. Zunächst dachte man, die Kernenergie sei sicher und stehe in unbegrenzter Menge zur Verfügung, so daß der Westen nicht länger von importierter

Energie abhängig sein werde. Außerdem glaubte man, daß Nuklearstrom »zu billig ist, als daß es sich lohnt, den Verbrauch zu messen«, wie der Vorsitzende der amerikanischen Atomenergiekommission erklärte.[1] Die Regierungen der westlichen Industrieländer widmeten einen großen Teil der verfügbaren finanziellen Mittel der Entwicklung der Kernenergie. Zwischen 1979 und 1990 gaben die Mitgliedsstaaten der Internationalen Energiebehörde fast 60 Prozent ihres Forschungsbudgets im Energiebereich für Kernenergie aus. Nur 9,4 Prozent wurden in die Entwicklung erneuerbarer Energien gesteckt und 6,4 Prozent in die Entwicklung von Möglichkeiten zur Energieeinsparung.[2]

Mit nahezu unbegrenzter staatlicher Rückendeckung arbeiteten Kernforscher und die Angestellten in der Verwaltung streng geheim und unabhängig von den Gesetzen. Die »Nukleokraten« bildeten so etwas wie einen Staat im Staate. Selbst als deutlich wurde, daß Kernenergie sowohl unwirtschaftlich als auch extrem gefährlich ist, wurden die Tatsachen der Öffentlichkeit vorenthalten. Jetzt, mit dem Ende des Kalten Krieges, könnte sich dies ändern.

Welche Alternativen sollten wir in Betracht ziehen?

Die Technologien, die zu einer veränderten Energienutzung benötigt werden, existieren bereits und stehen zur kommerziellen Anwendung zur Verfügung. Die Vereinigten Staaten sind auf diesem Gebiet führend.

In Amerika verteilt sich der Energieverbrauch auf drei Hauptbereiche: Haushalt und Gewerbe, auf die 1991 zusammen 36 Prozent der Gesamtenergie entfielen, die Industrie mit einem Anteil von damals 37 Prozent und das Verkehrswesen mit 27 Prozent.[3] Jetzt ist es möglich, den Energieverbrauch in diesen drei Bereichen bei gleichen oder besseren Leistungen erheblich zu verringern. Die Vorzüge wären mannigfaltig. Erstens könnte das Wirtschaftswachstum vom Energieverbrauch abgekoppelt werden. Zur Zeit herrscht die traditionelle Überzeugung, daß der Energieverbrauch im Gleichschritt mit dem wirtschaftlichen Wachstum ansteige. Das wäre dann nicht mehr der Fall. Tatsächlich könnten wir den Energieverbrauch pro erzielte Arbeitsleistung drastisch verringern und damit viel Geld sparen. Zweitens würden sich die Auswirkungen auf die Umwelt, einschließlich der globalen Erwärmung, beträchtlich verringern. Drittens könnte die Abhängigkeit von importierter Energie zunehmend verringert oder ganz vermieden werden. Schließlich würden neue Industriezweige, die auf der Grundlage dieser neuen Technologien arbeiten, ein gesundes Wirtschaftswachstum erzeugen.

Welche Möglichkeiten gibt es, die Nutzung der Elektrizität zu verbessern?

Die nordamerikanische Denkfabrik für Energieanlagen, das *Electric Power Research Institute*, schätzt, daß die hundertprozentige Ausnutzung neuer Technologien den Stromverbrauch in den Vereinigten Staaten durch kostenwirksame Maßnahmen um bis zu 55 Prozent senken würde.[4]
Das amerikanische Energieministerium und die Umweltschutzbehörde glauben, daß bis zu 80 Prozent der heute für Beleuchtung verwendeten Elektrizität durch technische Neuerungen eingespart werden könnten.[5]
Das *Rocky Mountain Institute* schätzt, daß 75 Prozent des heute in Haushalten, Büros und Fabriken der Vereinigten Staaten verbrauchten Stroms durch den Einsatz bereits vorhandener technischer Möglichkeiten eingespart werden könnten. Diese Technologien sind kostengünstig und würden die Qualität der Leistung nicht verringern, sondern in vielen Fällen sogar erhöhen.[6]
Das größte private Energieversorgungsunternehmen in den USA, die *Pacific Gas and Electric Company*, geht davon aus, daß es 75

Prozent des zusätzlichen Energiebedarfs in diesem Jahrzehnt durch die Steigerung des Wirkungsgrades decken kann, wodurch die Nachfrage sinkt. Der Rest würde aus erneuerbaren Energiequellen gewonnen. Das Unternehmen nimmt an, daß kein neues Kraftwerk mehr gebaut werden muß, und hat seine Tiefbau- und Konstruktionsabteilung aufgelöst. Noch 1981 hatte das Unternehmen den Bau von zehn großen Kraftwerken geplant.

Wie können wir diese Einsparungen erreichen?

Das *Rocky Mountain Institute* hat eine Dokumentation über die effiziente Nutzung von Elektrizität veröffentlicht, die sehr umfangreich ist und eine Fülle von Beispielen enthält.[7] Zum Beispiel hat der größte unabhängige Draht- und Kabelhersteller der Vereinigten Staaten, *Southwire*, seinen Verbrauch von Strom und Gas um 40 bzw. 60 Prozent pro Kilogramm der hergestellten Produkte gesenkt. Die große *Compaq Computer Corporation* hat den Stromverbrauch in ihren Büros in Houston um 50 Prozent reduziert. *Douglas Emmett*, eine Wohnungsbaugesellschaft, hat den Stromverbrauch in einem Bürogebäude in Kalifornien um 75 Prozent gesenkt. Die *Pacific Gas and Electric Company* hat eine Reduktion in ähnlicher Größenordnung in ihrem alten Bürogebäude in San Ramon und in einem neuen in Antioch, beide in Kalifornien, erreicht. Außerdem haben sie ein Testhaus in Davis, Kalifornien fertiggestellt, wo die Außentemperaturen im Sommer auf 45°C klettern können. Dieses ganz gewöhnlich aussehende Haus der mittleren Preisklasse braucht weder Heizungs- noch Kühlanlagen und wird vermutlich nur ein Fünftel der Energiemenge verbrauchen, die in den strengsten amerikanischen Bauvorschriften vorgegeben ist. Kämen diese Neuerungen allgemein zur Anwendung, würde der Bau eines solchen Hauses rund 1800 Dollar *weniger* kosten als der Bau eines ähnlichen herkömmlichen Hauses.

Es kommen zahlreiche Technologien zum Einsatz. Sie umfassen neue Methoden der Wärmedämmung, Fenster, die Licht hereinlassen, aber Hitze fernhalten, Beleuchtungssysteme, die eine größere Helligkeit erzielen, den Stromverbrauch aber um 80 bis 90 Prozent reduzieren, neue Klimaanlagen, die den Stromverbrauch pro Kühleinheit um mehr als 90 Prozent senken, und so weiter.[8]

Die Investitionen, die notwendig wären, wenn die gesamten Vereinigten Staaten zu diesem System übergingen, wurden auf rund 200 Milliarden Dollar geschätzt. Die jährlichen Einsparungen lägen in der Größenordnung von 100 bis 130 Milliarden Dollar, das wäre eine außerordentliche Rendite.[9]

Gibt es in Europa dieselben Möglichkeiten?

Die Vereinigten Staaten haben, hauptsächlich wegen der niedrigen Energiepreise, im Verhältnis zum BSP schon immer mehr Energie verbraucht als Europa. Doch auch in Europa bestehen Möglichkeiten für enorme Einsparungen. Detaillierte Studien haben gezeigt, daß es möglich wäre, in Schweden 50 Prozent des Energieverbrauchs und in Dänemark bis zu 75 Prozent der innerhalb von Gebäuden benötigten Energie einzusparen. In Deutschland könnte es möglich sein, in privaten Haushalten bis zu 80 Prozent des Stroms zu sparen. Es wurde nachgewiesen, daß all diese Einsparungen sehr kosteneffektiv wären.[10]

Wie sieht es im Verkehrsbereich aus?

Rund zwei Drittel des in den Vereinigten Staaten verbrauchten Benzins entfallen auf diesen Bereich. Es sind bereits Technologien vorhanden, die eine um 50 Prozent erhöhte Leistungsfähigkeit bei Leichtbaufahrzeugen ermöglichen würden, und die drei großen amerikanischen Automobilhersteller haben sich mit der amerikanischen Regierung darauf geeinigt, Modelle zu entwickeln, die mit einem Drittel der heute benötigten Benzinmenge auskommen.

Dr. Amory B. Lovins vom *Rocky Mountain Institute* meint, die nächste, unmittelbar bevorstehende technologische Revolution werde uns das bescheren, was er das »ultraleichte, hybrid-elektrische Superauto« nennt. In einer Studie von 1993 beschreibt Lovins, wie ein ultraleichter Pkw für fünf Personen es schaffen werde, 100 Kilometer zurückzulegen bei einem Verbrauch von weniger als 1,6 Liter Benzin oder eines anderen Treibstoffs. Er behauptet, das Auto werde sicherer, langlebiger, leiser und bequemer sein als die heutigen Modelle, und das bei demselben Preis. Nach Lovins könnte durch den enormen Fortschritt im Bereich der Aerodynamik, bei der Herstellung von ultraleichten Materialien aus Polymeren, in der Mikroelektronik, Energietechnik, Motor- und Energiespeichertechnik, beim Computerdesign, der computergestützten Produktion und in der Softwareentwicklung der Treibstoffverbrauch drastisch eingeschränkt werden. Ähnliche Möglichkeiten bestehen für Lastkraftwagen. Zusammen könnten sie den Benzinverbrauch der Fahrzeuge in den Vereinigten Staaten um fünf Sechstel senken. Weltweit könnte durch den Einsatz neuer Technologien soviel Mineralöl gespart werden, wie die OPEC heute fördert.[11] Auf diese Weise würden die durch Benzin- und Dieselemissionen hervorgerufenen Umweltschäden ebenfalls erheblich reduziert.

Wie wahrscheinlich ist es, daß diese neuen Technologien in der Praxis auch wirklich angewendet werden?

In Amerika lassen sich sehr schnelle Veränderungen beobachten. Europa kann ebenfalls an dieser großen Revolution teilhaben – ausgenommen jene Länder, die durch die enorme Macht der Nukleokraten zurückgehalten werden. Diese kämpfen um das Überleben ihrer Industrie, indem sie falsche Informationen über deren Sicherheit und Kosten verbreiten. Mit der Rückendeckung des Staates stellen sie im Rahmen ihrer Werbekampagnen völlig unzutreffende Behauptungen auf und tun ihr Bestes, jeden gefährlichen Zwischenfall zu vertuschen. Wenn wir uns von dieser mächtigen Bürokratie beherrschen lassen, werden unsere Volkswirtschaften durch eine alternde Nuklearindustrie gelähmt. Länder wie Frankreich werden sich zu Museen für veraltete Technologien entwickeln.

Welche neuen Energiequellen werden in den Vereinigten Staaten genutzt?

Unsere z.Z. wichtigsten Energiequellen – ÖI, Kohle und Gas – schädigen die Umwelt, und natürlich ist Atomenergie besonders gefährlich. Technologien der Kraft-Wärme-Kopplung in Verbindung mit konventionellen fossilen Brennstoffen – besonders Erdgas, einem relativ sauberen Rohstoff, von dem es reichhaltige Vorkommen gibt – werden angesichts ihrer Wirtschaftlichkeit und ökologischen Vorteile eine nützliche Übergangsrolle spielen. (In einer Kraft-Wärme-Kopplungsanlage bleiben der bei der Stromerzeugung entstehende heiße Dampf und das heiße Wasser nicht ungenutzt, sondern werden wiederverwendet, um mit Fernwärme Gebäude und Wasser zu heizen. Eine ähnliche »Co-Erzeugung« kann wertvolle, hochtemperierte Wärme als Nebenprodukt der Stromerzeugung an die Industrie abgeben. Derartige Praktiken verdoppeln in etwa die Effizienz, mit der die im Brennstoff gespeicherte Energie genutzt wird.)
Jedoch besteht das langfristige Ziel, neben der siebenfachen Reduzierung des Energieverbrauchs durch eine effizientere Nutzung, in der Erschließung nachhaltiger und sauberer Energiequellen, in die in der Vergangenheit kaum Forschungsgelder investiert wurden, weil sich die Aufmerksamkeit hauptsächlich auf die Kernenergie konzentrierte. In den Vereinigten Staaten wie auch in

einigen europäischen Ländern wurden Fortschritte bei der Nutzung von Erdwärme, Wind- und Sonnenkraft erzielt. Zusammen mit dem Einsatz von Biomasse werden auf diese Weise mittlerweile 11 Prozent der Elektrizität in Kalifornien erzeugt, und es entstehen dabei praktisch keine Luftschadstoffe.[12] Alle erneuerbaren Energiequellen erzeugen heute mindestens 8 Prozent (inoffizielle Schätzungen liegen höher) der gesamten amerikanischen Energie und machen ungefähr ein Drittel des Nettoanstiegs in der amerikanischen Energieversorgung seit 1979 aus.[13]

Geothermische Energie entsteht in der Erdkruste, wie z.B. die Energie, die zu Vulkaneruptionen führt. Die weltweite Kapazität zur Nutzung geothermischer Energie wächst schnell. Diese stellt 28 Prozent der Energie in Nicaragua, 26 Prozent auf den Philippinen und 9 Prozent in Kenia.[14] Das amerikanische Umweltministerium schätzt, daß die hydrothermischen Reservoirs, dazu gehören heißes Wasser und Wasserdampfsysteme unterhalb der Erdoberfläche, theoretisch in der Lage sind, 30mal soviel Energie zu liefern, wie derzeit in den Vereinigten Staaten verbraucht wird.[15]

Wind ist eine weitere Energiequelle mit wachsender Bedeutung. Weltweit sind bereits mehr als 20 000 Turbinen installiert. Der Durchbruch in der Nutzung der Windkraft ist auf technische Fortschritte wie neue Propellerflügel, verbesserte Energieübertragung und Generatoren sowie auf größere Turbinen zurückzuführen; alles zusammen hat zu einer Kostenreduktion von 6 Cent pro Kilowattstunde geführt. Die letzten in Kalifornien unter Wettbewerbsbedingungen gemachten, d.h. nicht subventionierten, Angebote lagen zwischen etwa 4,5 und 4,8 Cent pro Kilowattstunde.[16]

Dres. Michael Grubb und Niels Meyer verdeutlichen in ihrer wichtigen Studie über die Windenergie, wie diese zu einer bedeutenden Energiequelle für Amerika, wo sie bereits genügend Strom zur Versorgung San Franciscos liefert, und die gesamte Welt werden kann.[17]

Die Solarenergie ist die wichtigste Energiequelle von allen. Große, solarbetriebene Energieanlagen versprechen eine sehr wirtschaftliche Produktion. Sie empfangen und konzentrieren die Sonnenstrahlen zur Erhitzung von Flüssigkeiten, die Dampf für eine Turbine produzieren, die ihrerseits Strom erzeugt. Die Kosten pro Kilowattstunde sind bereits von 26 Cent 1984 auf heute 8 oder 9 Cent gefallen.[18] Wie das Beispiel des Hauses in Davis zeigt, liegt in der Entwicklung der Solartechnologie für den Eigenbedarf in kleinerem, mehr auf Einzelprojekte bezogenem Maßstab ebenfalls ein beträchtliches Potential. Und Zehntausende amerikanischer Gebäude beziehen ihre Energie zu einem Großteil oder vollständig aus Solarzellen, die jetzt in zahlreichen Anwendungsbereichen wettbewerbsfähig werden. Die *Pacific Gas and Electric Company* hat zum Beispiel festgestellt, daß mit der Photovoltaik *heute* schon kosteneffektiv ein Umspannwerk betrieben werden kann, und für die Stadtwerke von Sacramento ist es billiger, Straßenlaternen mit photovoltaisch gewonnenem Strom zu betreiben, als sie an das Stromsystem der angrenzenden Gebäude anzuschließen. Solche Vorteile führen zur raschen weltweiten Verbreitung von Solarzellen. Eine umfassende Studie der amerikanischen Regierung kam 1990 zu dem Ergebnis, daß im Jahre 2030 die Verbindung von Photovoltaik und anderen kommerziell erfolgreichen, erneuerbaren Ressourcen kosteneffektiv den größten Teil, wenn nicht sogar die gesamte amerikanische Nachfrage nach Elektrizität und Energie insgesamt befriedigen könne. Das ist ungefähr der Zeitpunkt, zu dem ein konventionelles, heute in Auftrag gegebenes Kraftwerk aus technischen Gründen vom Netz genommen würde.[19]

Man dachte, Kernenergie sei die Energie der Zukunft. Welche
Argumente sprechen dagegen?

Lassen Sie uns mit den Erfahrungen Großbritanniens beginnen.
1988 beschloß die Thatcher-Regierung, die Energieversorgungs-
industrie zu privatisieren; das galt auch für die Atomindustrie.
Eine Industrie, die an die Öffentlichkeit verkauft wird, muß natürlich eine gewinnbringende Zukunft versprechen. Die Thatcher-
Regierung glaubte allen Ernstes, daß dies auf die Kernenergie
zutreffe. Die britischen Nukleokraten hatten entsprechende Versicherungen abgegeben und diese mit einer Unmenge von Daten
untermauert. Nun ist es allerdings gesetzlich vorgeschrieben, daß
vor der Privatisierung ein umfassender Bericht über den Industriezweig, seine Ergebnisse und Möglichkeiten veröffentlicht
werden muß. Dieser wird von unabhängigen Investmentbanken
vorbereitet, die sich auf unabhängige Wirtschaftsprüfer stützen.
Auf diese Weise kamen die tatsächlichen Daten allmählich ans
Licht.
So wurde zum Beispiel am 5. Juli 1988 bekanntgegeben, daß die
Industrie beabsichtige, ihre Buchführungsregeln zu ändern. Sie
plante ganz einfach, den Zeitraum, nach dem Kernkraftwerke
stillgelegt und in eine grüne Wiese zurückverwandelt werden
sollten, auf 135 Jahre auszudehnen.[20] Dieser Buchführungstrick
ermöglichte eine Abschreibung der Kraftwerke über einen längeren Zeitraum und beschönigte so die Bilanzen.
Am 6. Juli 1988 legte der Energiesonderausschuß des Unterhauses
seinen Bericht vor, in dem es hieß: »Wir sind über die Kosten der
Kernenergie besorgt ... Wir sind beunruhigt über die ungleiche
Behandlung der Kohle und Kernenergie durch die Regierung; die
Probleme der Kernenergie werden vertuscht, während die Regierung der Kohleindustrie feindselig gegenübersteht.«[21] Dies ist ein
wichtiger Kommentar. Die Entwicklung der britischen Kernenergie wurde entscheidend von dem politischen Wunsch beeinflußt,

die Gewerkschaft der Bergarbeiter (*National Union of Mineworkers*) zu zerstören, die unter der Führung eines Marxisten die konservative Regierung unter Edward Heath zum Rücktritt gezwungen hatte.

Im Dezember 1988 veröffentlichte die Regierung ihren Entwurf für ein Elektrizitätsgesetz. Der Entwurf enthielt den Vorschlag für staatliche Subventionen zugunsten der Nuklearindustrie, um sie profitabler erscheinen zu lassen. Im Juli 1989 kündigte der damalige Energieminister im Unterhaus an:

Als Ergebnis unserer Vorbereitungen zur Privatisierung wurde deutlich, daß die Kosten für die Wiederaufarbeitung und die Entsorgung abgebrannter Magnox-Kernbrennstäbe erheblich höher ausfallen werden, als dies in den Strompreisen Berücksichtigung findet und in den Geschäftsbüchern des *Central Electricity Generating Board* und des *South of Scotland Electricity Board* ausgewiesen ist. ... Es wurde entschieden, daß sowohl die Aktiva als auch die Passiva der Magnox-Werke ... unter staatlicher Kontrolle bleiben sollten. Die moderneren, gasgekühlten Reaktoren werden ... (jedoch) privatisiert.[22]

Am 31. Oktober 1989 veröffentlichte *Power in Europe*, die Wirtschaftsbeilage der *Financial Times*, ein ihr zugespieltes Regierungsdokument, in dem bestätigt wurde, daß die Kosten der Kernenergie ungefähr doppelt so hoch sind wie die Kosten konventionell erzeugter Energie.[23]

Am 9. November 1989 kündigte der Energieminister im Unterhaus an, daß das gesamte Projekt zur Privatisierung der Kernenergie einschließlich der gasgekühlten Reaktoren gestoppt werde. Er kündigte außerdem ein fünfjähriges Moratorium für den Bau von Atomkraftwerken an. Am selben Tag erklärte der Minister für Schottland vor dem Unterhaus, daß weder die Sachverständigen der Regierung noch ihre finanziellen Berater in der Lage seien, die Kosten für die Stillegung bestehender Kraftwerke zu nennen.

Nigel Lawson, damals Schatzkanzler und früherer Energieminister, beschreibt den Privatisierungsprozeß wie folgt:

Ein weiterer wichtiger Bereich, in dem sich herausstellte, daß die vorliegenden Informationen erhebliche Mängel aufwiesen ... war die Kernenergie ... Es zeigte sich, daß die Stromversorgungsbehörde (*Central Electricity Generating Board*) jahrelang wissentlich oder unwissentlich die Wirtschaftlichkeit der Kernenergie beschönigend dargestellt hatte ... das CEGB hatte keine ausreichenden Rücklagen für das Abschalten der Kernkraftwerke am Ende ihrer Betriebsdauer gebildet und dessen tatsächliche Kosten erheblich unterschätzt. Es ist damit durchgekommen, weil bislang kein Kernkraftwerk stillgelegt worden war ... Wäre nicht der Gedanke an eine Privatisierung aufgetaucht, wer weiß, wie lange das Land noch den Preis für die vermeintliche Wirtschaftlichkeit der Kernenergie bezahlt hätte.[24]

Wie reagierten die britischen Nukleokraten darauf?

Ihr Ansehen sank für ein paar Jahre, doch 1995 kündigte die Regierung an, daß sie die Absicht habe, einen zweiten Versuch zur Privatisierung der Atomindustrie zu unternehmen, und veröffentlichte einen umfassenden Informationsbericht mit dem Titel *The Prospects for Nuclear Power in the UK* (»Die Zukunft der Nuklearenergie in Großbritannien«).[25] Unter Bezugnahme auf Studien von *Barclays de Zoete Wedd* und *KPMG Peat Marwick* zog die Regierung den Schluß, daß es nicht gerechtfertigt sei, staatliche Subventionen für den Bau neuer Atomkraftwerke zu gewähren, trotz eines speziellen Gesuchs von seiten der Atomindustrie.

Seit dem ursprünglichen Privatisierungsdebakel sind weitere Tatsachen ans Licht gekommen, die zeigen, wie weit die Atomindustrie ging, um irreführende Daten zu produzieren und die Wahrheit zu verschleiern. 1988 schätzte die Stromversorgungsbehörde, daß für einen privaten Betreiber eines Kernkraftwerkes für die Behandlung abgebrannter Brennstäbe, die Entsorgung von Atommüll und die Stillegung eines Kraftwerkes Kosten in Höhe von 2,63 Milliarden Pfund anfallen. 1989 stieg der Betrag auf 7,63 Milliarden Pfund.[26] 1987 schätzte *British Nuclear Fuels* die Kosten für die Stillegung seiner kontaminierten Werke auf 438 Millionen Pfund. 1988 wurde diese Zahl auf 4,6 Milliarden Pfund angehoben.[27]

1989, als der britische Versuch zur Privatisierung der Atomindustrie gestoppt wurde, beliefen sich die geschätzten Kosten für die Stillegung auf 15 Milliarden Pfund. Im Jahre 1994 deuteten Schätzungen darauf hin, daß die tatsächlichen Gesamtkosten für die Stillegung aller britischen Kernenergieanlagen 22 bis 23 Milliarden Pfund erreicht hatten.[28]

Zudem sind die städtischen Behörden beunruhigt über Prognosen im Hinblick auf die Leistungsfähigkeit der Anlagen und die Strompreise, auf denen der zweite Vorstoß zur Privatisierung beruht. Die Regierung geht davon aus, daß der Verkauf 2,4 bis 2,8 Milliarden Pfund einbringen werde, doch Gordon Mackerron, einer der führenden unabhängigen Sachverständigen in der Atomwirtschaft, ist der Meinung, daß angesichts der gegenwärtigen Leistung der Reaktoren die Summe von 1 Milliarde Pfund ein realistischerer Wert sei.[29] Wieder einmal verdeutlicht die Konfrontation mit den Gesetzen des freien Marktes die finanzielle Last, die künftigen Generationen infolge der Kurzsichtigkeit und Unaufrichtigkeit der Nukleokraten aufgebürdet wird.

Gibt es anderswo ähnliche Fälle?

In den Vereinigten Staaten wurde die Atomindustrie durch die Gerichte gezwungen, eine ganze Reihe ihrer Geheimnisse über Sicherheit, Zuverlässigkeit, Wirtschaftlichkeit und andere unangenehme Themen preiszugeben. Die Folge war, daß alle seit 1973 beantragten Kernkraftwerke in der Folgezeit abgelehnt wurden und seit 1978 keine neuen Anträge mehr gestellt worden sind. Hauptgründe für die Ablehnung waren Sicherheit, steigende Konstruktions- und Wartungskosten (die bereits das Drei- bis Fünffache der ursprünglich veranschlagten Kosten erreicht hatten) und die von 43 Staaten verabschiedeten Richtlinien, die die Versorgungsbetriebe dazu verpflichten, Elektrizität so kostengünstig wie möglich zur Verfügung zu stellen. Als die Daten erst einmal bekannt wurden, sahen sich die Kernkraftwerke nicht in der Lage, diese Anforderungen zu erfüllen. Tatsächlich ergab eine zuverlässige Analyse, daß Ende der neunziger Jahre mindestens ein Drittel der heute in Betrieb befindlichen amerikanischen Kernkraftwerke wahrscheinlich endgültig abgeschaltet und ihr Betrieb unwirtschaftlich sein wird. Und die meisten amerikanischen Versorgungsbetriebe stimmen zu, daß (für die nächsten 30 Jahre) die Kosten für den Bau, die Befeuerung und den Betrieb eines mit Gas betriebenen Blockheizkraftwerkes geringer sind als die Kosten, die allein bei der Beschickung und Wartung eines typischen amerikanischen Kernkraftwerks anfallen.[30]
Atomenergie hat keine Zukunft außer in den Ländern, in denen die Energieerzeugung zentral geplant wird, wirtschaftliche, wettbewerbsfähige Alternativen unterdrückt werden und keine offene, demokratische Diskussion unter Bereitstellung der notwendigen Informationen möglich ist. Wo auch immer Kernenergie dem Test des freien Marktes unterworfen wurde, hat sie sich nicht durchgesetzt. Die Bedingungen für das Überleben der Kernenergie sind

deshalb staatliche Unterstützung und das Fehlen einer demokratischen Debatte.

Frankreich gilt gemeinhin als Land, dem es gelungen ist, eine effektive Atomindustrie aufzubauen, die sowohl wirtschaftlich als auch sicher sein soll. Stimmt das?

Nein. Die Tatsache, daß einige Menschen dies glauben, ist nichts weiter als der Beweis, wie wirkungsvoll die Werbekampagnen der Nukleokraten waren. Die Kernkraftwerke erzeugen 76 Prozent der französischen Elektrizität zu einem Preis, der allgemein für wettbewerbsfähig gehalten wird. Man muß aber deutlich zwischen Preis und Kosten unterscheiden. Der Preis ist der Wert, zu dem die Industrie den Strom an die Verbraucher verkauft. Die Kosten sind der tatsächliche Betrag, den die Industrie aufwenden muß, um den Strom zu erzeugen. Der Preis kann unter den Kosten liegen, weil der Staat erhebliche direkte und indirekte Subventionszahlungen leistet; hinzu kommen weitere Subventionen aus anderen Aktivitäten der *Electricité de France*, des Versorgungsunternehmens, das den Strom anbietet.

Natürlich sollten, wie in England, bei den Kosten die Beträge für die Stillegung ausgedienter Kernkraftwerke und die Lagerung radioaktiven Abfalls berücksichtigt werden. Diesen Kostenanteil kann man allerdings gar nicht kalkulieren, weil niemand weiß, wie man alte Kernkraftwerke vollständig abschaltet und sich des radioaktiven Mülls entledigt oder ihn auch nur langfristig sicher lagert. Selbst *Electricité de France* gibt dies in einer Antwort an die Rechnungsprüfer der französischen Regierung indirekt zu und sagt, daß die Mittel für künftige Stillegungen »weiterhin auf Grundlage alter Schätzungen bereitgestellt werden, da keine verläßlicheren Zahlen vorliegen.«[31]

Trotz dieser Differenz zwischen Preis und Kosten und trotz der Behauptungen der Nukleokraten sind die Strompreise in Frankreich keineswegs niedrig.

Die Vereinigung Deutscher Elektrizitätswerke e.V. hat eine Liste mit Strompreisen veröffentlicht, die 1992 in den europäischen Staaten erhoben wurden.[32] Die Studie bezog sich auf den Stromverbrauch der privaten Haushalte und ging von einem Durchschnittsverbrauch von 3500 Kilowattstunden pro Jahr aus. Die Preise in Frankreich lagen über denen in den Niederlanden, in Dänemark, Irland, Luxemburg, Deutschland, Griechenland und Großbritannien. Von diesen Ländern setzen Dänemark, Irland, Luxemburg und Griechenland keine Kernenergie ein. Die Niederlande erzeugen nur 2 Prozent ihrer Elektrizität mit Kernkraftwerken, und selbst die Länder mit dem höchsten Anteil, Deutschland und Großbritannien (mit 29 Prozent bzw. 26 Prozent), kommen auf weniger als die Hälfte des französischen Anteils von 76 Prozent.[33]

Die Zahlen des französischen Industrieministeriums von 1993 zeigen, daß trotz aller Annahmen, die den Einsatz von Kernenergie besonders positiv bewerten, der von neuen Kernkraftwerken erzeugte Strom um 50 Prozent teurer war als Elektrizität aus neuen Blockheizkraftwerken, deren Dampfturbinen mit Kohle betrieben werden. Auch im Vergleich zum Strom, der durch Gasturbinen erzeugt wird, bleibt der Nuklearstrom teurer, und er ist nur geringfügig billiger als der, der an geeigneten Standorten aus Windenergie gewonnen wird.[34]

Sehr vielsagend ist die Art und Weise, wie die *Electricité de France* mit diesen Daten umgeht. In einem internen Bericht von Juni 1989, der sich mit der Geschäftsstrategie für die Jahre 1990 bis 1992 beschäftigte, beschrieb das Unternehmen die Kraft-Wärme-Kopplung und die dezentrale Stromerzeugung als »Bedrohungen«. Es legte die Notwendigkeit nahe, Widerstand gegen die

Kraft-Wärme-Kopplung zu leisten und »Druck auf die Behörden auszuüben».[35]

Lassen Sie mich eine Anekdote erzählen. Als dieses Buch zuerst in Frankreich erschien, entfachte es lebhafte Diskussionen. Daraufhin wurde ich eingeladen, auf einem Treffen mit ungefähr 40 hochrangigen Vertretern der Industrie darüber zu diskutieren. Während des Treffens wurde ich, was zu erwarten war, heftig von einem der führenden Nukleokraten angegriffen. Nach einem Gedankenaustausch ergriff ein bedeutender Industrieller, einer der Väter des französischen Kernenergieprogramms, das Wort. Er erinnerte uns daran, daß er ein Mitglied des Komitees gewesen sei, das die französische Nuklearstrategie aus der Taufe gehoben habe, und verkündete, er sei zu dem Treffen gekommen, um, wie er es nannte, einen »Akt der Buße« zu vollziehen. Im Rückblick, sagte er, seien die Entscheidungen des Komitee im Hinblick auf wirtschaftliche Überlebensfähigkeit und Sicherheit falsch gewesen. Unter den Anwesenden breitete sich eine große Stille aus.

Wie sah es in der Vergangenheit mit der Sicherheit der Atomindustrie aus?

Die Geschichte der Atomindustrie stellt sich als eine lange Serie von Heucheleien und Lügen dar. Das beste Beispiel dafür ist natürlich Tschernobyl.

Nach dem Unfall beschrieb Alexander Lutsko, der Rektor des Internationalen Sacharow-Institutes für Strahlungsökologie, das Verhalten der Atomlobby in der Internationalen Atomenergie-Behörde:

Bodenproben und Proben von Nahrungsmitteln, die eingesandt worden waren, um die Radioaktivität zu messen, wurden plötzlich unter Verschluß genommen. Im Anschluß an ihre Beratungen bat mich die Internationale Atomenergie-Behörde, die Übergabe der Testergebnisse nicht zu verlangen, weil die Behörde vermeiden wollte, mit der möglichen Verwendung der Ergebnisse für politische Ziele konfrontiert zu werden.[36]

Alla Yarochinskaya, eine Abgeordnete des Obersten Sowjets und Mitglied zahlreicher Untersuchungsausschüsse, die sich mit Tschernobyl beschäftigten, hat ein Buch mit dem Titel »Tschernobyl: die verbotene Wahrheit« veröffentlicht. Ihre Schlußfolgerung: »Die Lügen über Tschernobyl sind ebenso entsetzlich wie die Katastrophe selbst.«[37]

Nach der Katastrophe von Tschernobyl erklärte der saarländische Umweltminister im Deutschen Bundestag:

Die Einstellung gegenüber der Sicherheit von Kernreaktoren und die Informationspolitik in Frankreich geben ebenfalls großen Anlaß zur Sorge. Am 9. Mai 1986 veröffentlichte die französische Botschaft in Bonn folgendes Statement: »Aufgrund der großen Entfernung von Tschernobyl ist das französische Staatsgebiet nicht von radioaktiven Emissionen betroffen.«

Der Umweltminister fuhr fort:

Dies war eineinhalb Wochen, nachdem Messungen ergeben hatten, daß im Saarland und in Rheinland-Pfalz die Konzentrationen zweitausendmal höher waren als die normalen Werte. Während wir die Bevölkerung vor dem Konsum von frischer Milch und Gemüse warnten, verhielten sich die französischen Behörden völlig ruhig. Und die französische Bevölkerung wurde in völliger Unkenntnis gelassen. Die Geheimniskrämerei in Frankreich ist ebenso gefährlich für die Menschen wie die Zensur in der Sowjetunion.[38]

1996 haben Vertreter der französischen Regierung Messungen durchgeführt und radioaktive »heiße Stellen« im Bezirk Var nachgewiesen. Eine Messung ergab eine radioaktive Verseuchung durch Caesium 137 von 800 000 Becquerel pro Quadratmeter. Das ist dieselbe Strahlungsstärke, wie sie in der zweiten Evakuierungszone um den Tschernobyl-Reaktor festgestellt wurde.[39]

Wo liegt die Wahrheit?

Niemand kennt das ganze Ausmaß der Wahrheit. Wir können nur die Spitze des Eisberges erkennen. Der damalige Präsident der Ukraine, Leonid Krawtschuk, erklärte auf dem Weltwirtschaftsgipfel im schweizerischen Davos, daß 11 Millionen Menschen von dem Reaktorunglück in Tschernobyl betroffen seien.[40] Andere, die die Auswirkungen zu spüren bekamen, enthüllten ebenfalls einige Tatsachen. Im folgenden ein paar Beispiele:

- Leonid Ischtschenko, Chefarzt des Bezirkskrankenhauses in Narodischi: »Wir haben alle Kinder in dem Bezirk mehrere Male untersucht. 80 Prozent von ihnen leiden an einer Überfunktion der Schilddrüse.«[41]

- Alexander Satchko, Leiter der Poliklinik des Bezirks Narodischi: »Alle 5000 Kinder des Bezirks wurden mit Jod 131 verstrahlt.«[42]

- Die ukrainische Zeitschrift *Kiewske Wedomosti* berichtete, daß Angaben zufolge allein im Bezirk Charkow 3633 Menschen verstrahlt worden seien.[43]

- Im September 1992 verkündete die Weltgesundheitsorganisation (WHO), daß in Belarus die Zahl der an Schilddrüsenkrebs erkrankten Kinder um das 24fache angestiegen sei. Dr. Wilfried Kreisel, Koordinator des Internationalen Programms der WHO zu den gesundheitlichen Auswirkungen des Tschernobyl-Unfalls, erklärte: »Wir sind uns völlig darüber im klaren, daß dieser Anstieg nach dem Reaktorunfall eine Folge dieses

Unfalls ist.«[44] 1996 erkrankten 100mal mehr Menschen an Schilddrüsenkrebs als vor dem Unfall.[45]

● Nach Angaben des Tschernobyl-Komitees der russischen Regierung starben von den Menschen, die an den Aufräumarbeiten in der Umgebung des Reaktors beteiligt waren, 7000 in den sieben Jahren nach der Katastrophe.[46]

● In Norwegen belegt eine Studie zu 35 263 Schwangerschaften und 23 880 Geburten einen Anstieg der Fehlgeburten um 13,5 Prozent in dem Jahr nach der Explosion.[47]

● Die Regierung von Belarus schätzt, daß in dem Zeitraum von 1986 bis 2015 die Wirtschaft durch den Unfall einen Gesamtschaden von 235 Milliarden Dollar (ausgehend von den Preisen im Juni 1992) erleiden wird. Das entspricht dem 21fachen des Landesbudgets im Jahre 1991.[48]

● Im Jahre 1995 ging die Weltgesundheitsorganisation davon aus, daß die insgesamt bei dem Unfall freigesetzte Radioaktivität 200mal so hoch war wie die Strahlung, die bei den beiden Atombombenabwürfen auf Hiroshima und Nagasaki zusammen freigesetzt wurde (obwohl es sich in beiden Fällen um jeweils unterschiedliche Radionuklide handelte).[49]

● Zehn Jahre nach dem Unfall bekommen immer noch Hunderte von Landwirten in Großbritannien die Folgen des Fallouts zu spüren; denn es gibt Beschränkungen für das Grasen und die Schlachtung von Schafen von seiten der Regierung.[50]

Die Liste dieser Zitate könnte man noch lange fortführen. Vor diesem Hintergrund ist es ein Skandal, daß die Internationale Atomenergie-Behörde es nicht geschafft hat, eine verläßliche Studie über die Folgen des Unfalls in Auftrag zu geben und zu veröffentlichen.

Die Notwendigkeit zur Vertuschung der Folgen zeigte sich beispielsweise am 24. Mai 1993, als das täglich erscheinende Mitteilungsblatt der Energiewirtschaft *Enerpresse* die folgende Feststellung von Jean-Paul Lannegrace, dem damaligen Vorsitzenden der französischen Kernenergiegesellschaft, veröffentlichte: »Immerhin hat es in Tschernobyl nur 31 Tote gegeben.«[51] Lannegrace ist außerdem stellvertretender Direktor der Abteilung für die Herstellung von Kernenergiebrennstoffen bei *Framatome*, dem führenden französischen Produzenten von Kernenergieanlagen. Die Internationale Atomenergie-Behörde nennt zu ihrer Schande ähnliche Zahlen.

Im August 1992 versicherten zwei Ärzte, die an einem führenden Krankenhaus in Lille für den Bereich Nuklearmedizin verantwortlich waren, in einem Interview für die Lokalzeitung *Nord Eclair*, daß es keine Gesundheitsprobleme bei den Kindern von Tschernobyl gebe. Das Interview war Teil eines Artikels mit der Überschrift »Kinder in Tschernobyl leiden nicht unter radioaktiv bedingten Krankheiten«.[52]

Man sollte niemals vergessen, daß radioaktive Emissionen ganz besondere Auswirkungen haben. Es ist nicht leicht, die Zahl der Toten und Schwerkranken nach einem radioaktiven Unfall festzustellen, weil sich die Leiden über eine lange Zeitspanne hinziehen und nicht mit einem Etikett versehen sind, das die Ursachen nennt. Da radioaktive Teilchen durch Wind und Wasser weitergetragen werden, sind die Folgen weiträumig zu spüren. Die Kontamination des Bodens bleibt über Jahrhunderte bestehen. Das wichtigste Isotop von Plutonium hat eine Halbwertszeit von 24 500 Jahren.

Und wie sieht es heute in Tschernobyl aus?

Die Gegend um Tschernobyl bleibt trotz aller Sicherheitsbestrebungen eine schreckliche Bedrohung. 1991 mußte der Reaktor Nummer 2 wegen eines Feuers abgeschaltet werden, und der Zustand des Betonsarkophags, der den Reaktor Nummer 4 umschließt (der bei der ursprünglichen Katastrophe zerstört worden war), verschlechtert sich zusehends. Die Kosten für den Bau eines neuen Sarkophags werden auf 1,6 Milliarden Dollar geschätzt.

Der Betrieb der zwei restlichen Kernreaktoren weise »zahlreiche Sicherheitsmängel« auf, so ein Inspektionsteam von der Internationalen Atomenergie-Behörde.[53] Dies ist nicht nur auf fehlende finanzielle Mittel zurückzuführen, sondern auch auf das Fehlen einer angemessenen »Sicherheitskultur« in allen Betriebsbereichen der Anlage.

Trotz dieser Gefahren sind die ukrainischen Behörden nicht bereit, das Kraftwerk zu schließen. Im Dezember 1995 unterzeichneten die Vertreter der G7-Staaten und die Europäische Union ein »Memorandum der Verständigung« mit der ukrainischen Regierung. Dieses Dokument sieht die Schließung des Kraftwerks bis zum Jahre 2000 vor. Das Memorandum stellt 2,3 Milliarden Dollar in Form von Krediten und Subventionen von seiten der G7 und der EU für die Energieversorgung in der Ukraine in Aussicht (die Summe scheint anschließend auf 3,1 Milliarden Dollar gestiegen zu sein, wobei die 1,6 Milliarden für den neuen Sarkophag nicht berücksichtigt sind).

Hier handelt es sich um enorme Summen, und die Situation wird noch dadurch verschlimmert, daß als größtes Projekt die Fertigstellung von zwei neuen VVER-1000-Reaktoren in Khmelnitski und Rovno geplant ist, deren Kosten auf 1 bis 1,3 Milliarden Dollar geschätzt werden – und dies trotz der erheblichen Sicherheitsbedenken, die weiterhin hinsichtlich der Bauweise des VVER-1000-Reaktors bestehen. 1993 fand die Internationale Atomenergie-Behörde etwa 16 Bereiche, in denen der VVER-1000 nicht die üblichen Sicherheitsvorschriften erfüllte, zu denen Brandgefahr, Risse in Druckstahlkesseln und die Verhinderung radioaktiver Emissionen gehörten.[54] Angesichts der Vorfälle in Tschernobyl wäre es ein verhängnisvoller Fehler, die Anlage durch neue Atomreaktoren zu ersetzen, die an sich schon unsicher sind, und dadurch zusätzlichen Atommüll zu erzeugen, anstatt in nachhaltige Energietechniken zu investieren.

Wie kann die Ukraine ihren Energiebedarf decken, wenn die VVER-1000-Kraftwerke nicht fertiggestellt werden?

Da der Energiebedarf in der Ukraine sinkt, ist es in der nahen Zukunft nicht notwendig, die vom Tschernobyl-Reaktor gelieferte Energie aus anderer Quelle zu beziehen. In der Ukraine ist der jährliche Stromverbrauch zwischen 1990 und 1995 um 80 Terawattstunden (TWh) zurückgegangen. Im Vergleich dazu beträgt die von den noch in Betrieb befindlichen Tschernobyl-Reaktoren gelieferte Energie ungefähr 9 TWh, und der gesamte in der Ukraine produzierte Nuklearstrom belief sich 1995 auf 71 TWh.[55] Wenn man die Energieproduktion in Tschernobyl vor dem Hintergrund des Einbruchs im Strombedarf in der Ukraine betrachtet, muß bezweifelt werden, ob Investitionen in neue Anlagen unmittelbar erforderlich sind.

Mittelfristig bestünde eine sehr viel sinnvollere Lösung darin, die Möglichkeiten für einen effizienten Energieeinsatz auszuschöpfen, die, wie zahlreiche internationale Studien gezeigt haben, eine wesentlich kostengünstigere Alternative darstellen, vor allem im Vergleich zum Bau neuer Kernkraftwerke. Ein Bericht des amerikanischen Energieministeriums und der ukrainischen Regierung aus dem Jahre 1994 kam zu dem Ergebnis, daß durch einen früheren G7-Plan zur Fertigstellung von fünf VVER-1000-Reaktoren Energiekosten entstanden wären, die doppelt so hoch gewesen wären wie die Kosten zur Durchführung grundlegender Effizienzsteigerungen in der industriellen Energienutzung.[56] Die Ukraine verbraucht derzeit pro produzierte Wareneinheit fünfmal mehr Energie, als die OECD-Staaten durchschnittlich benötigen.[57] Höhere Energieeffizienz, die Nutzung erneuerbarer Energien und Kraft-Wärme-Kopplung würden nicht nur zur Lösung des Tschernobyl-Problems beitragen, sondern wären auch von Vorteil für die gesamte ukrainische Wirtschaft, weil auf diese Weise wertvolle Arbeitsplätze geschaffen würden. Daher ist es unbedingt erforderlich, daß die internationalen Kreditgeber wie die *Europäische Bank für Wiederaufbau und Entwicklung* eine verläßliche Analyse zur Kostenminimierung im ukrainischen Energiesektor durchführen und nicht dem Druck der internationalen Atomlobby und seiner politischen Vertreter nachgibt.

Es gibt jedoch einen führenden Vertreter der Atomindustrie, der sich in die richtige Richtung bewegt. Jean Syrota, Vorsitzender der französischen Nukleargruppe *Cogema*, gibt zu, daß

> Reaktoren vom Typ Tschernobyl technisch einfach stillgelegt werden können. Man muß nichts weiter tun, als Elektrizität effizienter zu nutzen. Der Energieverbrauch in Osteuropa hat alarmierende Ausmaße erreicht, weil die Energie in diesen Ländern nahezu kostenlos abgegeben wird. Bei realistischen Energiepreisen könnte der Energieverbrauch besser kontrolliert werden, und wir wären nicht länger auf die Versorgung durch gefährliche Kernkraftwerke angewiesen ... [58]

Wie sollten wir Rußland und den osteuropäischen Staaten helfen?

Wir müssen ihnen durch technischen und finanziellen Beistand die Schließung ihrer Kernkraftwerke erleichtern und ihnen dabei helfen, die Kernkraft durch die verstärkte Nutzung erneuerbarer Energien, eine effizientere Energienutzung und den Einsatz von Blockheizkraftwerken mit Gasturbinen überflüssig zu machen. Die Turbinen könnten sich an denen orientieren, die bereits für die Luftwaffe gebaut werden, einen Industriezweig, der für zivile Zwecke umgewidmet werden muß. Rußland verfügt über große Erdgasvorkommen. Mit Erdgas betriebene Kraftwerke wären nicht teuer, könnten schnell gebaut und in der Nähe der Städte und Fabriken eingerichtet werden, die die Energie brauchen.

Um dies zu erreichen, müssen wir allerdings gegen die Atomlobby der westlichen Welt kämpfen. Was die Nukleokraten betrifft, so könnte der Fehlschlag der Kernenergie in den östlichen Staaten die Rettung für die Kernenergie im Westen bedeuten. Wenn uns die westlichen Nukleokraten davon überzeugen können, daß die Probleme im Osten schlicht die Inkompetenz der Kommunisten widerspiegeln, haben sie eine Goldader entdeckt. Sie wären in der Lage, die Atomindustrie in den östlichen Staaten mit neuen Anlagen auszurüsten, häufig zu Lasten westlicher Steuerzahler, und könnten auf diese Weise ihre eigene Industrie wiederbeleben. Es ist kein Zufall, daß die westlichen Institutionen, die für die Lösung der Energieprobleme Rußlands und Osteuropas verantwortlich sind, fast alle von der Atomindustrie kontrolliert werden.

Wie ist die Lage in Westeuropa?

Westliche Nukleokraten wollen uns glauben machen, daß es nur im Osten Sicherheitsprobleme gebe. In Wahrheit aber haben sich zahlreiche Vorfälle in Frankreich und anderswo ereignet. Dies sind Symptome für die Gefahren, die im Prozeß selbst stecken und die wegen ihrer möglicherweise katastrophalen Folgen so schwerwiegend sind. Ein Beispiel aus der jüngeren Vergangenheit in Frankreich war der tödliche Unfall im Reaktorkomplex von Cadarache. Ein Ingenieur wurde getötet, und vier seiner Kollegen wurden schwer verletzt, als sie versuchten, einen ausgedienten Flüssignatrium-Reaktor abzuschalten. Die Explosion am 31. März 1994 hob das Betondach eines Anbaus des Reaktors Rapsodie ab, der 37 Tonnen Natrium enthielt, die noch bearbeitet werden mußten.[59]

Bereits 1990 schrieb Pierre Tanguy, Generalinspektor der *Electricité de France*, in seinem Jahresbericht: »Die größte Sorge gilt heute dem Risiko [in kommerziellen Leichtwasserreaktoren, die überall auf der Welt eingesetzt werden], daß eine oder mehrere Röhren im Dampfkessel plötzlich platzen.«[60] Im Dampfkessel eines Atomreaktors befinden sich riesige Wärmetauscher mit Tausenden von Röhren, durch die das Primärkühlmittel zirkuliert. Ein Riß in einer dieser Röhren kann durch den Austritt der Kühlflüssigkeit einen Unfall verursachen, und der Bruch mehrerer Röhren kann das Notkühlsystem außer Kraft setzen. Er kann auch zur Folge haben, daß Kühlwasser durch die Sicherheitsventile aus der Reaktorschutzhülle austritt. Dadurch ist der Kern des Systems ungeschützt, was einen Unfall in Form einer Kernschmelze und eine massive Freisetzung von Radioaktivität auslösen kann. Bis zum heutigen Tag wurden weltweit zwölf Fälle gemeldet, bei denen die Röhren der Dampfkessel gebrochen sind.[61] Es ist möglich, daß Radioaktivität nur begrenzt freigesetzt wurde, aber der Zustand der Dampfkessel ist zu einem vordringlichen Problem geworden. Frankreich hat beschlossen, in 24 Reaktoren die Dampfkessel zu ersetzen, doch im Mai 1996 waren die Arbeiten erst bei 5 Reaktoren abgeschlossen. In der Schweiz, in Deutschland, Schweden, Belgien, Spanien, Japan und in den USA werden die Kessel ebenfalls ersetzt.[62]

Eine weitere Gefahrenzone ist der obere Teil des Reaktorgefäßes. Im September 1991 wurde ein Leck in diesem Bereich des Bugey-3-Reaktors in Frankreich entdeckt.[63] Als Ursache wurde ein Riß in einer der Einführungsröhren ermittelt. Diese spielen eine entscheidende Rolle bei der Einführung von Steuerstäben in das Reaktorgefäß. Ein Bruch kann zu einem oder auch beiden der folgenden Unfälle führen: einem nicht zu kontrollierenden Verlust von Kühlmittel und einer schweren Schädigung des Abschaltsystems des Reaktors, was eine Kernschmelze nach sich ziehen kann.

Im Mai 1996, fast 5 Jahre nach dieser Entdeckung, war bei 12 von 54 französischen Reaktoren der obere Teil des Reaktorgefäßes ausgetauscht worden. Daran wird deutlich, wie schwierig die Lösung des Problems ist. In Fankreich werden nur langsam Fortschritte erzielt, doch in anderen Ländern geht es noch viel langsamer.[64] Derselbe Mangel wurde an Reaktoren in Schweden, in der Schweiz, in Belgien, Japan und in den USA festgestellt.[65] Hinzu kommt noch, daß im Mai 1993 kreisförmige Risse, 18 Millimeter lang und 4 Millimeter tief, im schwedischen Ringhals-2-Reaktor entdeckt wurden.[66] Diese Art Riß ist ganz besonders gefährlich, weil es vor einem Bruch keine Leckstelle gibt und infolgedessen die Teile ohne Warnung auseinanderbrechen können.

Außerdem gibt es noch Probleme einer anderen Art. Im Mai 1992 wurde *Electricité de France* offiziell darüber informiert, daß bestimmte Dokumente, die von einem Unternehmen nach Arbeiten am Reaktor Dampierre-1 übergeben wurden, gefälscht worden waren. Tatsächlich waren zwei der drei betroffenen Schweißnähte undicht, und es kam ans Licht, daß der Subunternehmer die Röntgenstrahlen, mit denen die Qualitätskontrolle durchgeführt wurde, manipuliert hatte. Später wurde entdeckt, daß mindestens fünfzehn Schweißnähte bei drei der vier Reaktoren in Dampierre undicht waren.[67] Während der französischen Streiks im öffentlichen Dienst im November und Dezember 1995 berichtete *Electricité de France* von drei Sabotagefällen, von denen jeder »einen ernsten Zwischenfall für die nukleare Sicherheit« darstellte. Solche Vorfälle zeigen deutlich, wie sensibel der Bereich der nuklearen Sicherheit auf soziale Konflikte reagiert.

Sind in Großbritannien ebenfalls Sicherheitsprobleme aufgetreten?

Ja. Noch schlimmer ist, daß von den verantwortlichen Stellen wichtige Dinge vertuscht wurden. Dafür ist der Unfall, der sich 1977 in der Anlage im schottischen Dounreay ereignete, vielleicht das beste Beispiel.

In den fünfziger Jahren gruben die Betreiber von Dounreay einen 60 Meter tiefen Schacht in eine der Klippen über dem nahegelegenen Strand. Sie benutzten ihn als Lagerstätte für mittelstark strahlenden Atommüll, von dem ein Großteil in offenen Behältern ohne angemessenes Bestandsverzeichnis eingelagert wurde. 1977 sickerte Meerwasser in den Schacht, das mit dem im Atommüll enthaltenen Natrium und Kalium reagierte und eine gewaltige Explosion verursachte, die die schwere Betondecke vom Eingang des Schachtes wegschleuderte. Teile des verstrahlten Reaktorbrennstoffes wurden über den angrenzenden Strand verstreut.[68]

Der Unfall wurde vertuscht, und die Öffentlichkeit wurde zu keiner Zeit vor der möglichen Gefahr beim Betreten des Strandes gewarnt. Im Juni 1995 kamen die Einzelheiten des Unfalls schließlich ans Licht, doch nur, weil zwei Regierungsbehörden, die das häufige Auftreten von Leukämie in der Umgebung von Dounreay untersuchten, feststellten, daß sich in den ihnen zur Verfügung gestellten Zahlen ein Widerspruch fand. Als die Betreiber von Dounreay während einer Untersuchung zu den möglichen Ursachen von Leukämie bei Kindern im Jahre 1988 aufgefordert worden waren, Daten zu liefern, hatten sie den Unfall verschwiegen und damit den Beauftragten der Regierung entscheidende Informationen vorenthalten.[69]

Heute sieht es in Dounreay nicht viel besser aus. Ein im April 1996 veröffentlichtes unabhängiges Gutachten deckte 1500 Fälle von radioaktiver Verseuchung an dem Standort auf.[70]

Welches Schicksal ist den Kernkraftwerken beschieden, die heute am Netz sind?

Bisher ist noch kein großes kommerzielles Kernkraftwerk, das über viele Jahre einem intensiven Neutronenstrom ausgesetzt war und daher stark kontaminiert ist, jemals stillgelegt oder demontiert worden. Unser Wissen darüber, wie derartige Anlagen stillgelegt werden, ist begrenzt, weil es sich bislang nur auf Forschungsreaktoren, nicht aber auf kommerzielle Reaktoren bezieht. In einigen der Beispiele, die ich angeführt habe, sind schwerwiegende und unerwartete Probleme mit den Metallen auftreten, als dicke Abschnitte aus neuartigem Stahl und anderen Legierungen lange Zeit gleichzeitig intensiver radioaktiver Strahlung, Hitze, Erschütterung und chemischer Korrosion ausgesetzt wurden.

Ersatzteile werden künftig die Haupteinnahmequelle von Unternehmen wie *Framatome* sein. Ihre wirtschaftliche Zukunft sieht rosig aus, nicht aufgrund einer gesunden Industrie, sondern weil für vorhandene Anlagen weit mehr Ersatzteile geordert werden müssen als ursprünglich angenommen.

Es gibt allerdings auch vielversprechende Entwicklungen. Ein großer Stromversorger in Kanada, *Ontario Hydro*, hat sich entschlossen, einen Großteil seiner Nuklearanlagen stillzulegen, anstatt sie zu reparieren. In den Vereinigten Staaten werden alte Reaktoren wie die der Kraftwerke Yankee Rowe, Trojan und Rancho Seco abgeschaltet; außerdem hat man begonnen, elf weitere Reaktoren, die früher kommerziell genutzt wurden, Schritt für Schritt abzuschalten.

Hier zeigt sich natürlich wieder einmal das systemimmanente Phänomen der raschen Kosteneskalation. Die geschätzten Kosten für Yankee Rowe sind von 116,6 Millionen Dollar auf 247,1 Millionen Dollar gestiegen. Die Kosten für Rancho Seco sind von geschätzten 126,5 Millionen Dollar auf 292,9 Millionen Dollar geklettert.[71]

Kommen wir zu einem anderen Thema. Erzählen Sie uns etwas über die jüngste Entwicklung im internationalen Plutoniumhandel.

Mehr als 1200 Tonnen Plutonium sind bisher in zivilen Reaktoren produziert worden; davon sind 140 Tonnen aufbereitet worden, die sich somit sehr gut zur Herstellung von Atombomben eignen. Außerdem lagern ungefähr 200 Tonnen »überschüssiges« waffenfähiges Plutonium in Rußland und in den USA.[72] Vor 55 Jahren gab es noch gar kein Plutonium. Plutonium wird von Menschenhand hergestellt. Eine für das amerikanische Verteidigungsministerium erstellte Studie der *Rand Corporation* kommt zu dem Schluß, daß es innerhalb eines Jahrzehnts genügend Plutonium auf der Welt geben werde, um 87 000 primitive, aber höchst wirkungsvolle Nuklearwaffen herzustellen.[73]

Das ursprüngliche friedliche Ziel der Plutoniumproduktion bestand darin, Kernreaktoren vom Typ des schnellen Brüters mit Spaltmaterial zu versorgen. Selbst die Vertreter der Atomindustrie sehen sich, wenn auch widerwillig, gezwungen zuzugeben, daß schnelle Brüter gefährlich und unwirtschaftlich sind. Der Prototyp des schnellen Reaktors in Dounreay in Schottland ist abgeschaltet worden, genauso wie der Reaktor in Kalkar, Deutschland. Der Superphénix in Frankreich ist zu einem Forschungszentrum umfunktioniert worden. In Wirklichkeit dient er nur dazu, den französischen Nukleokraten einen Gesichtsverlust zu ersparen, die für die Aufrechterhaltung des Betriebs gekämpft haben. In Japan hat zwischenzeitlich am 8. Dezember 1995 ein schwerer Unfall im schnellen Brüter in Monju zum Austritt von 2 Tonnen Natrium aus dem Kühlsystem geführt. Der Reaktor mußte manuell abgeschaltet werden. Verschlimmert wurde die Lage dadurch, daß die Betreiberfirma versuchte, den Zwischenfall zu vertuschen, indem sie Videoaufnahmen von dem Unglück manipulierte, bevor diese an die Medien herausgegeben wurden. Shigeo Nishimura, ein führender Manager des Unternehmens, beging anschließend Selbstmord.[74] In politischer Hinsicht schlug der Unfall hohe Wellen, und das gesamte japanische Plutonium-Programm ist jetzt in Frage gestellt. Auf das allgemeine Kernenergieprogramm hat dies möglicherweise folgenschwere Auswirkungen.

In Großbritannien hat das staatseigene Unternehmen *British Nuclear Fuels* eine thermische Oxid-Wiederaufarbeitungsanlage (THORP) in Sellafield, Cumbria gebaut. Die Anlage hat die Aufgabe, Plutonium und Uran von den aus den Kernkraftwerken angelieferten Brennstäben abzutrennen, um Plutonium als Brennstoff für schnelle Brüter wiederaufzuarbeiten. Durch die Abschaltung oder den Verzicht auf schnelle Brüter ist der Markt für Plutonium erheblich kleiner geworden. Andererseits scheint der Markt für Bomben, die an Kriminelle verkauft werden, zu wachsen.

Warum also weitermachen mit THORP?

Das beruht sicher nicht auf wirtschaftlichen Gründen. Die Anlage löst nicht das Problem der Entsorgung abgebrannter Brennelemente; tatsächlich nimmt das Volumen des Atommülls durch die Wiederaufarbeitung noch zu. Die luftgekühlte Lagerung scheint daher eine bessere Alternative zu sein. *Scottish Nuclear* hat sich entschlossen, die Hälfte seiner abgebrannten Brennstäbe künftig einzulagern, anstatt sie zur THORP zu schicken, und *Nuclear Electric*, der andere Erzeuger von Nuklearstrom, hat eine ähnliche Vereinbarung getroffen.[75] Die deutschen Versorgungsunternehmen haben ausgerechnet, daß sie 3,5 Milliarden DM sparen würden, wenn sie ihre abgebrannten Brennelemente nicht mehr in La Hague, dem französischen Äquivalent von THORP, wiederaufbereiten lassen – eine Entscheidung, die sowohl aus ökonomischen als auch aus ökologischen Gründen getroffen wurde.[76]

THORP hat weitere entscheidende Nachteile. Erstens werden sich die Kosten für die Stillegung der Anlage auf mindestens 900 Millionen Pfund belaufen,[77] und einige Experten gehen von einer weit höheren Summe aus. Zweitens hat die Anlage die Freisetzung von Radioaktivität in das Meer und in die Luft erhöht. Die Irische See ist bereits das am stärksten radioaktiv verseuchte Meer der

Welt, und daher versuchte die irische Regierung, die britische Regierung dahingehend zu beeinflussen, THORP nicht in Betrieb zu nehmen. Sowohl der Ausschuß für Strahlenmedizin und Umwelt als auch das Gesundheitsministerium standen den von der Regierung veröffentlichten Informationen zum Thema Gesundheit kritisch gegenüber.[78] Schließlich wird THORP das Problem der weiteren Verbreitung von Plutonium noch verschärfen.

Trotz all dieser Probleme und der Bedenken, die damals hinsichtlich der Wirtschaftlichkeit geäußert wurden, hielt die britische Regierung an ihrem Entschluß fest. Es fehlte ihr der Mumm, das peinliche Geständnis abzugeben, daß THORP eine Fehlinvestition in Höhe von 2,8 Milliarden Pfund war, und deshalb ist die Anlage nun in Betrieb.

Doch wie das so häufig bei der Nuklearindustrie ist, tritt die Wahrheit jetzt allmählich zutage. Weitere Hinweise auf die Wirtschaftlichkeit von THORP sind mit der Veröffentlichung von *Inside Sellafield* durch Harold Bolter ans Licht gekommen, der bis zu seinem Ruhestand 1994 dienstältester Geschäftsführer von *British Nuclear Fuels Ltd.* war. Zu der Wirtschaftlichkeit der Anlage schreibt er:

> ... viele der Annahmen, die durch BNFL in die Bewertung von THORP von seiten der Regierung eingeflossen sind, haben sich als falsch erwiesen. ... wodurch die gesamte Übung zu einer Art Farce wurde. Trotzdem behaupten meine früheren Kollegen von der BNFL weiterhin, daß die Veränderungen, die stattgefunden haben, die Anlage noch nicht unwirtschaftlich machen, selbst wenn sie nur zehn Jahre in Betrieb ist [anstatt der zwanzig, die geplant waren]. Ich hoffe, sie haben recht ...[79]

Wieder einmal sind es Insider-Informationen, die die Geheimnisse der Atomlobby offenlegen.

7

Warum?

Im Laufe unserer Unterhaltung haben Sie einige grundlegende Probleme erwähnt, mit denen die moderne Gesellschaft konfrontiert wird, und Sie haben eine Reihe von Lösungen vorgeschlagen. Warum befindet sich unsere Zivilisation eigentlich in dieser Krise?

Wir haben das Ende einer Epoche erreicht. Wir müssen erkennen, wo wir stehen, was wir erreicht haben und auf was wir zusteuern. Viele Menschen glauben, daß die Probleme, denen wir gegenüberstehen, gelöst werden können, indem wir das tun, was wir immer getan haben, nur effektiver. Sie glauben, wir gingen in die richtige Richtung, sollten aber unsere Anstrengungen verdoppeln, um unsere Ziele zu erreichen. An diese Menschen richte ich drei Fragen: Wie kommt es, daß rund 200 Jahre nach der industriellen Revolution, die die längste Periode wirtschaftlichen Wachstums seit Menschengedenken einläutete, die absolute Zahl derjenigen, die sowohl in materieller als auch in sozialer Armut leben, exponentiell zugenommen hat? Woran liegt es, daß die Zahl der Slumbewohner weltweit sehr viel schneller angestiegen ist als die Weltbevölkerung?[1] Und woran liegt es, daß die Welt sich trotz unglaublicher technischer Neuerungen heute Bedrohungen gegenübersieht, die vom Menschen verursacht sind und eine völlig andere Größenordnung haben als Kriege, Hungersnöte, Seuchen und andere Widrigkeiten früherer, düsterer Zeitalter?

Die Klimaveränderung bedroht die Stabilität des Lebens, die fortschreitende Zerstörung der Ozonschicht kann das tägliche Sonnenlicht in eine tödliche Gefahr verwandeln, sowohl das Süßwasser als auch das Meerwasser werden vergiftet, Land und Boden verlieren an Wert, und in vielen Gebieten wird es gefährlich, die Luft einzuatmen. Die Nahrungsmittel, die wir zu uns nehmen, sind durch giftige Chemikalien belastet, und wie der Umweltminister der Vereinten Nationen, Maurice Strong, sagte, leben wir mit der Bedrohung von »bis zu 40 möglichen Unfällen von der Größenordnung Tschernobyls«, und das allein in Osteuropa und der ehemaligen Sowjetunion.[2]

Wie kommt es, daß der größte Fortschritt im materiellen Wohlstand, den die Menschheit je erlebt hat, zu einem ungeheuren sozialen Zusammenbruch geführt hat und daß die Zeit, in der wir die größten technologischen und wissenschaftlichen Leistungen erbracht haben, die Bedingungen gefährdet, die das Leben auf der Erde ermöglichen? Dieses außergewöhnliche Rätsel gilt es zu lösen.

Welche Antworten haben Sie auf diese Fragen?

Um das Verhalten und die Leistungen einer modernen, westlichen Gesellschaft zu verstehen, müssen wir zunächst einmal ihre Kultur untersuchen. Ihre Religion basiert im wesentlichen auf der Prämisse, daß es einen Gott gibt, den Schöpfer, und daß der Mensch als sein Ebenbild geschaffen wurde; daß der Mensch und der Mensch allein die Personifizierung Gottes auf Erden ist und daß er eine privilegierte Sonderstellung unter allen Lebewesen genießt. Die Natur, so glauben wir, sei dem Menschen zur freien Verfügung überlassen worden.

Dieser Ansatz unterscheidet sich stark von der religiösen Einstellung primitiver Völker. Sie können sich nicht vorstellen, daß der Mensch eine Sonderstellung einnehmen und keinen Bezug zu den belebten und unbelebten Kräften in seiner Umgebung haben soll. In diesen primitiven Gesellschaften nähern sich Männer und Frauen der Natur mit Vorsicht und Respekt. In dieser ursprünglichen Welt wird das Verhältnis des Menschen zur Natur nicht durch die Ausbeutung der Natur bestimmt, sondern durch ein harmonisches Gleichgewicht. In der modernen westlichen Tradition aber ist die Natur etwas, was erforscht, erklärt und schließlich ausgenutzt werden muß.

Buddhisten und traditionelle Hindus glauben, daß der Ursprung für die Probleme unserer Gesellschaft in der Dichotomie liege, die wir zwischen Mensch und Natur wahrnehmen. Sie glauben, daß die radikale Trennung zwischen Mensch und Natur sich aus den grundlegenden Prämissen der jüdisch-christlichen Tradition ergebe und daß in einem solchen Kontext die Natur gezwungenermaßen dem Willen und den aggressiven Instinkten des Menschen untergeordnet sei.

Welche Überzeugungen haben die Anhänger der jüngsten der großen Religionen, des Marxismus-Leninismus?

Marx und Lenin lehnten geistliche Werte ab und setzten ihr ganzes Vertrauen in Wissenschaft und Technik. Der Marxismus erlegt sich keine Beschränkungen bei der Ausbeutung der Natur im Dienste der Menschheit auf.

Legten nicht die Philosophen der Aufklärung den Grundstein für dieses Denken?

Natürlich. Die wichtigste Überzeugung der Aufklärung war, daß die menschliche Vernunft, nicht länger durch Traditionen und Vorurteile behindert, den Menschen von den Zwängen der Religion, Geschichte und Natur befreien könne und solle. Das heißt, die Aufklärung versuchte, eine Moral zu begründen, die, losgelöst von religiösen Betrachtungen, ausschließlich auf der Vernunft beruht. Dadurch, so glaubte man, werde die Menschheit von allem befreit, was ihren Fortschritt behindere.

Diese Kombination aus Glaube an die Vernunft und humanistischem Hochmut, auf der die Aufklärung beruhte, ist der Ursprung der charakteristischen Weltanschauung der Moderne, die zwangsläufig zum Marxismus führte. Alle Schlüsselvorstellungen der Aufklärung – die herausragende Stellung der Menschheit im Humanismus, die Inthronisierung wissenschaftlicher Vernunft, das Anstreben einer universellen Zivilisation, die Befreiung der Menschheit von allen Arten von Religion – kommen im Denken von Marx kompromißlos zum Ausdruck. Tatsächlich laufen die großen Themen der Aufklärung in seinen Vorstellungen zusammen, und darin liegt ein Grund, warum sie es geschafft haben, die westlichen Intellektuellen in ihren Bann zu ziehen.

Wie würden Sie in diesem Zusammenhang die Vernunft definieren?

Die Vernunft wurde gleichgesetzt mit Wissenschaft, und die Wissenschaft galt als Instrument, durch das die Menschen die Natur beherrschen konnten. René Descartes, der bedeutendste Philosoph der Moderne, erklärte, daß die Menschen »die Gebieter und Besitzer der Natur«[3] sein sollten, und er hielt die Wissenschaft für das dazu erforderliche Instrument. Francis Bacon, der englische Aufklärer, vertrat die Ansicht, daß Fakten, die wissenschaftlich belegt seien, keine moralische Bedeutung hätten. Auf diese Weise stand es der Wissenschaft frei, die Natur auszubeuten, und zwar ohne moralische Hemmungen.

Ein Ergebnis der Trennung von Mensch und Natur war die Vorstellung von einer Welt, in der auf der einen Seite menschliches Bewußtsein und auf der anderen Seite die Materie existierten. Das ist beispielsweise der Grund, warum Descartes beteuerte, daß

Tiere, da sie keine Seele hätten, weder denken noch fühlen könnten.

Aus der Etablierung der Wissenschaft als höchster Form der menschlichen Vernunft ergab sich zwangsläufig die Geringschätzung aller anderen Formen menschlicher Kenntnisse – moralischer, religiöser und traditioneller. Sie nahmen im Rahmen des kulturellen Lebens nur noch eine Randstellung ein. Da die Wissenschaft von der Moral getrennt wurde, konnte sie sich eigenständig und ungehindert entwickeln. Also bewegte sie sich unabhängig von der Gesellschaft, in dem festen Glauben, daß sie das Recht und die Pflicht habe, zu forschen, zu entdecken und zu erneuern. Diese Vorstellungen spielen immer noch eine zentrale Rolle in unserer Gesellschaft. In einem Beitrag zu der bekannten Reihe *Contemporary Papers* erklärt der angesehene Wissenschaftler Lewis Wolpert, Professor für angewandte Biologie in der Medizin in der Abteilung für Anatomie und Entwicklungsbiologie am University College in London, die Verdienste der Wissenschaft. Professor Wolpert ist Mitglied der *Royal Society* und Vorsitzender des Komitees für das Verständnis von Wissenschaft in der Öffentlichkeit.

Er stellt interessante Thesen auf. So sagt er über traditionelle Landwirte:

> Sie verließen sich auf Erfahrungen und lernten aus ihren Fehlern ... Es handelte sich um erworbenes Wissen, das auf Lernen basierte und, anders als die Wissenschaft, eng mit dem gesunden Menschenverstand verknüpft war ... Es gibt keinen Grund für die Unterscheidung zwischen dieser Art von Einfallsreichtum und einer Weiterentwicklung der Fähigkeit des Schimpansen, Werkzeuge zu benutzen.

Über die Architektur schreibt er: »Die großen Bauwerke der Renaissance wurden nicht nach wissenschaftlichen Prinzipien gebaut, sondern nach praktischen Erfahrungen. Sie beruhten auf dem Fünf-Minuten-Theorem: Blieb das Gebäude nach Abbau des Gerüstes fünf Minuten lang stehen, ging man davon es, es werde ewig stehen bleiben.«

Im Hinblick auf die Landwirtschaft schreibt Professor Wolpert:

Wenn wir Legebatterien akzeptieren ..., würden wir auch Tiere akzeptieren, die gentechnisch so verändert sind, daß sie kein Unbehagen mehr empfinden? Auf den ersten Blick scheint dies nicht akzeptabel zu sein, doch wir sollten unsere Einstellung gegenüber Nutztieren hinterfragen, anstatt die Vorstellung spontan abzulehnen. Und wir müssen lange darüber nachdenken, warum zum Beispiel die Übertragung eines Gens von einem Fisch auf eine Tomate, um diese länger frisch zu halten, zunächst auf Ablehnung stößt. Dies sind persönliche, fast ästhetische Urteile ...

Professor Wolpert fährt fort: »Es scheint, als fürchteten wir uns verzweifelt davor ..., verschiedene Arten von Organismen zu mischen.« In einem weiteren wichtigen Punkt beschreibt er, was er den technologischen Imperativ nennt: »Wenn ein Experiment ausgeführt werden kann, wird es ausgeführt werden; wenn das Wissen vorhanden ist, wird es angewendet«. Schließlich behauptet Professor Wolpert: »Welche neuen Technologien auch immer eingeführt werden, es ist nicht Aufgabe der Wissenschaftler, moralische oder ethische Entscheidungen zu treffen.«[4]

Dieser Beitrag ist ein exzellentes Beispiel für das Denken der Aufklärung: die Verachtung, die die Wissenschaft traditionellen Landwirten und Architekten entgegenbringt; der Gedanke, daß Tiere gentechnisch so verändert werden sollten, daß sie keinen Schmerz mehr empfinden, eine Weiterentwicklung der Vorstellungen Descartes und seines Schülers Malebranche, der Tiere als gefühllose Maschinen beschreibt; die Anbetung der Wissenschaft und eine erneute Bestätigung, daß wissenschaftliche Fakten keine moralische Bedeutung haben. Die Gewißheit, daß der Mensch der Natur überlegen ist, kommt deutlich durch Professor Wolperts Frage zum Ausdruck, warum wir uns davor fürchten könnten, auf gentechnischem Wege »verschiedene Arten von Organismen zu mischen«. Die Natur lehnt eine »Mischung« ebenfalls ab. Tiere, die genetisch zu verschieden sind, können sich nicht untereinander vermehren. Verschiedene Tiere, die sich genetisch viel näher stehen, wie Pferd und Esel oder Löwe und Tiger, können sich zwar untereinander vermehren, doch ihre Nachfahren – Maultiere oder -esel, »tigons« (Kreuzung aus Tiger und Löwin) und »ligers« (Löwe und Tigerin) – sind unfruchtbar. Die Wissenschaft lehnt die Evolution als zu langsam ab. Sie verlangt nach unverzüglichen Veränderungen. Die Wissenschaft meint, sie stehe über der Natur, warum also sollte sie die Gesetze der Natur beachten?

Die Vertreter der Moderne können nicht akzeptieren, daß jede Generation die Pflicht hat, sich an einen Vertrag zwischen der Vergangenheit, der Gegenwart und der Zukunft zu binden. Sie sehen sich selbst nicht als Hüter der Kontinuität, sondern eher als Urheber von Veränderungen, die sich immer stärker beschleunigen. Und sie denken nur flüchtig an die möglichen Folgen.

Die Aufklärung glaubte auch an eine universelle Zivilisation.

Ja, zusätzlich zum Glauben an die absolute Überlegenheit der Menschheit und der Vernunft ist die universelle Zivilisation die dritte Komponente der aufklärerischen Weltanschauung. Sie beruht auf der Überzeugung, daß kulturelle Vielfalt nur ein kurzlebiges Phänomen sei, das im Laufe unserer Evolution in Richtung auf eine universelle Menschheit auftauche. Kulturelle Unterschiede, so dachte man, würden zu Randerscheinungen in einer kosmopolitischen Zivilisation werden, wie etwa exotische Restaurants in modernen, westlichen Städten. Universelle Zivilisation bedeutet, daß die vielen unterschiedlichen Kulturen nichts weiter sind als kleine Bäche, deren Bestimmung es ist, in den großen Ozean der kosmopolitischen, globalen Gesellschaft zu fließen.

Glauben Sie, daß es diese Überzeugung immer noch gibt?

Ja. Der kulturelle Imperialismus ist immer noch sehr lebendig. GATT und Somalia sind zwei von vielen Beispielen aus der heutigen Zeit. Kultureller Imperialismus ist gefährlicher als territoriale Expansion. Die Konquistadoren in Lateinamerika plünderten, vergewaltigten und kehrten dann normalerweise nach Hause zurück. Sie richteten furchtbares Unheil an. Ihre Nachfolger, die Bekehrer, waren allerdings für die schlimmste Form der Plünderung verantwortlich. Sie beraubten ganze Nationen ihrer Sprache, ihrer Identität und ihrer Religion.

Heute glauben die liberalen Anhänger der Aufklärung, daß, wenn die Welt ausschließlich aus demokratischen Staaten bestehe, es keinen Krieg geben werde. Daraus folgt logischerweise: Grundverschiedene Systeme können nicht in Harmonie nebeneinander existieren. Daraus haben die Denker der Aufklärung geschlossen, daß die weltweite kulturelle Vereinheitlichung eine Vorbedingung für den Frieden sei. Weiter folgt, daß jede Gemeinschaft, die sich der Absorption oder der Zerstörung ihrer Kultur durch den Westen widersetze, eine Bedrohung für den Frieden sei

Welches waren die wichtigsten Leistungen der Aufklärung? Und welches ihre Fehler?

Ihre größte Leistung war die Mehrung der wissenschaftlichen Erkenntnisse mit der sich daran anschließenden Entwicklung der modernen Technologie. Ihr Fehler bestand darin, die Vernunft, wie sie sich in Wissenschaft, Technologie und Produktion ausdrückt, zum Selbstzweck zu erheben. Sie machte aus Instrumenten, die eigentlich den grundlegenden Bedürfnissen der Gesellschaft dienen sollten, Halbgötter, die um ihrer selbst willen verehrt wurden. Sie brachte herausragende materielle Neuerungen und wirtschaftliches Wachstum hervor. Aber sie zerstörte die Vielfalt der Kulturen, in denen die Menschen traditionell lebten und die ihrem Leben einen Sinn gaben. Fortschritt und Wachstum wurden zum Ersatz für Stabilität und Zufriedenheit, die, wie man meinte, die freie Entwicklung menschlicher Kreativität behinderten.

Lehnen Sie die Leistungen der Aufklärung ab?

Ich lehne ihre Prioritäten ab, nicht alle Errungenschaften.

Sollte die Wissenschaft kontrolliert werden?

Offensichtlich müssen wissenschaftliche Experimente im Einklang mit dem stehen, was die Gesellschaft als ethisches Verhalten betrachtet. Die Wissenschaft darf nicht unabhängig von den sozialen Bedürfnissen der Gemeinschaften betrieben werden. Die Wissenschaft zeichnet sich nicht durch große Weisheit aus. Eher sammelt und analysiert sie geschickt bestimmte Informationen, aus denen sie ihr Wissen bezieht. Sie verfügt nicht über einen Gesamtüberblick, der auf einem allgemeinen Verständnis beruht. Die Wissenschaft ist extrem mächtig, möglicherweise zweckmäßig und kann natürlich nützlich sein. Doch so wie sie Probleme löst, schafft sie auch neue. Wissenschaftliche Leistungen produzieren sowohl erwartete als auch unerwartete Ergebnisse, und letztere können sehr häufig langfristig größeren Schaden anrichten, als erstere Vorteile bringen.

Im Gegensatz zu der Ansicht Descartes' sollte die Wissenschaft nicht vom Ethischen oder Spirituellen getrennt sein, und entgegen der Ansicht Bacons haben wissenschaftliche Fakten eine moralische Bedeutung. Die Wissenschaft muß der Gesellschaft dienen und ein Teil von ihr sein. Sie ist ein Instrument und muß mit Bedacht genutzt werden, um die Stabilität, die Zufriedenheit und den nachhaltigen Wohlstand der Nationen überall auf der Welt zu fördern.

Was ist mit der Technologie, der Industrie und der Wirtschaft? Wie sollten wir sie nutzen?

Sie alle sind nützliche Instrumente. Wenn sie aber nicht durch übergeordnete Werte kontrolliert werden, können sie die soziale Stabilität zerstören und letztlich unsere Zivilisation verschlingen. Im Laufe unserer Unterhaltung habe ich versucht, zwei praktische Beispiele darzustellen, in denen die Technologie Amok läuft: Kernenergie und intensive Landwirtschaft. Außerdem habe ich versucht, Beispiele anzuführen, die ich für nutzbringende und nachhaltige Alternativen halte.

Auf jeden Fall müssen Technologie, Industrie, Wirtschaft und Wissenschaft den wahren Bedürfnissen der Menschen dienen. Stabilität und Zufriedenheit sollten nicht etwa für die Weiterentwicklung unserer Möglichkeiten geopfert werden.

Sie glauben an ein freies Unternehmertum.

Ja. Natürlich wird es sich in der Form von Kultur zu Kultur unterscheiden und immer von verschiedenen Traditionen geprägt sein. Aber es kann ein angemessenes System für unsere westlichen Gesellschaften sein. Eine freie Wirtschaft war der Gegenpol zum sozialistischen und kommunistischen Zentralismus. Sie repräsentiert mehr als nur ein effektives wirtschaftliches System. Sie ist ein Bekenntnis zu einer bestimmten Gesellschaftsform. Sie sollte auf der Begrenzung der Staatsmacht basieren, der Vormachtstellung des Rechts, ökonomischer und sozialer Dezentralisierung und freien Binnenmärkten. Ein freies Unternehmertum funktioniert am besten, wenn Familien und Einwohner selbstbewußt die Verantwortung für ihr eigenes Leben übernehmen. Es sollte im Gegensatz stehen zum zentralistischen Staat, der eine Kultur der Abhängigkeit schafft, den Willen der Menschen zerschlägt und die Nation schwächt. Darin besteht die moralische und praktische Rechtfertigung eines freien Unternehmertums.

Aber die Welt hat sich geändert. Der marxistische Zentralismus ist in Verruf gekommen. Die Völker haben ihre Aufmerksamkeit vom Kalten Krieg abgewandt und müssen sich mit unterschiedlichen Bedrohungen auseinandersetzen. Václav Havel schrieb:

> Der Fall des Kommunismus kann als Zeichen gewertet werden, daß das moderne Denken ... in eine schwere Krise geraten ist. Diese Epoche hat die erste globale, oder den gesamten Planeten umspannende, technische Zivilisation geschaffen, aber sie hat die Grenzen ihrer Möglichkeiten erreicht, den Punkt, hinter dem der Abgrund beginnt ... Die Einstellung der Menschen gegenüber der Welt muß sich grundlegend ändern. Wir müssen Schluß machen mit dem arroganten Glauben, daß die Welt lediglich ein Puzzle sei, das man zusammensetzen müsse, eine Maschine mit einer Gebrauchsanweisung, die nur darauf warte, entdeckt zu werden, eine Ansammlung von Informationen, die man nur in einen Computer eingeben müsse in der Hoffnung, daß er früher oder später eine universelle Lösung ausspucken werde ... [5]

Jene von uns, die an ein freies Unternehmertum glauben, müssen begreifen, daß unsere Überzeugungen, obwohl sie in vielen Nationen und in vielerlei Hinsicht in hohem Maße Gültigkeit haben, für sich allein jedoch nicht ausreichen. Sie müssen in die vorrangigen Bedürfnisse der Biosphäre ebenso integriert werden wie in die der menschlichen Gesellschaften. Marktkräfte müssen für die

Erfordernisse stabiler Gemeinschaften eingesetzt werden. Ansonsten werden wir wie die Marxisten als mechanistische Relikte der Vergangenheit zurückgewiesen.

Weiter oben haben Sie gesagt, daß sich Wissenschaft und Technik unabhängig und uneingeschränkt entwickeln. Was schlagen Sie vor?

Das ist wirklich die grundsätzliche Frage. Wie kann man diese modernen Halbgötter disziplinieren? Das ist nur möglich, wenn wir akzeptieren, daß sie einer Sache untergeordnet sind, die viel bedeutender ist als sie selbst. Der heilige Thomas von Aquin lehrte, daß die Vernunft dem Göttlichen untergeordnet sein müsse. Andere gebrauchen entsprechend ihrer religiösen Tradition andere Wörter wie »heilig« oder »die Bedürfnisse der Gesellschaft« oder »Respekt vor der Natur«. Jeder von uns muß seine eigene Definition finden. Alle menschlichen Gesellschaften aber brauchen eine geistige Orientierung; ohne eine solche sind sie nichts weiter als Rechenmaschinen.

Um die Verwirrung der Menschen in der modernen westlichen Kultur besser zu verstehen, müssen wir uns mit der Genesis beschäftigen. »Also schuf Gott den Menschen nach seinem Bilde ... und Gott sagte: ›Seid fruchtbar und mehret euch, bevölkert die Erde und unterwerft sie euch; herrscht über die Fische des Meeres und über die Vögel des Himmels und über alle Lebewesen, die sich dem Land regen‹«.[6]

Einige engagierte Theologen treten dafür ein, die Interpretation dieser Worte zu überdenken. Sie sind der Meinung, daß Herrschen nicht mit Beherrschen gleichzusetzen sei und daß, da die Bibel den Menschen auch auffordere, die Erde »zu bebauen und zu hüten«,[7] der Mensch im Grunde mit der Aufgabe betraut worden sei, sich um die Natur zu kümmern. Diese christliche Lehrmeinung erhält Beistand durch die Geschichte von der Arche Noah, in der Noah von Gott befohlen wird, von jeder lebenden Art ein Paar zu retten. Dieser Befehl wird als Wille Gottes interpretiert, daß wir die Artenvielfalt respektieren und schützen sollen.

Gott schloß mit »jedem Lebewesen«[8] ein Abkommen, das die Heiligkeit allen Lebens bestätigt, nicht nur die des menschlichen Lebens. In der Genesis steht auch, daß Gott, nachdem er die Erde erschaffen hat, diese als »sehr gut«[9] bezeichnete.

Diese Interpretation stellt wieder eine Einheit zwischen der Wissenschaft und dem Geistlichen her. Die Erde ist »sehr gut«, wie kann also einem Christen erlaubt sein, sie zu verwüsten? Der Mensch ist der Verwalter, und als solcher trägt er die Verantwortung für die Natur. Deshalb muß die menschliche Wissenschaft, anstatt uneingeschränkt zu walten, ein Gespür für moralische, ethische und soziale Erfordernisse entwickeln.

Der christliche Philosoph Dr. René Dubos sagt:

> Wir müssen uns die Lehren der Bibel zu Herzen nehmen: Gott, der Herr, nahm den Menschen und setzte ihn in den Garten Eden, damit er ihn bebaue und hüte. Das heißt, daß uns die Erde nicht nur zu unserem Vergnügen überlassen wurde, sondern daß sie auch unserer Fürsorge anvertraut wurde. Bisher haben technisierte Gesellschaften die Erde ausgebeutet: wir müssen diesen Trend umkehren und lernen, uns liebevoll um die Erde zu kümmern.[10]

So willkommen ihnen dies ist, glauben einige Menschen doch, daß man noch weitergehen solle. In diesen Interpretationen steht der Mensch, der Verwalter, außerhalb der Natur und schwebt über allen anderen Lebewesen. Er und nur er allein wurde nach dem »Bilde Gottes« geschaffen. Einer der vielversprechendsten Ansätze des jüdisch-christlichen Denkens war der des heiligen Franz von Assisi, der die gesamte Natur, nicht nur den Menschen, für das Abbild Gottes hielt und alle Lebewesen als seine »Brüder und

Schwestern« bezeichnete. In seinem Werk »Sonnengesang« spricht er von »Bruder« Sonne, Wind und Feuer, »Schwester« Mond und Wasser und »Mutter« Erde. Seine Ansichten aber gerieten schnell in Vergessenheit, selbst bei den Franziskanern, weil die Kirche zu jener Zeit danach trachtete, die Urreligionen in Europa zu unterdrücken, die an die Pflicht des Menschen zur Verehrung der Natur glaubten.

Was ist mit Gottes Befehl, fruchtbar zu sein, sich zu vermehren und die Erde zu bevölkern?

In *Life on Earth* projiziert David Attenborough die Geschichte des Lebens auf den Verlauf eines einzigen Jahres. [11] Bei Zugrundelegung dieses Maßstabs erscheint der Mensch, wenn der Beginn der Evolution auf den 1. Januar fällt, erst am 31. Dezember auf der Erde. Fast während ihres gesamten Lebens existierte die Erde ohne die Menschheit. Während der 1800 Jahre vom Jahre 1 nach Christus bis zum Beginn der industriellen Revolution wuchs die Bevölkerung schätzungsweise von 250 Millionen auf 900 Millionen Menschen.

Von 1800 bis 1992 stieg sie auf 5,5 Milliarden. Und im Jahr 2050 wird sie, von der heutigen Entwicklung ausgehend, voraussichtlich 9,6 Milliarden erreicht haben. [12] Bezeichnenderweise sind andere Lebewesen analog zur Wachstumsrate der menschlichen Bevölkerung ausgestorben.

Hinzu kommt, daß wir das Problem durch die Entwurzelung ganzer Völker verschärft haben. Anstatt Familienverbände zu fördern, die in ihren eigenen, stabilen Gemeinschaften verwurzelt sind, miteinander verbunden durch die Kultur ihrer Vorfahren und gemeinsame Traditionen, haben wir Familien, Gemeinschaften, Kulturen und Traditionen zerstört und tun es auch weiterhin. So kam es nicht nur zum explosionsartigen Wachstum der Völker, sondern auch zum Zerfall ihrer sozialen Strukturen.

Wird es der Mensch in seiner Rolle als Hüter der Natur schaffen, einen Bevölkerungsstand zu erreichen, der mit der menschlichen Verantwortung vereinbar ist, das heißt ein Niveau, das ein Überleben der natürlichen Umwelt ermöglicht? Oder wird der Mensch scheitern und es der Natur überlassen, ein angemessenes Gleichgewicht wiederherzustellen, wie sie es so häufig in der Vergangenheit getan hat, wenn auf einen Bevölkerungsboom ein Einbruch in den Bevölkerungszahlen folgte?

Inwiefern stehen diese Gedanken, die in der Genesis formuliert sind, im Widerspruch zu den Überzeugungen anderer großer Religionen?

Die alten Chinesen waren der Ansicht, die Menschen seien aus den Flöhen auf dem Körper P'an Kus geschaffen worden, des ersten Lebewesens, durch dessen Tod und Zerstückelung die Welt entstand. Arthur Cotterell und Yong Yap drückten es so aus: »Was den Menschen im Westen am meisten auffällt, ist die niedrige Stufe, auf der die Chinesen den Menschen ansiedeln; er ist nicht das Zentrum der Schöpfung, auch nicht der Riese in der Landschaft, sondern eine kleine Figur in dem großen Strom der natürlichen Dinge.«[13]
Im Buddhismus und im Hinduismus gibt es keine tiefe Kluft zwischen den Menschen und anderen Lebewesen. Alle unterliegen sie denselben Gesetzen und sehen letztlich demselben Schicksal entgegen. Ein eindrucksvolles Beispiel für den fehlenden Anthropozentrismus in der buddhistischen Mythologie wird in dem Buch *Buddhism: its doctrines and methods* von Alexandra David-Neel beschrieben.

Ein junger Prinz, angeblich der historische Buddha in einem seiner früheren Leben, reist durch einen Wald. Eine ungewöhnliche Trockenheit hat die Quellen versiegen lassen, die Flußbetten bestehen nur noch aus Sand und Steinen, die Blätter der Pflanzen, ausgedörrt durch die brennende Sonne, zerfallen zu Staub, und die Tiere sind in andere Gebiete geflohen. Dort, mitten in dieser Einöde, sieht der Prinz ganz in seiner Nähe, in einem Dickicht, eine ausgehungerte, sterbende Tigerin, um sie herum ihre Jungen. Das Tier sieht ihn auch, und seine Augen glänzen vor begierigem Verlangen, sich auf diese Beute zu stürzen, so nah bei ihr, und ihre Jungen zu füttern, denen sie keine Milch mehr geben kann und die, wie sie selbst, verhungern werden. Aber es fehlt ihr die Kraft, aufzustehen und sich auf ihn zu stürzen ... sie bleibt ausgestreckt liegen, mitleiderregend in ihrer mütterlichen Sorge und ihrem Lebensdrang. Daraufhin verläßt der junge Prinz, vollkommen beherrscht, den Weg und nähert sich der Tigerin, die ihn nicht erreichen konnte. Er gibt sich ihr als Nahrung hin.[14]

Die Bedeutung dieser Geschichte liegt in dem krassen Unterschied zwischen ihr und den meisten westlichen Legenden. Es gibt kein Happy-End. Der Prinz wird nicht im letzten Moment gerettet, und für uns, die wir in westlichen Traditionen leben, erscheint sein Opfer unglaubwürdig.

Im japanischen Schintoismus fehlt der Unterschied, der im Westen zwischen dem natürlichen und dem übernatürlichen Reich gemacht wird, völlig. Die Natur selbst wird als die Ebene der Götter betrachtet, der Platz der Heiligkeit. Im Taoismus, der ursprünglichen chinesischen Religion, steht der Mensch nicht über den anderen Lebewesen. In der Harmonie mit den natürlichen Prozessen besteht die wahre Beziehung des Menschen zur Welt, nicht darin, daß dieser der menschliche Wille aufgezwungen wird.

Wie sieht es mit den religiösen Überzeugungen primitiver Völker aus?

Die beste Möglichkeit zur Illustrierung der unterschiedlichen Sichtweisen besteht vielleicht darin, Auszüge aus einem Brief zu zitieren, der (ob zu Recht oder nicht, ist unwichtig) dem amerikanischen Indianerhäuptling Seattle zugeschrieben wird, dem Häuptling der Dwamish, Suquamish und verbündeter indianischer Stämme.[15] Es wird angenommen, daß der Brief, offensichtlich mit Hilfe eines Schreibkundigen abgefaßt, 1854 an den Präsidenten Franklin Pierce abgeschickt wurde, nachdem die amerikanische Regierung den Wunsch geäußert hatte, das Land dieser Stämme zu erwerben.

Wie kann man den Himmel, die Wärme des Landes kaufen oder verkaufen? Diese Vorstellung ist uns fremd. Wenn uns die Frische der Luft und das Glitzern des Wassers nicht gehören, wie können Sie sie kaufen? Jeder Teil dieser Erde ist meinem Volk heilig.

Jede glänzende Kiefernnadel, jedes sandige Ufer, jeder Dunst in den dunklen Wäldern, jede Lichtung und jedes summende Insekt sind in der Erinnerung und Erfahrung meines Volkes heilig. Der Saft, der durch die Bäume fließt, trägt die Erinnerung an den Roten Mann in sich.

Die Toten des Weißen Mannes vergessen das Land ihrer Geburt, wenn sie zwischen den Sternen umherwandern. Unsere Toten vergessen diese schöne Erde niemals; denn sie ist die Mutter des Roten Mannes.

Wir sind ein Teil der Erde, und sie ist ein Teil von uns. Die duftenden Blumen sind unsere Schwestern, das Wild, die Pferde, der große Adler, das sind unsere Brüder. Die Bergkämme, die Säfte in den Wiesen, die Körperwärme des

Ponys und der Mensch – alle gehören zu derselben Familie...

Das glitzernde Wasser in den Strömen und Flüssen ist nicht nur Wasser, sondern das Blut unserer Vorfahren ... Die Flüsse sind unsere Brüder, sie löschen unseren Durst ...

Wir wissen, daß der Weiße Mann unsere Bräuche nicht versteht. Ein Stück Land ist für ihn dasselbe wie ein anderes Stück; denn er ist ein Fremder, der in der Nacht kommt und vom Land nimmt, was immer er braucht. Die Erde ist nicht sein Bruder, sondern sein Feind, und wenn er sie erobert hat, zieht er weiter. Er läßt das Grab seines Vaters hinter sich und kümmert sich nicht darum...

Das Grab seines Vaters und das Geburtsrecht seiner Kinder, sie sind vergessen. Er behandelt seine Mutter, die Erde, und seinen Bruder, den Himmel, wie Dinge, die man kauft, ausplündert und verkauft wie Schafe oder glänzende Perlen. Sein Appetit wird die Erde verschlingen und nichts weiter als eine Wüste zurücklassen...

Was ist der Mensch ohne die Tiere? Wenn alle Tiere verschwunden wären, würde der Mensch an großer geistiger Einsamkeit sterben. Was auch immer den Tieren zustößt, wird auch bald dem Menschen zustoßen. Alle Dinge sind miteinander verbunden...

Was immer der Erde widerfährt, widerfährt auch den Söhnen der Erde ... Der Mensch hat das Netz des Lebens nicht gewebt: er ist bloß ein Faden in diesem Netz. Was immer er dem Netz zufügt, fügt er sich selbst zu.

8

An die Kritiker

Die Fehlinterpretation der Ricardoschen Theorie durch traditionelle Volkswirtschaftler

Die Kritiker[*]

Chris Patten, Rede vor der Vereinigung Schweizer Banken am 27. Oktober 1994:

Für Sir James dagegen sind Adam Smith ... und die Ricardosche Theorie des Handels Vorstellungen, die für unsere heutige Welt und die heutige Lebensweise keine Bedeutung mehr haben.

... Geld [bewegt sich] in einer Welt, in der es immer weniger devisenrechtliche Kontrollen gibt. Wenn das beim Geld der Fall ist, so würde ich gern die hochachtungsvolle Frage stellen, warum nicht bei Hammelfleisch und Socken?

Brian Hindley, »The Goldsmith Fallacy«:

Ricardos vergleichende Kostentheorie ist – obwohl sie schon vor 180 Jahren aufgestellt wurde – immer noch das wichtigste Argument gegen den Versuch von Sir James et

---

[*] Nähere Angaben zu den Kritikern in den »Anmerkungen«

al., aufgrund der Beobachtung einer sich verändernden Welt den Schluß zu ziehen, daß die EU sich von der Welt abschotten solle.[*]

Einige Vorstellungen haben tatsächlich ihre Gültigkeit verloren. Die Welt hat sich verändert. Kapital und Technologien können heutzutage innerhalb kürzester Zeit verlagert werden. Waren können überall auf der Welt hergestellt und irgendwo anders verkauft werden. Wir erleben eine Revolution in den Bereichen Kommunikation und Technologie. All dies, zusammen mit dem Untergang der kommunistischen Ideologie und dem Wandel in den wirtschaftlichen und politischen Systemen vieler sozialistischer und kapitalistischer Länder, hat es 4 Milliarden Menschen aus der ehemaligen Sowjetunion, China, Indien, Bangladesh, Osteuropa und vielen anderen Nationen ermöglicht, sich der freien Weltwirtschaft anzuschließen (siehe Tabelle 1, Seite 228).[1]

Ricardos 1817 entwickelte Theorie beruht auf dem Glauben, daß durch das Gemeinschaftsgefühl das Kapital im Land bleibe. Er schreibt:

Die Erfahrung lehrt jedoch, daß die vermeintliche oder tatsächliche Unsicherheit des Kapitals, wenn es nicht unmittelbar dem Einfluß seines Eigners untersteht, zusammen mit der natürlichen Abneigung eines jeden Menschen, das Land zu verlassen, in dem er geboren wurde und sozial eingebunden ist, und sich mit all seinen festen Gewohnheiten einer fremden Regierung und neuen Gesetzen anzuver-

---

[*] Selbstverständlich habe ich niemals verlangt, daß die EU sich » von der Welt abschotten solle.« Ich schlage vor, die weltweiten Handelsabkommen durch bilaterale Abkommen zu ersetzen, die im Einklang mit den grundlegenden Zielen beider Vertragsparteien stehen.

trauen, die Abwanderung des Kapitals bremst. Diese Gefühle, *die, wie ich hoffe, sich nicht ändern werden*, veranlassen die meisten begüterten Menschen dazu, sich eher mit einem geringen Gewinn im eigenen Land zufriedenzugeben, als eine vorteilhaftere Verwendung ihres Vermögens in anderen Ländern anzustreben.[2] [nachträgliche Hervorhebung]

Wenn das Kapital unbeweglich ist, dann ist die Produktion einer Nation durch die Menge des eigenen Kapitals und anderer Ressourcen begrenzt. Aufgrund der Begrenzung des Kapitals kann eine Nation von der bevorzugten Verwendung ihrer eingeschränkten Kapitalmenge für die Produktion von Gütern profitieren, bei der sie relativ gesehen im Vorteil ist.

Wenn dagegen das Kapital beweglich ist, dann können finanzielle Mittel in unbegrenzter Menge in jedes beliebige Land fließen, das den höchsten Gewinn auf Investitionen bietet. Unter solchen Umständen ist es theoretisch möglich, daß sich die weltweite Güterproduktion zu einem ganz überwiegenden Teil in bestimmten Ländern abspielt. Anstatt sich auf der Grundlage des komparativen Vorteils auf verschiedene Nationen zu verteilen, verlagert sich die wirtschaftliche Aktivität auf diese Weise ganz und gar in die Regionen, die einen absoluten Vorteil genießen oder, anders ausgedrückt, einen Vorteil, der eine große Vielzahl von produzierten Gütern und Dienstleistungen betrifft. (Dies ist einer der Gründe, warum die Beweglichkeit des Kapitals nicht zu vergleichen ist mit der Beweglichkeit von »Hammelfleisch oder Socken«.)

In der heutigen Zeit ist eine enorme Steigerung der Kapitalverlagerung in die sich entwickelnden Länder zu verzeichnen. In dem Zeitraum von 1989 bis 1992 betrug die Kapitalmenge, die durchschnittlich pro Jahr in die aufstrebenden, neuen Industrieländer abwanderte, 116 Milliarden Dollar. 1993 waren es 213 Milliarden Dollar und im Jahre 1994 schätzungsweise 227 Milliarden Dol-

Abbildung 1

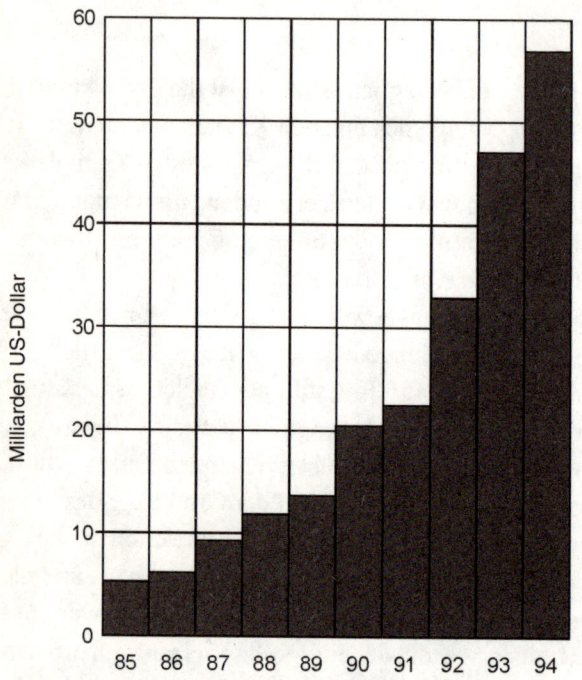

Investitionen in Ostasien:

nur Direktinvestitionen ausländischer Unternehmen

Quelle: Asiatisch-pazifische Wirtschaftsgruppe

Abbildung 2

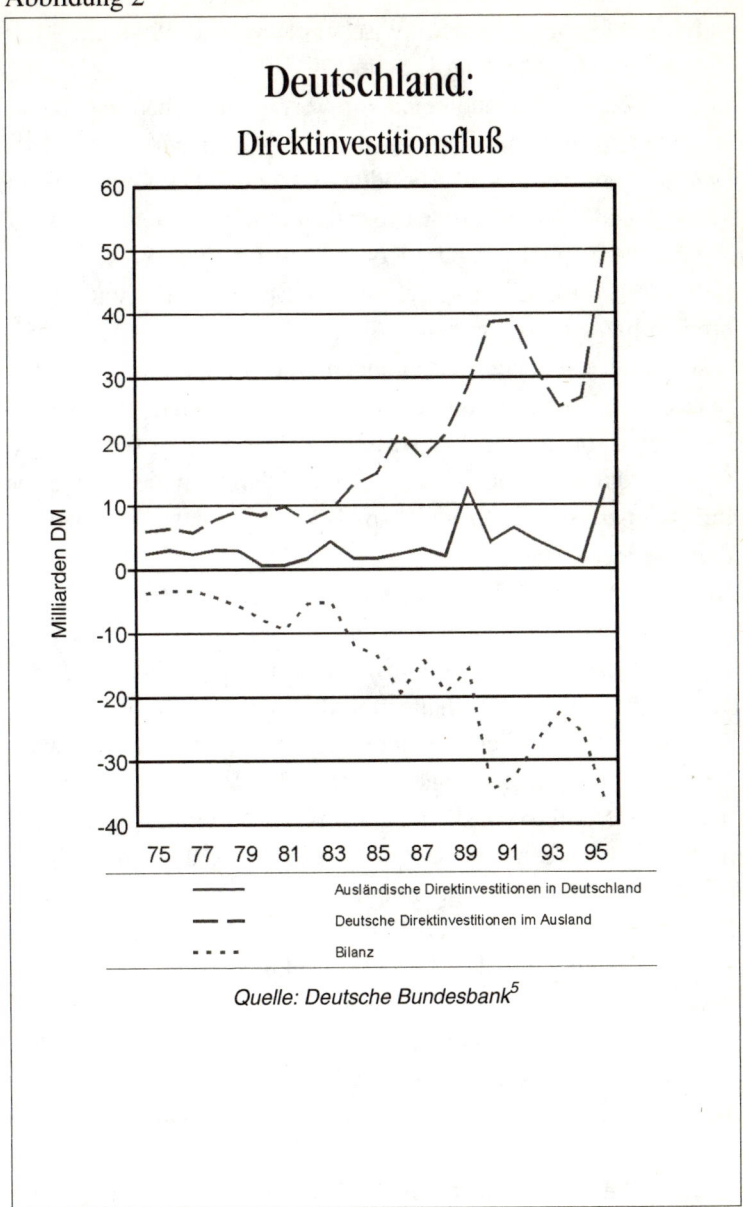

Deutschland:
Direktinvestitionsfluß

Quelle: Deutsche Bundesbank[5]

lar.[3] Ostasien ist führend, mit einer Zunahme des jährlichen Anteils direkter Investitionen zwischen 1984 und 1994 um 1100 Prozent (siehe Abbildung 1, Seite 170).[4]

Wenn dieselben Technologien zur Verfügung stehen, die Lohnkosten in einem Land allerdings mehr als 40mal niedriger sind als in einem anderen (siehe Abbildung 4, Seite 229), kommt es zu einer radikalen Veränderung in der Aufteilung des Mehrwertes auf Arbeit und Kapital. Und der Konsens, den man im Westen mühsam durch Streiks, Aussperrungen und politische Diskussionen erreicht hat, wird erschüttert.

Um von diesen neuen Bedingungen zu profitieren, transferieren internationale Konzerne Kapital in Billiglohnländer, um moderne Fabriken zu finanzieren und sie mit der allerneuesten Technologie auszustatten. In diesen Fabriken werden Waren für die Märkte der Industrienationen hergestellt, so daß Arbeitsplätze im eigenen Land verlorengehen.

Auf diese Weise sind zwei parallele Wirtschaftssysteme mit entgegengesetzten Interessen geschaffen worden – die Unternehmenswirtschaft und die Volkswirtschaft. Die Gewinne der Unternehmen steigen, wenn Gehälter und Beschäftigungszahlen sinken. Eine weitere wesentliche Veränderung ergibt sich in der Weltwirtschaft aus der Unbeständigkeit der Wechselkurse. Der komparative Vorteil muß zwangsläufig auf finanzieller Grundlage berechnet werden.[6] Wenn die Herstellung eines Produktes in Großbritannien X Pfund Sterling und in den Vereinigten Staaten Y US-Dollar kostet, müssen lediglich Dollar in Pfund Sterling bei Zugrundelegung des aktuellen Wechselkurses umgerechnet werden, und es wird ersichtlich, wo das Produkt am günstigsten hergestellt werden kann und wo somit der komparative Vorteil liegt. Wenn sich aber der Wechselkurs durch eine Abwertung oder Aufwertung einer der beiden Währungen ändert, dann ändern sich die relativen Kosten entsprechend. Zwischen 1981 und 1985 verdoppelte sich der Wert des US-Dollars beispielsweise gegenüber vielen europäischen Währungen. Zwischen 1985 und 1995 sank er auf die Hälfte. So waren die Herstellungskosten eines Produktes, die 1981 bei dem damals gültigen Wechselkurs in den USA und den europäischen Ländern mit ihrer harten Währung gleich hoch waren, 1985 in den USA auf das Doppelte gestiegen. Führende europäische Nationen genossen plötzlich einen komparativen Vorteil. In den folgenden zehn Jahren verloren die Europäer diesen Vorteil durch den sinkenden Dollarkurs.

Nach Ricardos Theorie soll sich allerdings jede Nation auf solche Produkte spezialisieren, bei denen sie relativ gesehen im Vorteil ist. Wenn man dieser Logik folgt, dann hätte man sich in den USA auf Industriezweige konzentrieren müssen, die 1981 einen kompararitven Vorteil genossen, 1985 hätte man sie jedoch wieder aufgeben müssen. Der Anstieg des Dollarkurses hätte den Vorteil zunichte gemacht. Und Industriebereiche, denen man 1985 in Europa den Vorzug hätte geben können, hätten 1995 infolge des Kursanstiegs der europäischen Währungen aufgegeben werden müssen. In beiden Fällen wären Aufstieg und Niedergang von Industriezweigen einzig und allein durch Währungsschwankungen bedingt gewesen.

John Maynard Keynes schrieb:

> Ich sympathisiere daher eher mit denjenigen, die die wirtschaftlichen Verflechtungen zwischen den Staaten minimieren möchten, als mit denen, die sie maximieren wollen. ... Waren sollten aus heimischer Produktion stammen, wann immer sich dafür eine angemessene und bequeme Möglichkeit bietet, und vor allem sollten hauptsächlich Gelder aus dem eigenen Land verwendet werden.[7]

Der Protektionismus und seine Bedeutung für den wirtschaftlichen Aufstieg der USA, der Staaten der europäischen Wirtschaftsgemeinschaft, Japans und der neuen Industrieländer

---

Die Kritiker

John Kay, Daily Telegraph*, 28. Dezember 1994:*

Aber [Goldsmiths Argument] ist ein alter Hut. Man hört es seit hundert Jahren oder länger, und es hat sich stets als falsch erwiesen. Es wird empirisch durch die nicht zu leugnende Tatsache widerlegt, daß der Reichtum der Welt in dem Zeitraum, in dem der Welthandel liberalisiert wurde, ständig zugenommen hat. Die Länder, deren Reichtum am schnellsten gewachsen ist, sind diejenigen, die an der Ausweitung des Welthandels beteiligt waren, wie zum Beispiel die neuen Industrieländer Südostasiens.

Die einzigen Länder, die wirklich ärmer geworden sind, sind die Staaten, die sich dem freien Handel widersetzt haben, zum Beispiel einige Regime in Afrika und Südamerika.

Tim Congdon, The Times, *18. November 1994:*

Da die USA und die Staaten auf dem europäischen Kontinent den freien Handel nicht unterstützten, kam es in den
dreißiger Jahren zu einer weltweiten Wirtschaftskrise.

*Die Europäische Kommission, schriftliche Mitteilung vom 19.
Oktober 1994:*

Für jede Wirtschaft ist daher der Zugang zum Weltmarkt
eine wesentliche Voraussetzung für ein nachhaltiges wirtschaftliches Wachstum.

*Professor Murray Weidenbaum, ehemaliger Vorsitzender des
Wirtschaftsausschusses der Vereinigten Staaten, in der* San Diego
Union *vom 30. April 1985:*

In den dreißiger Jahren trugen protektionistische Maßnahmen entscheidend zur weltweiten Wirtschaftskrise bei.[1]

Paul Goodman, Sunday Telegraph, *6. November 1994:*

Langfristig führen jedoch die Kosten [des Protektionismus]
– Inflation, fehlende Wettbewerbsfähigkeit, staatliche Eingriffe – unweigerlich zu Mißerfolgen.

Norman Macrae, Sunday Times, *12. Dezember 1994:*

Als praktisch orientiertem Menschen könnte es Goldsmith
allerdings zu denken geben, daß das von ihm vorgeschla-
gene System ... demjenigen im kommunistischen Block von
1945 bis 1990 entspricht.

Professor Kay irrt sich, wenn er den traditionellen Standpunkt vertritt, daß sich die neu industrialisierenden Länder – im Gegensatz zu einigen afrikanischen und südamerikanischen Ländern – der Liberalisierung des Welthandels angeschlossen hätten. Vielmehr nutzten die zwei größten, Taiwan und Südkorea, die Vorteile der offenen Märkte, während sie ihre eigenen Märkte sorgsam schützten. (Taiwan und Südkorea haben zusammen 66 Millionen Einwohner; die zwei anderen neuen Industrienationen, Singapur und Hongkong, sind Stadtstaaten mit einer Gesamtbevölkerung von 8,7 Millionen Menschen.)[2]

Während des Kalten Krieges waren die Vereinigten Staaten bereit, den Ländern, die sie als nützliche Verbündete gegen den Kommunismus betrachteten, wichtige Privilegien einzuräumen. Den neuen Industrieländern, die durch ihre strategisch günstige Lage dazu beitragen konnten, China, Nordkorea und Vietnam in Schach zu halten, wurde freier Zugang zu den reichsten Märkten der Welt gewährt, ohne daß sie im Gegenzug ihre eigenen Märkte öffnen mußten. Sie schöpften diese Möglichkeit durch den Einsatz ihrer billigen Arbeitskräfte, den Import von Technologie, die Förderung der auf Export ausgerichteten Industrie und die Anpassung ihrer Währung voll aus. Das enorme Exportaufkommen und die Importbeschränkungen führten zu einer bedeutsamen Verlagerung von Vermögen aus dem Westen in die neuen Industrieländer; dies ist eine der größten Subventionen, die verbündeten Nationen jemals in einem Krieg gewährt worden ist. (Weitere Informationen finden sich im Abschnitt »Protektionismus und der wirtschaftliche Aufstieg Taiwans und Koreas«.)

In einer Zeit, in der die Weltbank, der Internationale Währungsfonds und GATT Beschränkungen des freien Güterflusses gleichermaßen verurteilten, konnten die neuen Industriestaaten ihre geschützten lokalen Märkte als Sprungbrett zur Sicherung von Marktanteilen in der Weltwirtschaft nutzen. Auf diese Weise hat Taiwan, ein Land mit 21 Millionen Menschen,[3] Währungsreserven im Wert von 98,7 Milliarden Dollar angehäuft,[4] womit es weltweit nach Japan an zweiter Stelle liegt. Südkorea hat ebenfalls Einfallsreichtum bewiesen in der Nutzung von Zöllen sowie anderer Beschränkungen zur Förderung der Industrialisierung. Um eine zu starke Abweichung der Inlandspreise zu verhindern, genehmigte die Regierung von Zeit zu Zeit Importe in gewissem Umfang. Dadurch wurden zu hohe Gewinne vermieden, und der Druck auf die heimische Industrie blieb bestehen, so daß diese weiterhin ermuntert wurde, Märkte für den Export zu erschließen. Wenn der Westen aus seiner Sicht den wirtschaftlichen Erfolg Asiens erklärt, muß – wie Cheryl Payer in *Lent and lost: foreign credit and third world development*[5] ausführt – zuallererst darauf hingewiesen werden, daß die wichtigste Erkenntnis nicht darin bestehen kann, ausländischen Anbietern Zutritt zum heimischen Markt zu gewähren.

Professor Kay irrt sich erneut, wenn er behauptet, daß – historisch gesehen – die Nationen, deren Wohlstand am schnellsten zugenommen hat, diejenigen seien, die ihre Märkte für den freien Handel geöffnet hätten. Im 19. Jahrhundert, als das wirtschaftliche Wachstum der Vereinigten Staaten größer war als das Großbritanniens und als die USA weltweit zur führenden Wirtschaftsmacht wurden, verhielt sich dieses Land durchweg protektionistisch.[6] Entscheidend von Alexander Hamilton, ihrem ersten Finanzminister (1789-1795), und seinem Buch *Report on manufactures* (1791) beeinflußt, verfolgten die Vereinigten Staaten von 1816 bis 1846 eine rigorose protektionistische Politik. Im Jahre 1846 wurden die Beschränkungen etwas gelockert, bis die Regierung 1861 wieder zu einer restriktiveren Politik zurückkehrte.[7]

Die USA verstärkten den Schutz ihres Binnenmarktes zwischen 1870 und 1892, einer Zeit sehr schnellen wirtschaftlichen Wachstums. Der europäische Kontinent dagegen, der zwischen 1860 und 1879 eine relativ freie Handelspolitik eingeführt hatte, litt unter einer ernsten Wirtschaftskrise.[8] In der Zeit nach 1875 belegten die

178

USA Industrieerzeugnisse mit einem Zoll von 40 bis 50 Prozent. Auf dem europäischen Kontinent lagen die Zölle zwischen 9 und 12 Prozent.[9] Die US-amerikanische Industrie, die vor europäischen Konkurrenzprodukten geschützt wurde, konnte sich auf Importe konzentrieren, die sie zum Aufbau ihrer industriellen Infrastruktur und damit ihrer zukünftigen Macht als Industrienation benötigte.[10]

Ein Beispiel aus der jüngeren Vergangenheit ist das durch protektionistische Maßnahmen ermöglichte Wirtschaftswunder in Japan. Im Anschluß an das GATT-Abkommen von 1994 sank Japans Leistungsbilanzüberschuß kontinuierlich über einen Zeitraum von siebzehn Monaten bis April 1996, und die Arbeitslosenquote erreichte den höchsten Stand seit 1953.

Auf dem europäischen Kontinent wird der Zeitraum von 1945 bis 1974 allgemein als »die dreißig glorreichen Jahre« des wirtschaftlichen Wachstums bezeichnet. Auch hier gab es Protektionismus. Der Binnenmarkt der Europäischen Wirtschaftsgemeinschaft förderte zwar den Freihandel, doch Importe aus Ländern außerhalb der Gemeinschaft wurden mit einem gemeinsamen Zoll belegt. General de Gaulle hat nie dem Konzept des freien Welthandels zugestimmt und glaubte statt dessen an die Priorität der Gemeinschaft. Auf einer Pressekonferenz am 14. Januar 1963 sagte er: »Es stellt sich die Frage, ob Großbritannien nun, zusammen mit dem Kontinent, einen gemeinsamen Zoll akzeptieren kann ...«[11]

Großbritannien, die Wiege der industriellen Revolution, war eine Ausnahme. Mitte des 19. Jahrhunderts war die Macht im Lande von den Landbesitzern und bäuerlichen Gemeinschaften auf die neuen Industriebarone übergegangen. Durch die Aufhebung der Getreidegesetze im Jahre 1846 und die weitere Liberalisierung des internationalen Handels bekam die britische Industrie alles, was sie sich wünschte: billige Arbeitskräfte, die als Folge des Imports landwirtschaftlicher Produkte vom Land in die Stadt strömten, billige importierte Nahrungsmittel zur Ernährung der Bevölkerung, Kapitalfluß in die Kolonien zur Bezahlung der von dort importierten Rohstoffe und den Rückfluß dieser Gelder nach Großbritannien durch den Kauf von Industrieprodukten durch die Kolonien. Die Stellung Großbritanniens als vorherrschende Industriemacht stellte sicher, daß das exportierte Kapital wieder in das Land zurückfloß. Dies hat sich natürlich grundlegend geändert. Alles, was davon geblieben ist, sind die unangefochtenen, veralteten, konventionellen Erkenntnisse, die aus dieser einzigarten Situation Großbritanniens im 19. Jahrhundert gewonnen wurden.

Weit verbreitet ist die Ansicht, daß der Börsenkrach 1929 und die Weltwirtschaftskrise durch das Smoot-Hawley-Zollabkommen ausgelöst worden seien, das Importe in die USA mit höheren Zöllen belegte.[12] Bezeichnend dafür ist das oben angeführte Zitat von Professor Murray Weidenbaum. Während der Gore-Perot-Debatte zur NAFTA im November 1993 bezog sich Vizepräsident Al Gore bei zwei Gelegenheiten auf Smoot-Hawley:

Dies ist ein Bild von Herrn Smoot und Herrn Hawley. Sie wirken wie zwei recht nette Typen. Was sie sagten, hörte sich damals vernünftig an. Viele Menschen glaubten ihnen ... Sie erhöhten die Zölle, und es war einer der entscheidenden Gründe – viele Wirtschaftswissenschaftler sprechen von *dem* entscheidenden Grund – für die große Wirtschaftskrise in diesem Land und überall auf der Welt.[13]

In Wirklichkeit erlangte das Smoot-Hawley-Zollabkommen erst am 17. Juni 1930 Gesetzeskraft, während es zu dem Börsenkrach im Oktober 1929 kam. 1929 wurde die Arbeitslosenquote auf 3,2 Prozent geschätzt. 1930 stieg sie drastisch an und erreichte am Ende des Jahres 8,7 Prozent, noch bevor sich die Zölle auf die Industrie auswirken konnten.[14]

Im Jahre 1929 machten die Importe etwa 4,2 Prozent[15] des Bruttosozialproduktes der USA aus und erreichten einen Wert von ungefähr 4,3 Milliarden Dollar.[16] Lediglich ein Drittel davon, d.h. Importe im Wert von etwa 1,4 Milliarden Dollar, wäre von dem Smoot-Hawley-Abkommen betroffen gewesen (das den durchschnittlichen Zoll auf die Waren von 14,5 auf 15,9 Prozent erhöhte). Im Laufe des Jahres 1930 verringerte sich der Bruttobetrag zollpflichtiger Importe um 462 Millionen Dollar. Da das Smoot-Hawley-Gesetz im Juni 1930 erlassen wurde, gehen Schätzungen davon aus, daß im Jahre 1930 durch das Zollabkommen Importe im Wert von insgesamt lediglich 231 Millionen Dollar mit einem höheren Zoll belegt wurden, was eine zu vernachlässigende Größe darstellt.[17]

Es ist wichtig, darauf hinzuweisen, daß zoll*freie* Importe in ähnlichem Umfang zurückgingen wie die Importe von Produkten, die durch Smoot-Hawley mit höheren Zöllen belegt worden waren. 1930 und 1931 verringerten sich zum Beispiel die zollfreien Importe jeweils um 29 Prozent bzw. 52 Prozent, während der Import von Produkten, die von Smoot-Hawley betroffen waren, jeweils um 27 Prozent bzw. 51 Prozent zurückging.[18] Nun will man die Menschen glauben machen, daß diese geringfügigen protektionistischen Maßnahmen zu einer Verringerung des US-amerikanischen Bruttosozialproduktess um 46 Prozent führte: von 103,4 Milliarden Dollar im Jahre 1929 auf 55,4 Milliarden Dollar 1933 (siehe Abbildung 3, Seite 182).[19]

Die wahre Ursache des Börsenkrachs 1929 und der anschließenden Wirtschaftskrise war der Zusammenbruch eines auf groteske Weise aus dem Ruder gelaufenen Finanzsystems. Tatsächlich war die Wirtschaft noch stark im Wachstum begriffen, als die Börse zusammenbrach. Im November 1929 lag die Industrieproduktion um 7 Prozent höher als im November 1928, und ihr Rückgang begann im Januar 1930,[20] d.h. Monate vor dem Inkrafttreten des Smoot-Hawley-Gesetzes.

Abbildung 3

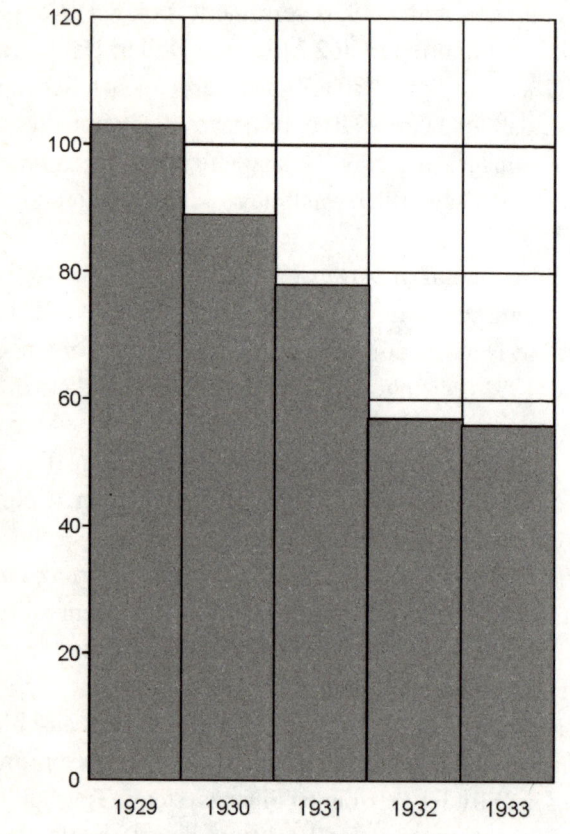

USA:
Bruttosozialprodukt 1929 - 1933

Quelle: Handelsministerium der USA

Senator John Heinz (Republikaner aus Pennsylvania) sagte in einer Rede vor dem Senat am 9. Mai 1983:

> Jedesmal, wenn ein Mitglied der Regierung oder des Kongresses in einer Rede zu einer aggressiveren Handelspolitik aufruft ..., reagieren andere, besonders in Wissenschaftskreisen oder im Kongreß, darauf sofort mit einer Rede über die Rückkehr von Smoot-Hawley und der dunklen Tage des marktschreierischen Protektionismus.
> Mit der Rückkehr zu Smoot-Hawley ist natürlich eine Rückkehr zu Depression, Arbeitslosigkeit, Armut, Not und sogar Krieg gemeint ... Jetzt hat es allerdings jemand gewagt, diesen Mythos durch eine ökonomische Analyse der in diesem Gesetz tatsächlich festgelegten Zollerhöhungen und deren Auswirkungen in den ersten Jahren der Wirtschaftskrise öffentlich zu zerstören ... Herr Präsident, ich bitte darum, daß die Studie von Don Bedell von *Bedell Associates* in das Protokoll aufgenommen wird.[21]

In dem Bericht von *Bedell Associates* wird der folgende Schluß gezogen: »Die Behauptung, Smoot-Hawley habe sich zusätzlich zu und unabhängig von dem Einfluß des wirtschaftlichen Zusammenbruchs 1929 ausgesprochen negativ auf die Importe ausgewirkt, entbehrt jeder Grundlage.«[22] Anfang der dreißiger Jahre erhöhten 25 Länder ihre Importzölle.[23] Doch zu der Zeit befand sich die Welt bereits in einer Krise, und bei diesen protektionistischen Maßnahmen handelte es sich um eine Folge des finanziellen Zusammenbruchs und nicht um dessen Ursache.

Ich habe bereits darauf hingewiesen, daß sich der wirtschaftliche Aufschwung Amerikas, Nachkriegsdeutschlands, der Nationen der Europäischen Wirtschaftsgemeinschaft, Japans und der neuen Industrieländer in protektionistischen Systemen vollzog. Wie Paul

Goodman schreibt, könnte der Protektionismus allerdings seinen Preis fordern im Falle eines kleinen Industriemarktes, der sich von der Welt abschottet, seine Industrie schützt und zudem korporativen oder sozialistischen Prinzipien die Herrschaft über die Wirtschaft überläßt.

Mein Vorschlag ist ein völlig anderer. Er besagt lediglich, daß Europa das Prinzip der Gemeinschaftspriorität respektieren sollte. Das bedeutet, daß der europäische Binnenmarkt auf dem freien Güter- und Kapitalfluß beruhen und den allgemeinen Regeln unterliegen würde, die Voraussetzung für ein freies Unternehmertum sind. Europa und die NAFTA sind die größten Märkte, die es jemals gegeben hat. Wenn behauptet wird, daß die Europäische Union noch nicht groß genug sei, um einen effektiven Wettbewerb innerhalb ihrer Grenzen zu gewährleisten, so ist das gleichbedeutend mit der Behauptung, daß es nirgendwo auf der Welt zu irgendeiner Zeit Wettbewerb gegeben haben könne. Die Europäische Union besteht aus 15 Nationen mit einer Gesamtbevölkerung von 370 Millionen Menschen und einem Bruttoinlandsprodukt von insgesamt 7,313 Milliarden Dollar im Jahre 1994, im Vergleich zur NAFTA mit 7,571 Milliarden Dollar.[24]

Bilaterale Handelsabkommen könnten mit anderen Regionen auf der Welt abgeschlossen werden, solange sie den grundlegenden Interessen der Volkswirtschaft und nicht nur denen der Unternehmen dienen. Wenn ein ausländisches Unternehmen seine Produkte in Europa verkaufen will, sollte es meiner Meinung nach in Europa investieren, und die Europäer sollten diese Investitionen begrüßen. Ausländische Unternehmen würden ihr Kapital und ihre Technologie nach Europa bringen, Fabriken bauen, Arbeitsplätze für Europäer schaffen und so der europäischen Wirtschaft tatsächlich nutzen. Solange es Regeln gäbe zur Verhinderung von Kartellbildung, Preisbindung und anderen wettbewerbsfeindlichen Strukturen, wäre Europa ein riesiger, offener und freier Markt, der

Innovationen aus allen Teilen der Welt positiv gegenüberstehen würde.

Europäische Unternehmen, die in der NAFTA oder Lateinamerika investieren wollten, würden sich entsprechend verhalten, direkt am Wirtschaftsleben in der Region teilnehmen und zur Förderung des nationalen Wohlstands ihren Teil beitragen.

Wenn wir uns nun den Kommentaren Norman Macraes zuwenden, so ist es enttäuschend, daß ein früherer stellvertretender Chefredakteur des *Economist* anscheinend keinen Unterschied feststellen kann zwischen einer regionalen Wirtschaft, die auf einem freien Unternehmertum beruht, und einer anderen, die von einem kommunistischen, totalitären System beherrscht wurde. Kürzlich haben wir die Auswirkungen des Protektionismus in der heutigen Zeit erlebt. Alan Tonelson, Leiter der Forschungsabteilung des *Economic Strategy Institute of Washington DC*, hat eine Studie[25] veröffentlicht, in der fünf amerikanische Industriezweige untersucht wurden, denen »entscheidende Importentlastungen durch intelligent strukturierte Handelsgesetze« zuteil wurden — mit anderen Worten: durch protektionistische Maßnahmen. Er zieht den folgenden Schluß: »Diese Industriezweige haben die Vorhersagen von Vertretern des Wirtschaftsliberalismus widerlegt, indem sie zu Hause und in einigen Fällen im Ausland Marktanteile erworben und so zur Schaffung von Arbeitsplätzen und zur erneuten Stärkung der amerikanischen Wettbewerbsfähigkeit beigetragen haben«:

Die Vorstellung, daß Importentlastungen zu einem dauerhaften Reingewinn führen könnten, steht in krassem Gegensatz zu den vorherrschenden Überzeugungen des Wirtschaftsliberalismus. Protektionismus, egal welcher Art und in welchem Ausmaß, so viele Wirtschaftswissenschaftler, biete nur ineffizienten Unternehmen einen Unterschlupf. ... Insbesondere verbreitet diese orthodoxe Schule die Theo-

rie, daß Industriezweige und Unternehmen, die Importentlastungen erhielten, faul und habgierig würden. Abgeschirmt von der Konkurrenz, verlieren diese Firmen angeblich den Anreiz für Innovationen und den Ansporn, ihre
Effizienz zu steigern und die Preise niedrig zu halten. Statt
dessen ruhten sie sich auf ihren technologischen Lorbeeren
aus, machten sich keine Gedanken mehr über die Qualität,
trieben die Preise in die Höhe und zögen gierig hohe Gewinne aus garantierten Märkten.

Diese Schulbuchweisheiten ... sind in Amerika in der jüngsten Zeit durch viele Erfahrungen mit Importentlastungen
vollständig widerlegt worden. In den USA wurden zugunsten der Automobil-, Halbleiter-, Werkzeug-, Stahl- sowie
der Textilindustrie wichtige Einfuhrbeschränkungen in den
achtziger und neunziger Jahren erlassen. In allen fünf Industriezweigen – die Hunderte von Unternehmen umfassen,
Millionen von Arbeitnehmern beschäftigen und das gesamte technologische Spektrum abdecken – stiegen die Neuinvestitionen in Fabrikanlagen, Maschinen sowie Forschung
und Entwicklung, die Produktivität schnellte in die Höhe,
die Qualität verbesserte sich, und die Preiserhöhungen lagen sehr nahe an den Inflationsraten und manchmal sogar
darunter.

Weitere Einzelheiten aus Alan Tonelsons Bericht finden sich im
Abschnitt »Eine Untersuchung der praktischen Auswirkungen der
von der Reagan-Regierung ausgehandelten Schutzabkommen«.

Protektionismus und der wirtschaftliche Aufstieg Taiwans und Koreas

---

Im *Far East Economic Review* war 1988 folgendes zu lesen:

Während [Taiwans Nachkriegsentwicklung] hat die Regierung Taiwans eine herausragende Rolle in der Wirtschaft gespielt – indem sie [diese] durch eine Kombination aus direkten Investitionen in strategisch wichtige Industriezweige, Anpassung der Wechselkurse, Geschäftsgenehmigungen, Importzöllen und Handelsbeschränkungen lenkte.[1]

Am 4. Juli 1983 erklärte der faktische Vertreter der USA in Taiwan in einem Interview mit der *Economic News*:

Für US-Exporte nach Taiwan gilt eine Reihe wichtiger Handelsbeschränkungen, die von indirekten Beschränkungen wie übermäßigen Zöllen bis zu direkten Importverboten reichen. ... Auf die Preise vieler Produkte, die das gesamte Spektrum von allgemeinen Haushaltsartikeln über Küchengeräte bis zu chemisch behandelten und abgepackten Nahrungsmitteln und sogar Orangensaftkonzentraten abdecken, werden bis zu 70 Prozent aufgeschlagen, bevor sie auf den Markt kommen. ... Produkte aus dem Bereich der Textverarbeitung enthalten Zölle von bis zu 30 Prozent ... Gestärkte Pappe und Verpackungsmaterial können mit bis zu 44 Prozent belegt werden ... Im letzten Jahr wurde zum Schutz der Produzenten ein Importverbot für industrielle petrochemische Grundstoffe wie PVC, LDPE und HDPE verhängt. Es wurde bekannt, daß die einheimischen Produzenten den Bedarf nicht decken konnten, und petrochemische Stoffe wurden gemäß einer »planmäßigen Marketing«-Strategie importiert ... Importe von tiefgekühltem Geflügel, Birnen und Erdnüssen sind verboten ... erst kürzlich hat der Ausschuß für landwirtschaftliche Planung und Entwicklung eine Liste mit 148 Agrarprodukten vorbereitet, für die Einfuhrbeschränkungen oder Zölle vorgesehen sind. Lokale Produktrichtlinien, wonach im Inland hergestellte Teile für die Produktion benutzt werden müssen, sowie Pflichtexporte für ausländische Investoren sind weitere Einschränkungen des freien Handels. Im Moment erleben wir dies in der Elektronikindustrie ... Es gibt Probleme mit den Gesundheits- und Sicherheitsvorschriften für US-amerikanische Arzneimittel und Gesundheitsprodukte, weil nach Auffassung der taiwanesischen Behörden die Bescheinigungen der amerikanischen Lebensmittelbehörde keinen ausreichenden Sicherheitsnachweis bieten, obwohl sie in den meisten anderen Teilen der Welt akzeptiert werden. Für amerikanische Anbieter von Dienstleistungen wie Wirtschaftsprüfer und Steuerberater, Versicherungen und Frachtschiffahrtsunternehmen bestehen Beschränkungen, die für ihre taiwanesischen Konkurrenten in den USA nicht gelten ...[2]

Von 1956 bis 1966 schwankte der Anteil der von Importkontrollen betroffenen Güter einschließlich derjenigen, die als »verboten« eingestuft waren, zwischen 46 Prozent und 41 Prozent. Mittlerweile lagen die Zollsätze für etwa die Hälfte aller zollpflichtigen Produkte zwischen 41,4 Prozent und 58,5 Prozent.[3]

Neben den Zöllen gibt es weitere Beschränkungen, von denen viele in Taiwan zur Anwendung kamen, u.a. quantitative Begrenzungen wie beispielsweise Quoten, Einschränkungen im Hinblick auf die Bezugsquellen oder die Qualifikationen der Importeure, die Notwendigkeit eines Zustimmungsnachweises einheimischer Wettbewerber, vielfältige Vorschriften zu Gesundheits-, Hygiene- und Qualitätsanforderungen, die Vorschrift, einheimische Produkte für die Fabrikation zu verwenden, und zusätzliche Importhemmnisse. So wurde zum Beispiel für die Einfuhr der meisten Stahlerzeugnisse bis 1987 die Zustimmung von *China Steel*, dem größten Stahlproduzenten Taiwans, benötigt.[4]

Eine von Tu und Wang durchgeführte Studie[5] zeigte, daß 1984 über die Hälfte der Importe – gemessen am Wert – auf die ein oder andere Weise begrenzt wurde. 29 Prozent benötigten zum Beispiel die Zustimmung einer einheimischen Behörde oder eines Ministeriums, und bei 21 Prozent war die Einfuhrerlaubnis an einen bestimmten Status des Importeurs gebunden. K.Y. Yin, der Hauptbegründer der Wirtschaftsstrategie Taiwans, erklärte:

Bei der Durchsetzung einer protektionistischen Politik sind Zölle und Einfuhrkontrollen Maßnahmen, die gleichzeitig angewendet werden sollten. Zöllen allein mangelt es an Flexibilität, und sie können keinen vollständigen Schutz gewährleisten. Die Einfuhrkontrolle ist flexibler in ihrer Anwendung, weil sie von Zeit zu Zeit den konkreten Erfordernissen angepaßt werden kann.[6]

Während Taiwan seinen eigenen Markt schützte, förderte es gleichzeitig auf aggressive Weise die Exporte. Exporteure erhielten Zollvergünstigungen bei der Einfuhr von Produkten, die für die Herstellung von Exportgütern bestimmt waren. Exporteure bekamen allerdings nicht immer die Erlaubnis, Waren zu importieren, wenn im Inland hergestellte Produkte zur Verfügung standen. Es war ihnen nur gestattet, »überwachte« Waren zu importieren, wenn der Preis der einheimischen Alternative mindestens 10 Prozent über dem der eingeführten Ware lag.[7] Doch »wenn sie einen ausreichenden Grund angeben und wenn ein spezieller Fall vorliegt, dürfen sie eine von den Beschränkungen betroffene Ware einführen.«[8] Exporteure profitierten von besonderen Steueranreizen, Exportkrediten, einer von der Regierung getragenen Ausfuhrförderung und speziellen Abteilungen für die Exportabwicklung. Wie in Taiwan gab es auch in Südkorea einen flexiblen Schutz des heimischen Marktes und eine aktive Förderung der Exporte. Eine Studie des Entwicklungszentrums der OECD[9] (Organisation für die wirtschaftliche Zusammenarbeit und Entwicklung) zeigt, daß die rasche Industrialisierung Südkoreas zu einem großen Teil auf »Einfuhrbeschränkungen« durch »hohe Einfuhrzölle« zurückzuführen ist. »Aufgrund dieser protektionistischen Maßnahmen«, so der Autor, seien die Fördermenge im Bergbau und die Industrieproduktion zwischen 1953 und 1960 jährlich um 15 Prozent gestiegen. Diese Politik wurde die sechziger und siebziger Jahre hindurch verfolgt, als »Zölle auf Importe mit Ausnahme unentbehrlicher Produkte erhöht wurden, die internationale Kreditaufnahme eingeschränkt wurde und man sich auf die Ausweitung der Exporte« konzentrierte. Die Einfuhr von Produkten, die Beschränkungen unterlagen, wurde genehmigt, wenn sie dem nationalen Interesse diente,[10] doch 1968 hatten die gesetzlich festgelegten Zölle durchschnittlich 54 Prozent erreicht. Sie wurden ergänzt durch ein komplexes System quantitativer Restriktionen.[11] Andere Untersuchungen der späten sechziger und frühen siebziger Jahre belegen effektive Schutzquoten von 67 Prozent für langlebige Konsumgüter und 106 Prozent für den Transport.[12] 1978 und 1982 lag die tatsächliche Schutzquote für Industrieprodukte bei durchschnittlich 49 Prozent.[13] Im Jahre 1978, einer Zeit des strengen Protektionismus, machte der Wert der Importe, die unter die Beschränkungen fielen, 75 Prozent des Wertes aller importierten Industrieprodukte aus.[14]

Eine Untersuchung der praktischen Auswirkungen der von der Reagan-Regierung ausgehandelten Schutzabkommen

1981 setzte die Reagan-Regierung Schutzmaßnahmen für die Automobilindustrie durch. Alan Tonelson[1] schreibt:

> 1985 hatten die Investitionen in neue Fabrikanlagen und Maschinen einen Stand erreicht, der real doppelt so hoch war wie der von 1975. Und trotz des explosionsartigen Wachstums der technologie-intensiven Informationsindustrie in den achtziger Jahren konnte die Automobilindustrie ihren Anteil an den Gesamtausgaben der US-Firmen für Forschung und Entwicklung auf 12,4 Prozent leicht erhöhen. 1984 lag die jährliche Steigerungsrate der Produktivität bei den *Großen Drei* [General Motors, Ford und Chrysler] bei 6,5 Prozent, verglichen mit 3,3 Prozent der gesamten US-amerikanischen Industrieproduktion.

Nach der Einführung der protektionistischen Maßnahmen fielen außerdem »die Preiserhöhungen bei den in Amerika produzierten Personenwagen geringer aus ... als vorher.« Und die *Großen Drei* konnten ihren Marktanteil in den USA erhöhen.

> Ab Anfang der siebziger Jahre machte sich in der US-amerikanischen Stahlindustrie Panik breit. ... Der Anteil Amerikas an der weltweiten Stahlproduktion fiel von über 50 Prozent am Ende des Zweiten Weltkrieges auf 26 Prozent

im Jahre 1960 und 14,2 Prozent 1980. ... Der Absatz ausländischer Stahlproduzenten auf dem US-Markt stieg von 12,4 Prozent im Jahre 1973 ... auf den Höchstwert von 26,4 Prozent 1984. ... [Die] Vereinigten Staaten waren in den letzten Jahren die einzige große Industrienation mit einem ständigen Nettoüberschuß an Stahlimporten.

1984 handelte die Reagan-Regierung eine Reihe bilateraler protektionistischer Handelsabkommen aus, die 1987 in Kraft traten. Sie begrenzten die Einfuhr von Fertigstahl auf 18,5 Prozent des US-Marktes und den Import halbfertiger Stahlprodukte auf 20,2 Prozent des Marktes. »Während die Investitionen in der Stahlindustrie von 2,6 Milliarden Dollar 1980 auf 862 Millionen Dollar im Jahre 1986 zurückgingen, wurden 1990 wieder neue Fabrikanlagen und Maschinen im Wert von 2,5 Milliarden Dollar gekauft.«
Zusätzlich investierten japanische und südkoreanische Unternehmen, die auf die nordamerikanischen Märkte drängten, 3 Milliarden Dollar in Frästechniken in amerikanischen Produktionsanlagen. Durch den Anstieg der Investitionen und die zunehmende Zahl kleiner Walzwerke mit High-Tech-Ausstattung erhöhte sich die Produktivität enorm, und der niedrigere Wechselkurs des Dollars »ließ die US-Unternehmen – unter Führung der Kleinbetriebe – zu einem der kostengünstigsten Stahlproduzenten auf der Welt werden.«
1986 hatten ausländische Produzenten von Werkzeugmaschinen in den USA einen Marktanteil von 62 Prozent. In dem Jahr handelte die Reagan-Regierung Schutzabkommen mit Japan und Taiwan aus. »Das Verhältnis von Investitionen in neue Maschinen zum Wertverlust stieg von 80 Cents auf 1,61 Dollar pro Dollar, der durch Wertminderung verlorenging.« Die Ausgaben für Forschung und Entwicklung stiegen sprunghaft von 5,2 Prozent des Umsatzes 1987 auf 11,9 Prozent im Jahre 1992. Bei den Firmen,

die von dem Schutzabkommen profitierten, kam es nur zu geringfügigen Preiserhöhungen. Von 1986 bis 1992 verdoppelten sich die Exporte von Werkzeugmaschinen auf 1 Milliarde Dollar, und die Durchdringung des US-Marktes durch Importe sank von dem Spitzenwert von 62 Prozent im Jahre 1986 auf 49 Prozent.

Der Weltmarktanteil der Elektronikchip-Produzenten mit Firmensitz in den USA fiel von 57 Prozent 1981 auf 40 Prozent 1987. »Sowohl 1985 als auch 1986 hatte die US-amerikanische Industrie Verluste von fast 2 Milliarden Dollar zu verzeichnen, und 25 000 Beschäftigte verloren gutbezahlte Arbeitsplätze.« 1986 handelte die Reagan-Regierung einen Schutz vor der japanischen Konkurrenz aus und erhob 1987 schließlich Strafzölle auf viele japanische Importe.

In der amerikanischen Halbleiterindustrie wurde die Ausstattung der Fabriken mit neuen Maschinen beschleunigt. Die Ausgaben für Forschung und Entwicklung stiegen weiterhin mit einer enormen Geschwindigkeit von 17 Prozent pro Jahr an. ... Die Arbeitsproduktivität stieg um beeindruckende 16 Prozent jährlich. ... Die US-Produzenten brachten eine große Anzahl neuartiger Produkte auf den Weltmarkt. Und die Produktionskosten .. stiegen zwischen 1982 und 1991 um nur 4 Prozent.

1992 hatten die Unternehmen in den USA »weltweit mit ihren Konkurrenten in Japan gleichgezogen.«

Seit Ende der fünfziger Jahre sind zum Teil Schutzmaßnahmen für die Textil- und Bekleidungsindustrie eingeführt worden. Seit 1974 wird der weltweite Handel mit diesen Produkten von dem *Multi-Fibre Arrangement* gelenkt, das unter GATT über einen Zeitraum von zehn Jahren auslaufen wird. Während der letzten zehn Jahre »sind die jährlichen Neuinvestitionen in der Textilindustrie real von 1,6 Milliarden Dollar 1980 auf 2,5 Milliarden

Dollar im Jahre 1993 geklettert.« Die Produktivität ist um mehr als 77 Prozent von 1980 bis 1992 gestiegen. Die Produktionskosten für Textilien sind seit 1982 weniger gestiegen als die der Industrieprodukte insgesamt.

Maßnahmen zum Schutz vor Importen haben geholfen, die Industrie davon zu überzeugen, daß ihr Kampf gegen eine erdrückende Übermacht nicht aussichtslos war ... Programme zur Importentlastung waren ein Zeichen für die Verantwortlichen, daß es für ihre Industriezweige tatsächlich noch eine Zukunft geben kann ...

Der freie Welthandel und seine Auswirkungen auf Arbeitsplätze und Löhne in den Industrienationen

Die Kritiker

Europäische Kommission, schriftliche Mitteilung vom 19. Oktober 1994:

Es gibt keinen Hinweis darauf, daß ausländische Konkurrenz der Hauptgrund für eine der beiden ist [Arbeitslosigkeit oder Lohnkürzungen in den Industrieländern] ... Im Falle Frankreichs deutet nichts darauf hin, daß der freie Handel zu einer gravierenden Arbeitslosigkeit geführt hat. ... Zusammenfassend läßt sich sagen: Der Handel mit Niedriglohnländern verursacht keinen nennenswerten Abbau der insgesamt zur Verfügung stehenden Arbeitsplätze oder der Realeinkommen ...

Die Konkurrenz aus Niedriglohnländern hat keine allgemeinen Lohneinbußen in den Industrieländern zur Folge. Die Entwicklung geht eher in die andere Richtung, wobei die Löhne in Ländern mit einer schnell wachsenden Wirtschaft im Einklang mit der Produktivität steigen.

Die Hauptgründe der Arbeitslosigkeit sind in den technologischen Entwicklungen zu suchen.

Brian Hindley, »The Goldsmith Fallacy«:

Auch ein Blick auf die Handelsstatistiken läßt nicht vermuten, daß der Handel mit Entwicklungsländern zu nennenswerter Arbeitslosigkeit in der Europäischen Union geführt hat oder geführt haben könnte.

Es gibt eine Reihe eingehender empirischer Studien zu dem Einfluß verschiedener Faktoren auf die Beschäftigungssituation in Hochlohnländern. Sie kommen im allgemeinen zu dem Schluß, daß die Auswirkungen des Handels gering sind im Vergleich zu denen des technologischen Wandels.

Doch das Gegenstück zu niedrigen Löhnen ist geringe Produktivität ... Das allgemeine Lohnniveau in Entwicklungsländern ist geringer als in der Europäischen Union, weil die Produktivität in Entwicklungsländern im allgemeinen niedriger ist als in der Europäischen Union.

John Kay, Daily Telegraph, *28. Dezember 1994*:

Der Grund für die sehr niedrigen Löhne auf den Philippinen und in Vietnam liegt in der Tatsache, daß dort — im allgemeinen — nicht sehr produktiv gearbeitet wird.

Das Jahr 1974 markierte einen Wendepunkt in Europa. Die »dreißig glorreichen Jahre« des Wachstums in der Europäischen Wirtschaftsgemeinschaft wichen einer Zeit, in der das wirtschaftliche Wachstum von einer massiven Steigerung der Arbeitslosigkeit begleitet war.
Maurice Allais, Frankreichs einziger Gewinner des Nobelpreises für Wirtschaft, weist darauf hin, daß die Jahre seit 1974 von den

widernatürlichen Auswirkungen des freien Welthandels und der Verzerrungen des internationalen Währungssystems beherrscht sind.[1] Trotz eines Anstiegs des Bruttosozialproduktes um 80 Prozent nahm in Frankreich die Zahl der Unterbeschäftigten zwischen 1974 und 1993 pro Jahr um durchschnittlich 210 000 Menschen zu und erreichte einen Stand von 18,6 Prozent der erwerbstätigen Bevölkerung (siehe Abbildung 11, Seite 236).[2] Allais verwendet den Begriff »unterbeschäftigt«, weil seit 1973 durch spezielle Programme Menschen aus den Arbeitslosenstatistiken herausgenommen wurden und die offiziellen Arbeitslosenzahlen gesunken sind, ohne daß neue Arbeitsplätze geschaffen wurden.

Es ist nun weltweit anerkannt, daß die vielfach verwendete Definition der Arbeitslosigkeit nach der *International Labour Organization* (ILO, der Internationalen Organisation für Arbeit) nicht alle Elemente einbezieht, die eine Flaute des Arbeitsmarktes kennzeichnen. In einem kürzlich verfaßten Bericht schätzt die OECD, daß es ungefähr 15 Millionen »unfreiwillige Teilzeitkräfte« und weitere 4 Millionen »entmutigte Arbeitskräfte« gibt, zusätzlich zu den 34 Millionen Menschen, die die von der ILO aufgestellten Kriterien der Arbeitslosigkeit in den Ländern der OECD erfüllen.[3] Andere Berichte wie zum Beispiel die der *United Kingdom's Royal Statistical Society*[4] oder des *Bureau of Labor Statistics*[5] der US-Regierung haben sich auch mit den im Wandel begriffenen Arbeitsbedingungen auf dem Weltmarkt und den Unzulänglichkeiten der Standarddefinition der ILO für Arbeitslosigkeit beschäftigt. Abbildungen zur Arbeitslosigkeit und Unterbeschäftigung in Großbritannien, Frankreich, der Europäischen Gemeinschaft (soweit Zahlenmaterial vorliegt) und Deutschlands finden sich auf den Seiten 233, 236, 237 und 238).

Weiterhin führt Allais aus, daß der enorme Anstieg der Arbeitslosigkeit in Frankreich nicht auf spezifisch französische Gegebenheiten zurückzuführen sein könne, weil bei Anwendung der ILO Standarddefinition die Arbeitslosigkeit in Frankreich derjenigen in der Europäischen Gemeinschaft insgesamt sehr ähnlich sei. Er zieht den Schluß, daß die gemeinsame Tendenz nur durch Faktoren erklärt werden könne, die sowohl in Frankreich als auch in der Europäischen Gemeinschaft zu finden seien.[6]

Außerdem beobachtet Allais, daß

> diese zugrundeliegende Tendenz kein weltweites Phänomen ist. Und sie kann nicht dem technologischen Fortschritt zugeschrieben werden, weil in demselben Zeitraum die Arbeitslosenquote in Japan nur von 1,3 Prozent auf 2,2 Prozent angestiegen ist ... Von 1974 bis 1991 sank die Beschäftigung in der Industrie in der Europäischen Wirtschaftsgemeinschaft um 15,4 Prozent, während sie in Japan um 13,2 Prozent stieg.[7]

Während dieser ganzen Zeit war Japan weltweit führend in der Anwendung industrieller Frästechniken. Und Japan behielt auch sein System des Protektionismus bei.

Während Europa versuchte, das Lohnniveau zu halten, waren die USA bestrebt, die Arbeitsplätze zu schützen, indem sie eine »flexible« Politik betrieben, d.h., Lohnsenkungen sollten zugelassen werden, um die Gegebenheiten des Marktes widerzuspiegeln. Mit der Schaffung eines globalen Arbeitsmarktes sind die Wochen- und Stundenlöhne der in den USA in der Produktion und in nichtleitender Stellung Beschäftigten (80 Prozent der US-amerikanischen Arbeitnehmerschaft) seit 1973 real um 19,2 Prozent bzw. 13,4 Prozent gesunken (siehe Abbildung 16, Seite 241).[8] Nichtsdestoweniger, so argumentieren das *Economic Policy Insti-*

tute und Dr. Herman Starobin, setzten die offiziellen Zahlen die wahre Bedeutung der Arbeitslosigkeit in den USA zu gering an.[9] Es ist bemerkenswert, daß Hindley, nachdem er wiederholt bekräftigt hat, daß der weltweite Handel den Arbeitsmarkt nicht beeinflusse, folgendes feststellt:

> Eine Flut neuer Mitbewerber auf den Arbeitsmärkten der Welt gefährdet die Arbeitsplätze der Menschen in den Hochlohngebieten ... und die zur Zeit ihren Lebensunterhalt mit Tätigkeiten verdienen, die auch in Niedriglohngebieten ausgeübt werden können. ... Wenn diese Personen sich nicht weiterqualifizieren oder eine Beschäftigung in Berufen finden können, die nicht vom internationalen Handel bedroht sind, dann werden die Löhne, die sie erhalten können, möglicherweise sehr niedrig sein – so niedrig, daß sie es vielleicht vorziehen, arbeitslos zu bleiben.

Mit dieser Feststellung wird ganz klar akzeptiert, daß die Konkurrenz aus Niedriglohngebieten eine Bedrohung sowohl für Arbeitsplätze als auch für das Lohnniveau darstellt. Und es kommt der naive Glaube zum Ausdruck, daß der Wohlfahrtsstaat unabhängig von der wirtschaftlichen Situation ewig weiterbestehen werde und daß diejenigen, die lieber arbeitslos bleiben wollen, weiterhin Geld bekommen würden.

Was die Frage der Produktivität angeht, so zeigen jüngste Erfahrungen in einer Industrienation und einem Entwicklungsland, daß die Löhne in Wirklichkeit nicht »im Einklang mit der Produktivität« steigen. Seit 1973 ist die Produktivität in den USA um 23,2 Prozent gestiegen.[10] Wie bereits gezeigt wurde, sind Wochen- und Stundenlöhne in demselben Zeitraum real um 19,2 Prozent bzw. 13,4 Prozent gesunken.[11] Unterdessen hat in Mexiko von 1980 bis 1992 die Produktivität um 48 Prozent zugenommen, wohingegen die Gehälter (bereinigt um die Inflationsrate) um 21 Prozent fielen.[12]

Lediglich in Wirtschaftssystemen, die geschützt werden und in denen annähernd Vollbeschäftigung herrscht, können die Löhne mehr oder weniger im Einklang mit der Produktivität steigen. Doch in einer Weltwirtschaft, die auf einem freien Welthandel beruht, wird der Arbeitsmarkt automatisch zu einem globalen Markt mit einem praktisch unbegrenzten Reservoir an verfügbaren Arbeitskräften. Laut ILO sind ungefähr 30 Prozent des weltweiten Arbeitskräftepotentials, das sind etwa 820 Millionen Menschen, entweder arbeitslos oder unterbeschäftigt.[13] Die Unternehmen, die den Welthandel dominieren – die internationalen Konzerne –, sind nicht an einen Ort gebunden. Sie verlagern die Produktion jeweils dorthin, wo die Arbeitskräfte am billigsten sind. Die ILO drückt es folgendermaßen aus: »Heutzutage wird die Wahl des Standortes sehr genau auf die Arbeitskosten abgestimmt,«[14] und da Frästechniken und Kapital jederzeit an jedem beliebigen Ort auf der Welt einsetzbar sind, können überall Fabriken errichtet werden. Bei einer riesigen Anzahl von Menschen, die über entsprechende Fähigkeiten verfügen oder ausgebildet werden können und die eine Beschäftigung um jeden Preis suchen, wird das Lohnniveau nicht von der Produktivität, sondern von dem althergebrachten Verhältnis von Angebot und Nachfrage bestimmt.

Die *Newsweek* beschreibt das Phänomen anschaulich. Ein multinationaler Konzern ist heute typischerweise ein

schlankes, ausgelagertes und weitgehend staatenloses Netz grenzüberschreitender Unternehmenszusammenschlüsse ... In den letzten 10 Jahren haben die weltweit 37 000 multinationalen oder transnationalen Unternehmen ... einen höheren Verkaufswert erzielt, als dem Wert aller

Handelsexporte weltweit entspricht: 5,8 Billionen Dollar waren es im Jahre 1992, dem Jahr mit den neuesten verläßlichen Daten. In den Vereinigten Staaten, mit der weitaus größten Anzahl multinationaler Konzerne, werden 80 Prozent der im Ausland gegen Dollar verkauften Produkte nicht exportiert, sondern unter der Kontrolle multinationaler Konzerne verkauft, wobei es sich entweder um Verkäufe von Tochtergesellschaften, um firmeninterne Geschäfte oder Lizenz- und Franchising-Abkommen handelt.[15]

Dies bedeutet, daß, obwohl die US-amerikanischen internationalen Konzerne auf den Weltmärkten wirtschaftlich erfolgreich sind, ein großer Teil der von ihnen verkauften Produkte nicht in den USA hergestellt wird, sondern immer häufiger in Billiglohnländern. Da diese Produkte im Inland und international als US-Ware verkauft werden, sind natürlich die Importe angestiegen und die Exporte zurückgegangen. Abbildung 17 auf Seite 242 veranschaulicht den Anstieg des amerikanischen Handelsdefizits nach dem Inkrafttreten des GATT-Abkommens.

Es besteht ein Unterschied zwischen den heutigen transnationalen Unternehmen und den multinationalen Konzernen in früherer Zeit. Diese Konzerne errichteten Fabriken in Brasilien oder Indien, um die dortigen Märkte zu erobern und nicht, um an billige Arbeitskräfte zu kommen und so Arbeitsplätze zu Hause zu ersetzen. Sie nahmen produktiv am Wirtschaftsleben der Länder teil, in denen sie investierten, ohne dabei die Wirtschaft ihres eigenen Staates zu schädigen. Transnationale Unternehmen dagegen bedienen sich der Arbeitskräfte in Billiglohnländern und importieren ihre Produkte, um sie in den verbleibenden Ländern mit hohen Löhnen und Einkommen zu verkaufen. Heute nehmen viele der größeren Unternehmensgruppen eine Zwitterstellung ein. Wenn *Sony* in Frankreich Fernseher für den Verkauf in der Europäischen Union herstellt, verhält es sich wie ein multinationaler Konzern. Wenn es für den Verkauf in Europa bestimmte Fernsehgeräte importiert, die in Billiglohnländern hergestellt worden sind, handelt es als transnationales Unternehmen.

Ein transnationales Unternehmen, das sich so verhält, trägt daher zur Arbeitslosigkeit in seinem Heimatland bei und erhöht dessen Handelsdefizit.

Am bemerkenswertesten ist folgende Feststellung Hindleys:

> Sir James scheint besorgt zu sein ..., daß alle Produkte günstiger in Niedriglohnländern als in Hochlohnländern hergestellt werden können ... Solch eine Situation ist denkbar. Doch wenn die Preise und Wechselkurse sich so gestalten, daß alle potentiellen Warenbewegungen in eine Richtung gehen, dann impliziert das ein massives Ungleichgewicht in den makroökonomischen Beziehungen zwischen den Volkswirtschaften: das lokale Währungs-, Lohn- und Preisgefüge stimmt nicht. Wenn sich die Europäische Union oder ihre Mitgliedsstaaten allerdings in einer solchen Situation befinden sollten, dann würde eine vernünftige Lösung in der Anpassung der makroökonomischen Beziehungen bestehen und nicht in einer Handelsblockade.

Unter Anpassung der »makroökonomischen Beziehungen« versteht Hindley die Anpassung des »lokalen Währungs-, Lohn- und Preisgefüges«. Wenn zu viele Waren aus Niedriglohnländern gekauft werden, dann muß nach seinem Vorschlag der Verdienst in den Industrienationen insgesamt reduziert werden, entweder direkt oder durch die Abwertung der Währung, bis zu einem Niveau, das einen Wettbewerb mit den Niedriglohnländern erlauben würde. Ein Blick auf Abbildung 10 auf Seite 235 verdeutlicht, welche unangenehmen Folgen solch eine Politik haben könnte.

Hindley würde eine einschneidende Reduzierung des Verdienstes einer »Handelsblockade« vorziehen. Mit anderen Worten, er würde lieber das Wohlergehen einer Nation als seine Ideologie des freien Handels opfern.

Dabei hat er vergessen, daß die Aufgabe der Wirtschaft darin besteht, der Gesellschaft zu dienen und nicht umgekehrt. Eine erfolgreiche Wirtschaft zeichnet sich durch die Erhöhung der Löhne sowie die Verbesserung der Beschäftigungssituation und der sozialen Sicherheit aus. Eine Reduzierung der Löhne ist ein Zeichen des Mißerfolgs. Es ist unrühmlich, am weltweiten Wettrennen zur Senkung des Lebensstandards im eigenen Land teilzunehmen.

Berichte und Anekdoten zu der Verlagerung von Produktion und Dienstleistungen in Niedriglohnländer

---

Am 27. August 1995 schrieb die *New York Times*:

Texas Instruments Inc. entwickelt einige seiner technisch anspruchsvollen Computerchips in Indien. *Motorola Inc.* hat kürzlich Zentralen für die Entwicklung von Computerprogrammen und -zubehör in China, Indien, Singapur, Hongkong, Taiwan und Australien eingerichtet, und es hält nach einem Standort in Südamerika Ausschau. Während große amerikanische Banken bereits einige Kontoauszüge in Übersee bearbeiten lassen, denken große Wirtschaftsprüfungsunternehmen und Versicherungen über die Möglichkeit nach, die Vorbereitung von Steuererklärungen und die Bearbeitung von Versicherungsansprüchen in Ostasien vorzunehmen.

... Durch [die] Kombination von modernsten PCs und unterseeisch verlegten, leistungsstarken Telefonleitungen sind Millionen von Büroangestellten in Amerika demselben weltweiten Lohndruck ausgesetzt, mit dem ihre Kollegen in der Produktion schon lange zu kämpfen haben...

Viele befürchten, daß die wachsende Tendenz der Unternehmen, Tätigkeiten in Entwicklungsländer auszulagern, die Kluft zwischen den Reichen und dem Rest der amerikanischen Gesellschaft durch die Abschaffung einiger Bereiche mit anspruchsvollen, gutbezahlten Arbeitsplätzen, von denen hauptsächlich die Mittelklasse profitiert, noch weiter verstärkt. Doch die Verlockung, auf billige ausländische Arbeitskräfte zurückzugreifen, ist bei Unternehmen, die verzweifelt versuchen, auf einem immer stärker global ausgerichteten Arbeitsmarkt wettbewerbsfähig zu bleiben, einfach zu groß.[1]

Im Februar 1995 veröffentlichte die Abteilung für Wirtschaftsforschung der AFL-CIO[*] eine Studie zum wachsenden Einfluß multinationaler Konzerne in den neunziger Jahren. Im folgenden sind einige ihrer Schlußfolgerungen aufgeführt.

- »Durch die Tatsache, daß der US-amerikanische Markt die Hälfte aller in den Entwicklungsländern hergestellten Industrieprodukte aufnimmt, trägt der Handelsüberschuß dieser Länder direkt zum Handelsdefizit in den Vereinigten Staaten bei und nimmt den amerikanischen Beschäftigten ihre Arbeitsplätze.«
- Von allen Importen in die USA wurden 1992 41 Prozent (216 Milliarden Dollar) von multinationalen Konzernen verschifft und/oder bezogen. Warenimporte in die USA im Wert von etwa 109 Milliarden Dollar, das sind mehr als 20 Prozent, entfallen direkt auf die ausländischen Tochtergesellschaften der US-Unternehmen. Fast all diese Importe wurden auf dem Seeweg direkt an die Muttergesellschaft in den Vereinigten Staaten geliefert. Waren im Wert von ungefähr 107 Milliarden Dollar bezogen multinationale US-Konzerne aus anderen ausländischen Quellen.

---

[*] Ein Bündnis unabhängiger amerikanischer Gewerkschaften, das 1955 durch den Zusammenschluß der beiden Gruppen *American Federation of Labor* und *Congress of Industrial Organizations* entstand.

- Im Hinblick auf den Export stellt der Bericht fest: »Waren im Wert von mehr als 120 Milliarden Dollar wurden auf dem Seeweg zu den ausländischen Tochtergesellschaften der US-amerikanischen Konzerne exportiert ... Dabei handelt es sich vielfach um Investitionen in Maschinen und Fabriken, die im Ausland produzieren und dann die Waren wieder in die USA verschiffen, um sie dort zu verkaufen.«

- »Die Länder mit dem größten Zuwachs an Arbeitsplätzen, der durch US-Konzerne bedingt ist, sind China, Costa Rica und Mexiko.«

- *VTech Holdings Ltd*, ein Unternehmen in Hongkong »mit einem US-Marktanteil von 70 Prozent im Bereich pädagogisch wertvoller Computer-Spielsachen«, das »auch Handies in einem Joint-venture mit der *Nokia*-Unternehmensgruppe herstellt und als führender Produzent *AT&T*, *Alcatel* und *Philips* mit hochwertigen Produkten beliefert«, beschäftigt zwischen 11 000 und 13 000 Menschen in China.

- Die Produktion der kommerziellen Transportflugzeuge von *McDonnell Douglas MD-82* erfolgt zur Zeit ... in Shanghai. Fünf dieser in China gebauten Flugzeuge sind an die TWA verkauft worden und werden nun auf Inlandsflügen in den USA eingesetzt. ... Mittlerweile produziert *Boeing* ... viele Teile für seine Maschine vom Typ 737 in Coproduktion mit chinesischen Unternehmen, u.a. vertikale und horizontale Leitwerke, Flugzeugrümpfe, Ladeluken und horizontale Stabilisierungsflossen. Außerdem werden zur Zeit einige Teile für die Boeing 747 in China hergestellt, und die völlig neu konzipierte Boeing 777 soll zu einem großen Teil dort produziert werden.

- »Der Transfer wertvoller Technologien wird auch ernste Auswirkungen auf die Zukunft haben.«

Die *MBG Information Services* mit Sitz in Washington stellt folgendes fest: »Die Verluste der US-Industrie an die sogenannten großen, neuentstehenden Märkte (*BEMs*, *big emerging markets*)[3] ... sind viel schwerwiegender als jemals zuvor. ... Das Wirtschaftsministerium hat diese Woche bekanntgegeben, daß sich 1995 das Defizit der USA gegenüber diesen Märkten im Vergleich zu 1994 um 47 Prozent vergrößert hat.« MBG schätzt, daß die Verluste 1995 55 Milliarden Dollar überschreiten werden.[4]

Hans-Olaf Henkel, der Präsident des Bundes der Deutschen Industrie (BDI), schreibt im *Wall Street Journal Europe* vom 25. Juli 1995: »Die finanzielle und soziale Belastung durch unsere hohe Arbeitslosigkeit ist nicht länger hinnehmbar und nicht mehr zu bezahlen. Noch wichtiger ist, daß die Verlagerung der Produktion ins Ausland für den Großteil unseres Mittelstandes keine wirkliche Lösung darstellt.«[5] Der Mittelstand wird häufig als Hauptstütze der deutschen Wirtschaft angesehen. Diese kleinen und mittelgroßen Unternehmen sind in lokalen Gemeinden verankert, werden oft von Familien betrieben und eignen sich aufgrund ihrer Struktur nicht für den internationalen Handel. Erschwerend kommt hinzu, daß viele von ihnen Zulieferer für große Konzerne sind, die – wenn sie ins Ausland gehen – verstärkt von Unternehmen vor Ort mit Waren und Dienstleistungen versorgt werden.

Edith Holleman, juristische Beraterin des Ausschusses für Wissenschaft, Weltraum und Technologie des amerikanischen Repräsentantenhauses, sagte auf einer Ingenieurstagung: »Wenn internationale Konzerne ihre Anlagen an günstigere Standorte verlegen, nehmen sie Arbeitsplätze im Bereich der Produktgestaltung, Verfahrenstechnik und Software-Entwicklung mit.«[6]

G. Pascal Zachary schreibt im *Wall Street Journal Europe*:

Begehrte Stellen in der Entwicklung, früher der einzige Aufgabenbereich der US-Niederlassung des Unternehmens in Santa Clara, Kalifornien, sind ebenfalls nach Malaysia verlegt worden. Kürzlich hat *Intel* 100 Ingenieure aus Penang damit beauftragt, eine neue Generation von Chips zu entwickeln – Forschungsarbeiten, die einst von Amerikanern in Arizona durchgeführt wurden. Ähnlich sieht es bei *Hewlett-Packard* aus, deren Fabrik in Penang jeden Tag eine Million Leuchtdioden produziert ... Trotzdem kann sich Malaysia ... seiner Sache nicht sicher sein, da die internationalen Konzerne ständig auf der Suche nach billigeren Arbeitskräften sind – es geht das Schreckgespenst um, daß einige Malaysia verlassen und an einen Ort gehen könnten, wo die Menschen sich für noch weniger abplagen.[7]

Tony Walker schreibt in der *Financial Times*:

Herr Oh Chan Kun, Generaldirektor der *Yantai Hanta Leather Product Company*, macht kein Geheimnis aus ... den Gründen für die Verlagerung der Produktion ... nach China. »In Korea waren die Löhne zu stark gestiegen«, sagt er. »Wir sind nach China und Yantai gekommen, um von den geringeren Lohnkosten zu profitieren.«[8]

Ebenfalls in dem *Wall Street Journal Europe* schreibt Terence Roth:

Im April 1993 stellte *Asea Brown Boveri Ltd*, der schweizerisch-schwedische Maschinenbaukonzern, die Produktion von Anlassern in seinem Heidelberger Werk in Deutschland ein. Drei Monate später wurde die Produktion in diesem Bereich bei *ABB EJF* in Brno in der Tschechischen Republik wiederaufgenommen – mit einem Zehntel der Lohnkosten. Dasselbe geschah bei einer deutschen Schweißerei von *ABB*, die in Danzig, Polen neu gegründet wurde, und bei deutschen und schweizerischen Anlagen, in denen früher luftgekühlte Generatoren bearbeitet wurden ... »Geschäft ist Geschäft«, sagt der schlaksige Herr Maximenko und lächelt. »Der Preis spielt eine zunehmend wichtigere Rolle im Wettbewerb ...«

Niederländische Arbeiter einer Fabrik für Leuchtstofflampen, die zum niederländischen Elektronikkonzern *Philips NV* gehört, gingen in einen zweitägigen Streik, um gegen die Pläne der Unternehmensleitung zu protestieren, die Produktion nach Polen, China und Indien zu verlegen ... »Durch diese Entscheidung sollte ein weiterer Teil der Produktion in Gebiete mit niedrigen Lohn- und Produktionskosten verlagert werden ...«, erklärte ein *Philips*-Sprecher.[9]

Im Laufe des Jahres 1993 veranstaltete der Finanzausschuß des französischen Senats Anhörungen zu der Frage, welche Auswirkungen die Verlagerung der französischen Industrieproduktion in Billiglohngebiete hat.[10] Im folgenden sind einige der vorgelegten Ergebnisse aufgeführt:

- Eine große Anzahl bekannter internationaler und nationaler Markenprodukte wird mittlerweile fast ausschließlich in Billiglohngebieten hergestellt (zum Beispiel *Lacoste, Benetton, Nike, Reebok, Adidas, Chaussures André*).
- Der Vorstandsvorsitzende von *Adidas* brachte zum Ausdruck, daß die Produktionsverlagerung in Billiglohnländer für das Überleben des Unternehmens unerläßlich sei.
- In Frankreich sind die Beschäftigungszahlen in der Bekleidungs- und Textilindustrie von 680 000 im Jahre 1975 auf 347 000 1991 gesunken und weiter auf 282 000 im Jahre 1994.[11]
- Die Schuhindustrie ist weitgehend ins Ausland abgewandert. Die Anzahl der Beschäftigten in Frankreich ist von 70 000 im Jahre 1975 auf 34 500 im Jahre 1992 gesunken, und 1994 gab es noch 31 000 Beschäftigte.[12]

- Die Beschäftigungszahlen in der Uhrenindustrie sind in Frankreich von 14 467 im Jahre 1979 auf 7200 1992 und 6600 im Jahre 1994 gesunken.[13]

- In Frankreich werden 70 Prozent aller Spielwaren aus Südostasien eingeführt.

- Die Elektronikindustrie hat einen Großteil ihrer Produktion nach Südostasien verlagert. 1978 beschäftigte dieser Industriezweig 21 273 Menschen in Frankreich, 1991 war die Zahl auf 13 440 gefallen, und heute liegt sie bei 12 108.[14]

- Das größte französische Unternehmen für Konsumgüter im Elektronikbereich, *Thomson Consumer Electronics*, beschäftigt 18 200 Personen in Asien, was 34 Prozent seiner Belegschaft entspricht. Auf Asien entfallen nur 3 Prozent des weltweiten Absatzes; der Rest gelangt über den Seeweg auf andere Märkte. Der Vorstandsvorsitzende von Thomson bestätigte: »Bei der heutigen Situation des weltweiten Wettbewerbs steht eine Produktion in einer anderen Region gar nicht zur Diskussion. Wenn Europa Maßnahmen zum Schutze des Marktes ergreift, sieht es ganz anders aus. Technisch wären wir in der Lage, die Produktion binnen 12 bis 18 Monaten wieder ins Inland zu verlagern.«

- Die Importe elektronischer Konsumgüter aus Asien machen 41 Prozent des französischen Inlandsmarktes aus. Dies gibt allerdings die tatsächliche Situation nur in abgeschwächter Form wieder. Für viele Produkte, die in Frankreich zusammengebaut werden und als französische Produkte gelten, werden zahlreiche aus Asien importierte Teile verwendet.

- Nach Schätzungen des Finanzausschusses könnten von insgesamt 300 000 Stellen, die zur Zeit für Computerspezialisten zur Verfügung stehen, in den nächsten Jahren 50 000 bis 80 000 ins Ausland abwandern.

Nach Durchsicht des Materials stellte der Ausschuß fest: »Nach realistischen Schätzungen scheint man davon ausgehen zu können, daß mindestens 3 bis 5 Millionen weitere Arbeitsplätze durch die Produktionsverlagerung in Billiglohngebiete bedroht sind.« Die Europäische Kommission behauptet jedoch weiterhin, es gebe keinen Hinweis darauf, daß die ausländische Konkurrenz eine der Hauptursachen für Arbeitslosigkeit oder Lohneinbußen in den Industrienationen sei.

Die Bedeutung Chinas und Indiens für die weltweite Beschäftigungs- und Lohnstruktur

Die Kritiker

Brian Hindley, »The Goldsmith Fallacy«:

> Das Bruttosozialprodukt Chinas beträgt nur etwa 80 Prozent des spanischen Bruttosozialproduktes ... Im Verhältnis zu der Europäischen Union, Japan und den Vereinigten Staaten sind Indien und China kleine Wirtschaftssysteme. Ist es wirklich möglich, daß die durch schnelles Wachstum bedingten Veränderungen in Wirtschaftssystemen, die drei- bis viermal so groß sind wie das spanische, zur Verarmung und Destabilisierung der industrialisierten Welt führen werden, während sie gleichzeitig die Staaten der dritten Welt grausam ausplündern (wie Sir James auf Seite 19 in *Die Falle* vorhersagt)?

»Das Bruttosozialprodukt Chinas beträgt nur etwa 80 Prozent des spanischen Bruttosozialproduktes.« Auf diese Weise gelangt Hindley zu dem Schluß, daß die Bedeutung Chinas für die Welt und ihre Wirtschaft 80 Prozent der Bedeutung Spaniens entspricht. China ist eine riesige, regionale Supermacht mit einer Bevölkerung von mehr als 1,2 Milliarden Menschen.[1] Seine Wirtschaft wächst extrem schnell: sein Handelsüberschuß allein gegenüber den USA ist von 3 Milliarden Dollar 1986 auf fast 30 Milliarden Dollar 1994 gestiegen.[2] Norman Macrae hat auf folgendes hingewiesen: »Umgerechnet auf die Kaufkraft beträgt das gesamte Bruttoinlandsprodukt der fast 1,2 Milliarden Festlandschinesen ... ungefähr 2,9 Billionen Dollar, so daß China fast exakt gleichauf liegt mit Japan als weltweit zweitgrößter Volkswirtschaft.«[3] Und das war 1993.

China ist entschlossen, wieder die Vorherrschaft in Asien zu gewinnen und so mächtig zu werden, daß es nicht noch einmal Kränkungen und Demütigungen durch den Westen hinnehmen muß. Wenn es als Gesamtheit bestehen bleibt, dann wird es eine große Weltmacht werden, in geopolitischer, militärischer und wirtschaftlicher Hinsicht.

Noch wichtiger ist die Tatsache, daß die 1,2 Milliarden Chinesen (verglichen mit der Bevölkerung Spaniens von 40 Millionen) ein riesiges Reservoir an extrem billigen Arbeitskräften darstellen. Da weiterhin Hunderte Millionen von Menschen auf der Suche nach Arbeit vom Land in die Städte abwandern und so das natürliche Bevölkerungswachstum noch verstärken, ist dieses Reservoir praktisch unerschöpflich. Dieselbe Situation findet sich in Indien (mit einer Bevölkerung von weiteren 919 Millionen Menschen).[4]

In einem System des freien Welthandels und des dadurch entstehenden globalen Arbeitsmarktes wird der Einfluß des chinesischen und indischen Arbeitskraftpotentials auf die weltweite Einkommens- und Beschäftigungssituation überwältigend sein.

Die Bewertung statischer Situationen ohne Bezug zu deren gegenwärtigen oder zukünftigen Bedeutung ist ein weitverbreitetes Übel unter den traditionellen Wirtschaftswissenschaftlern.

Die Revolution der intensiven Landbewirtschaftung (die »Grüne Revolution«), die Entwurzelung der ländlichen Bevölkerung und die Massenabwanderung in städtische Slums

Die Kritiker

Die Europäische Kommission, Mitteilung vom 19. Oktober 1994:

> Die Grüne Revolution ist nicht die Ursache der Slums. Die Abwanderung, die zum Anwachsen der Stadtbevölkerung führte, war dadurch bedingt, daß in den Städten höhere Löhne gezahlt wurden als auf dem Lande. Entgegen Sir James' Ansicht hat die Grüne Revolution dazu beigetragen, diesen Strom durch die Erhöhung der ländlichen Produktivität und damit der Löhne abzuschwächen.

Die Auffassung, daß höhere Löhne in den Städten die Ursache für die Massenabwanderung der Bauern aus den ländlichen Gebieten seien, ist grotesk. Wenn richtige Arbeitsplätze in den Städten zur Verfügung stünden, wären nicht überall auf der Welt riesige Slumgebiete mit einer Vielzahl arbeitsloser Menschen entstanden. Die NAFTA ist ein Beispiel für das Entwicklungsmodell, das die Machteliten in Nordamerika und der Europäischen Union allen Gesellschaften auf der Welt aufzwingen wollen. In diesem Modell wird die Tatsache, daß 26 Prozent der Arbeitnehmerschaft in Mexiko weniger als 7 Prozent des Bruttoinlandsproduktes erwirtschaften, als unökonomisch abgelehnt.[1] Die Antwort der Befürworter von NAFTA und GATT ist gleichbedeutend mit einem chirurgischen Eingriff – die ländliche Bevölkerung soll durch drastische Einschnitte einfach auf 10 Prozent der Arbeitnehmerschaft reduziert werden. Nach Vorhersagen des mexikanischen Staatssekretärs für Landwirtschaft werden in den nächsten 10 Jahren ungefähr 10 Millionen Bauern und Arbeiter aus den ländlichen Gebieten vertrieben werden.[2]

Wohin werden diese Menschen gehen? Die Großräume Mexiko-Stadt und Guadalajara sind bereits total übervölkert und leiden unter starker Umweltverschmutzung. Wo werden diese NAFTA-Flüchtlinge eine Arbeit finden? Die Arbeitslosigkeit, die sich in Mexiko nur schwer in Zahlen fassen läßt, wird bereits heute auf etwa 30 Prozent geschätzt. Hinzu kommt, daß nach Untersuchungen in den drei größten städtischen Ballungszentren die Beschäftigungsquote im ersten Halbjahr 1995 in Kleinbetrieben um 37 Prozent zurückging, in mittelgroßen Unternehmen um 23 Prozent und in größeren Unternehmen um 17 Prozent.[3] Jedes Jahr drängen weitere 800 000 bis 1 Million Menschen auf den Arbeitsmarkt.[4] Wovon werden sie leben? Es gibt keine Sozialhilfe. Wer wird für Wohnungen, Schulen, Krankenhäuser usw. sorgen? Entgegen der Meinung der Europäischen Kommission werden die Menschen natürlich in den städtischen Slums landen, mit all den üblichen sozialen Folgen.

Das NAFTA-Abkommen spricht Mexiko das Recht auf nationale Unabhängigkeit auf dem Nahrungsmittelsektor ab und zwingt ihm ein Programm auf, durch das sein Agrarsystem zu einer Ergänzung des US-amerikanischen Systems wird. Dieser Prozeß wird zur Entwurzelung und Auflösung von Millionen von Familien führen.

Was die »Erhöhung der ländlichen Produktivität und und damit der Löhne« angeht, so habe ich Dr. José Lutzenberger, den früheren brasilianischen Umweltminister, und Dr. Vandana Shiva, Mitglied des Nationalen Umweltrates in Indien und Trägerin des *Right Livelihood Award* (bekannt als »Alternativer Nobelpreis«), um eine Stellungnahme gebeten. Beide sind tagtäglich mit diesen Problemen konfrontiert.

Dr. Lutzenberger schreibt:

Die moderne intensive Landwirtschaft und die sie unterstützenden wirtschaftspolitischen Maßnahmen sind verantwortlich für die massenhafte Entwurzelung der Kleinbauern und die Abwanderung vom Land in die Städte.

Die Behauptung, die »Grüne Revolution« habe durch die Erhöhung der Produktivität und damit der Löhne zur Verringerung dieser Wanderungsbewegungen beigetragen, ist kompletter Unsinn. Dabei wird außer acht gelassen, daß die sozial entwurzelten Bauern keine Lohnarbeiter, sondern Selbstversorger waren.

Lassen Sie mich ein konkretes Beispiel anführen. Unsere Organisation hat Bauern geholfen, von intensiver auf organische Landwirtschaft umzustellen. Heute verfügen viele von ihnen über ein Einkommen von weniger als 200 Dollar pro Monat — vom reinen Geldwert aus gesehen. In den Städten sind diejenigen, die auf 200 Dollar im Monat kommen, arm. Die Bauern, die nicht länger durch die Anschaffung von großen Maschinen, Traktoren, Mähdreschern, chemischen Düngemitteln und Pestiziden zum Sklaven ihrer Schulden werden, würden nicht im Traum daran denken, in die Stadt zu gehen, nicht einmal für höhere Löhne. Sie zahlen keine Miete, keine Fahrkosten, produzieren die meisten ihrer Nahrungsmittel selbst, ernähren sich gesund, müssen kein Geld für Freizeitaktivitäten ausgeben usw.

Das gesamte wirtschaftliche und technokratische System zielt darauf ab, den Bauern all das zu nehmen, was ihnen wirklich Gewinn und Sicherheit bringt. Statt dessen bleibt ihnen nur noch die Möglichkeit, Traktor zu fahren, Gift zu versprühen, ihr begrenztes Kapital aufs Spiel zu setzen und sich mit einem höheren Kapitaleinsatz und sinkenden Preisen für ihre Produkte abzufinden. In den letzten fünfzig Jahren sind die gesamten politischen und ökonomischen Strukturen zum Vorteil der industriell ausgerichteten Landwirte und auf Kosten der Bauern verändert worden. Dadurch kam es zu der Entwurzelung. Zusätzlich profitierte die Industrie von der Versorgung mit billigen Arbeitskräften.

Auf den Philippinen hatten nur die großen landwirtschaftlichen Industriebetriebe Zugang zu den neuen Methoden, die mit einem enormen Kapitaleinsatz verbunden waren und kurzfristig durch die Verwendung großer Mengen chemischer Düngemittel höhere Erträge lieferten. Die meisten Kleinbauern landeten in den Slums. So wurde Manila zu der Hölle, die es heute ist.

Für die Technokraten befinden sich Bauern, die für den Eigenbedarf produzieren, selbst wenn sie einen ausreichenden Überschuß zur Versorgung der Städte erwirtschaften sollten, außerhalb des weltwirtschaftlichen Systems und dürfen daher nicht überleben. Die Technokraten betrachten jene Bauern, die es trotzdem schaffen, als bloße Anhängsel der großen internationalen Konzerne, die mittlerweile mächtiger sind als Regierungen.[5]

Dr. Shiva schreibt:

Die Behauptung der Europäischen Kommission, die Grüne Revolution habe die Produktivität und das Einkommen auf dem Lande erhöht, ist absolut falsch, wenn die Auswirkungen der Grünen Revolution aus der Sicht der ärmeren Bauern betrachtet werden ...

Die Grüne Revolution hat die Gesamtproduktivität nicht gesteigert – sie hat lediglich die Erträge bei landwirtschaftlichen Erzeugnissen erhöht, die auf dem Weltmarkt gehandelt werden, wie Weizen und Reis, indem sie die Abhängigkeit der Bauern von der Verwendung chemischer Substanzen in der Landwirtschaft, z.B. von Pestiziden und Düngemitteln, verstärkte. Auf der einen Seite hat dies zu einer Verringerung der ökologischen Vielfalt in der Landwirtschaft und der Verfügbarkeit verschiedenartiger Feldfrüchte geführt, die für die Ernährung der bäuerlichen Familien notwendig sind, z.B. Hülsenfrüchte, Hirse und Ölfrüchte. Auf der anderen Seite hat der Übergang von Produktionsmitteln, die auf dem Hof zur Verfügung stehen (z.B. organischer Dünger), zu Produktionsmitteln, die gekauft werden müssen, bei ärmeren Familien zur Verschuldung, Aufgabe des bäuerlichen Lebens und Verdrängung geführt.

Die vermeintliche Produktivität der Grünen Revolution ist künstlich herbeigeredet worden, indem man die verschiedenartigen Erzeugnisse der traditionellen Landwirtschaft ignoriert und die ökonomischen und ökologischen Kosten der ertragssteigernden Chemikalien, der intensiven Bewässerung und Monokulturen, die mit der Grünen Revolution verbunden sind, außer acht ließ.

Wenn alle Erträge und alle Kosten der von außen zugeführten Produktionsmittel mit einbezogen werden, stellt sich heraus, daß die durch die Grüne Revolution erreichte Produktivität sehr gering ist. In einem kürzlich im *Scientific American*[6] erschienenen Artikel wurde gezeigt, daß ein traditioneller landwirtschaftlicher Mischbetrieb in Asien 5 Einheiten an externen Produktionsmitteln zuführt, um 100 Einheiten an Nahrungsmitteln zu produzieren, während ein moderner Betrieb nach dem Vorbild der Grünen Revolution 300 Einheiten an gekauften Produktionsmitteln für die Erzeugung von 100 Einheiten Nahrungsmitteln verwendet.

Als die Subventionen für Chemikalien gekürzt wurden und größere Mengen an Düngemitteln und Pestiziden zum Erhalt der Erträge eingesetzt werden mußten, sanken zudem die Einnahmen selbst nach den Berechnungen der Ökonomen.[7]

Für Wirtschaftswissenschaftler zählt das, was offensichtlich ist. Sie können messen, daß Feldfrüchte bei der Verwendung bestimmter Agrochemikalien schneller wachsen. Sie sind auch in der Lage zu berechnen, daß sich die Produktivität pro angestellte Person bei intensiver Landbewirtschaftung erhöht.

Doch sie sehen nicht die längerfristigen, weniger offensichtlichen Folgen: die Beeinträchtigung der Gesundheit und der Qualität der Feldfrüchte; die Vergiftung der Umwelt; die abnehmende Wirksamkeit von Insektiziden durch die zunehmende Resistenz der Insekten; die Gesamtwirkung auf die menschliche Gesundheit durch den ständigen Verzehr von Produkten, die mit Giftstoffen behandelt worden sind; die indirekten Kosten, die den Bauern durch den Kauf von Maschinen und Chemikalien entstehen, usw.

Bei ihren Berechnungen ignorieren die Ökonomen völlig, welche Folgen die Vertreibung der Menschen von ihrem

Land in die Slums der Städte hat. Natürlich eignen sich die sozialen Kosten, die die Entwurzelung und Zerstörung von Millionen von Familien nach sich ziehen, nicht für ökonomische Berechnungen. Das Leiden einzelner und der gesamten Gesellschaft geht zu tief und ist zu weitreichend.

Nicht jede wirtschaftliche Aktivität ist produktiv

Die Kritiker

Die Europäische Kommission, Mitteilung vom 19. Oktober 1994:

> Jede wirtschaftliche Aktivität ist per definitionem produktiv.

Dieser Glaube, daß die gesamte wirtschaftliche Aktivität produktiv sei, liegt den Problemen zugrunde, mit denen unsere Gesellschaft konfrontiert ist.

Wirtschaftliche Aktivität wird offiziell durch den Index des Bruttosozialproduktes gemessen. Lassen Sie mich ein Zitat aus dem ersten Kapitel dieses Buches anführen (S. 12-13):

> Das BSP mißt aber nur Aktivität. Es mißt weder Wohlstand noch Wohlergehen. Wenn sich zum Beispiel eine Katastrophe ereignet wie ein Hurrikan oder ein Erdbeben, folgt darauf unmittelbar eine Steigerung des BSP, weil verstärkte Anstrengungen unternommen werden, um die Schäden zu reparieren. Wird ein Gemeinwesen von einer Epidemie heimgesucht, wächst das BSP durch den Neubau von Krankenhäusern und die Anstellung von Krankenschwestern und -pflegern. Steigt die Kriminalitätsrate, nimmt das BSP zu, weil zusätzliche Polizisten eingestellt und neue Gefängnisse gebaut werden. Und es gibt weitere Beispiele. Die

Kosten, die in Amerika durch Krebserkrankungen verursacht werden, belaufen sich schätzungsweise auf 110 Milliarden Dollar pro Jahr,[1] das entspricht 1,7 Prozent des BSP; die Kosten, die durch Drogenmißbrauch entstehen, betragen 200 Milliarden Dollar[2] oder 3,1 Prozent des BSP; die Kriminalität verursacht Kosten von 163 Milliarden Dollar[3] oder 2,6 Prozent des BSP. Diese drei Bereiche bringen es zusammen auf 473 Milliarden Dollar, 7,4 Prozent des amerikanischen BSP, bei steigender Tendenz.

Die Politiker und Technokraten, die uns regieren, können sich nicht erklären, warum die enorme Zunahme der wirtschaftlichen Aktivität in den letzten Jahrzehnten zu einem Anstieg der Arbeitslosigkeit und Armut und einer Ausweitung städtischer Slums geführt hat. Sie erkennen nicht, daß das von ihnen unterstützte Wachstum ein bösartiges Geschwür ist. Sie sind der Ansicht, daß die Krankheiten, die unsere Gesellschaft heimsuchen – steigende Kriminalität, Drogenmißbrauch, Alkoholismus, Auseinanderbrechen der Familien, Unruhen in der Bevölkerung, Verschlechterung der ökologischen Situation –, ganz normale Erscheinungen seien, die unweigerlich mit wirtschaftlicher Entwicklung und wirtschaftlichem Fortschritt einhergingen. Daher konzentrieren sie sich bei ihren politischen, ökonomischen und sozialen Programmen auf Initiativen, die vor allem auf den quantitativen Zuwachs des BSP abzielen, ohne Rücksicht auf die gesellschaftlichen Auswirkungen. Sie tun sich schwer, zwischen einer Nation und einem kommerziellen Unternehmen zu unterscheiden. Häufig beschreiben sie ihr eigenes Land in einer Weise, als ob es sich um ein Unternehmen handelte, zum Beispiel *UK plc.*
David de Pury, der frühere Schweizer Chefunterhändler der Uruguay-Runde des GATT und heutiger Vorsitzender des multinationalen Unternehmens *Asea Brown Boveri*, schlägt sogar vor, daß multinationale Unternehmen »direkten Zugang« zu den Aktivitä-

ten der Welthandelsorganisation haben sollten, der Institution, die im Anschluß an die Uruguay-Runde zur Regulierung des Welthandels gegründet wurde. »Würde es einen Sinn ergeben«, fragt de Pury, »nach einem System zu suchen, das der Tatsache, daß multinationale Unternehmen sich zu der Hauptstütze des Handelssystems entwickelt haben, besser Rechnung trägt?«[4]

De Purys Verwendung des Begriffs »Hauptstütze« zeigt, daß es für ihn selbstverständlich ist, daß in einer freien Weltwirtschaft die Interessen multinationaler Unternehmen Vorrang haben vor denen der Gesellschaft insgesamt. Dies spiegelt exakt die Vorstellungen der Kreise wider, die an den Schalthebeln der Macht sitzen. Die Weltwirtschaft soll den regional unabhängigen Unternehmen dienen und nicht den grundlegenden Bedürfnissen der Gemeinschaften überall auf der Welt.

Wir wissen, daß es heutzutage zwei unterschiedliche und miteinander in Konflikt stehende Wirtschaftssysteme gibt, die Wirtschaft der Unternehmen und die Volkswirtschaft. Wird es die Gesellschaft auch weiterhin als gegeben hinnehmen, daß ihre wahren Bedürfnisse den wirtschaftlichen Interessen der Unternehmen untergeordnet sind? Oder werden wir die beiden miteinander in Einklang bringen, so daß sie in der heimischen Wirtschaft gedeihen können, die ein freies Unternehmertum respektiert?

Die illustrierte Geschichte
des freien Welthandels

Tabelle 1

Weltbevölkerung Vorhersagen 1990 - 2020 (in Millionen)				
	1990	**2000**	**2010**	**2020**
Welt	5284	6158	7032	7888
Industrienationen	1143	1186	1213	1232
weniger entwickelte Länder	4141	4972	5819	6656
Afrika	633	832	1069	1348
Asien	3186	3736	4264	4744
Westeuropa	403	415	417	414
Osteuropa	170	169	169	169
Lateinamerika (incl. Mexiko)	440	524	604	676
Nordamerika	278	306	332	358
Ozeanien	26	31	35	39
Ehemalige UdSSR	148	146	143	140
Quelle: Vereinte Nationen				

**Über 4 Milliarden Menschen aus Niedriglohnländern treten
in die Weltwirtschaft ein.**

Abbildung 4

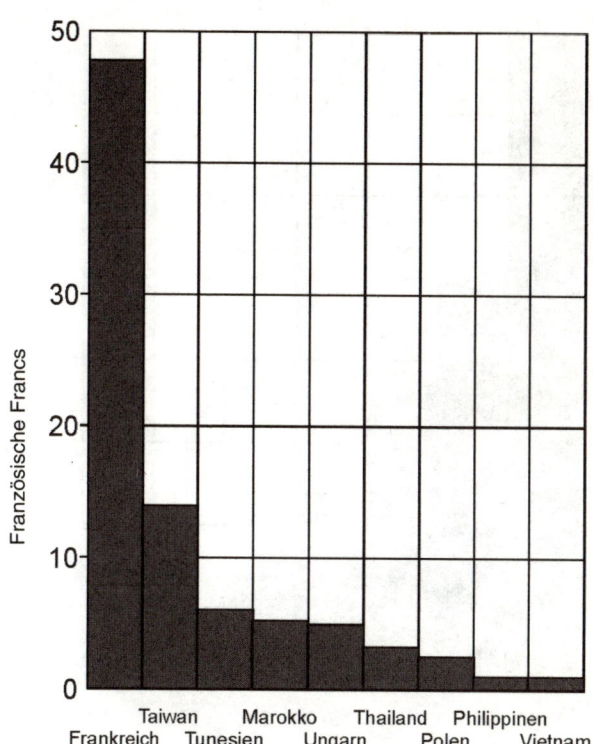

Mindeststundenlöhne 1993

Französische Francs

Frankreich Taiwan Tunesien Marokko Ungarn Thailand Polen Philippinen Vietnam

*Quellen: Finanzausschuß des französischen Senats,
Amt für Außenhandelsbeziehungen[2]*

**In einigen Ländern sind die Löhne ausgesprochen niedrig. Zum Beispiel
können auf den Philippinen oder in Vietnam 47 Arbeitnehmer zu den
Kosten einer einzigen Arbeitskraft in Frankreich beschäftigt werden.**

Abbildung 5

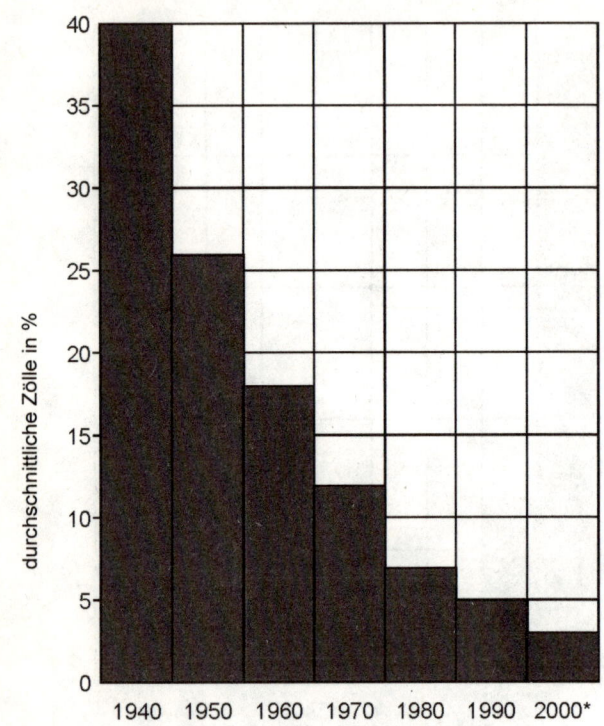

Zollabbau durch GATT: Zölle für Industrieprodukte

*Quelle: GATT³/ * = Schätzung*

Auf politischer Ebene werden im Rahmen des GATT Vereinbarungen getroffen, wodurch Einfuhrzölle und andere Beschränkungen des internationalen Warenaustausches erheblich reduziert werden. Daher können Güter an jedem beliebigen Ort auf der Welt produziert und irgendwo anders verkauft werden. Anstatt teure Arbeitskräfte im Heimatland zu beschäftigen, können die Unternehmen ihre Produktion in Niedriglohnländer verlagern. Anschließend importieren sie die so produzierten Güter und verkaufen sie in ihrem Heimatland.

Abbildung 6

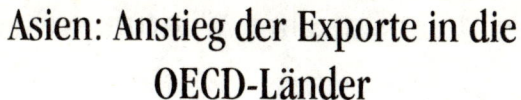

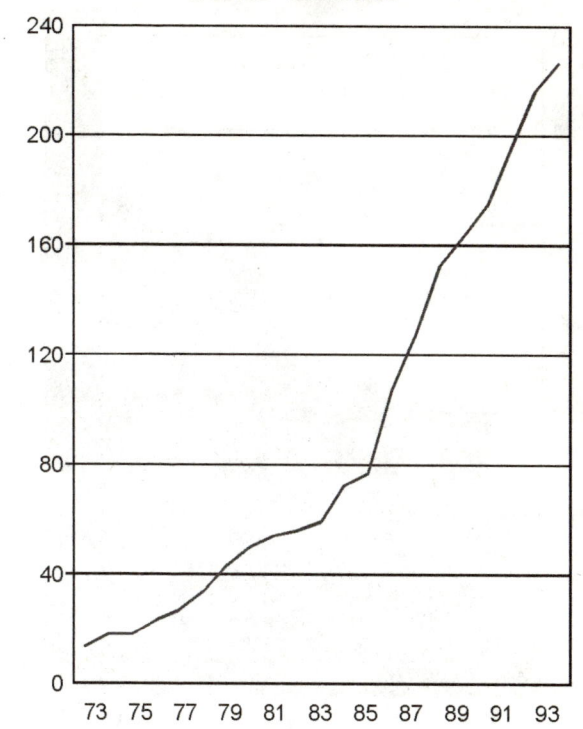

Asien: Anstieg der Exporte in die OECD-Länder

Quelle: Internationaler Währungsfonds[4]

Niedriglohnländer, z.B. im asiatischen Raum, verkaufen in großem Umfang Waren an die Industrienationen.

Abbildung 7

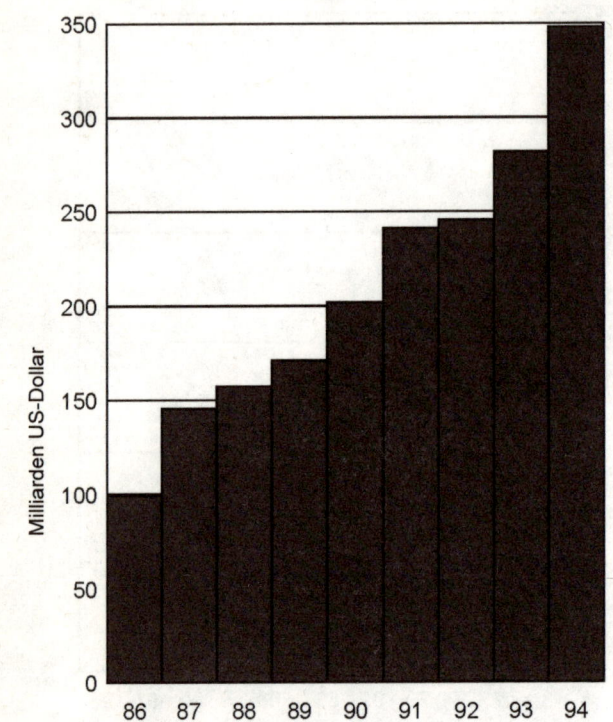

Anstieg der asiatischen Währungsreserven

Quellen: Internationaler Währungsfonds und Finanzbehörde Hongkong[5]

**Durch den Export steigen in den asiatischen Ländern die
Währungsreserven.**

Abbildung 8

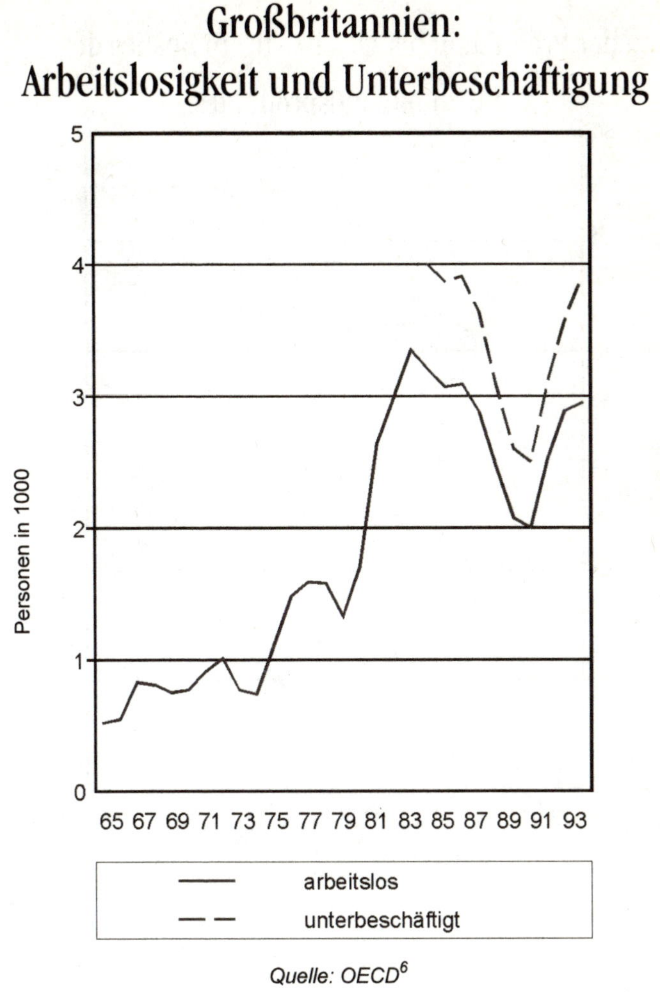

Großbritannien:
Arbeitslosigkeit und Unterbeschäftigung

Quelle: OECD[6]

In Großbritannien steigt die Arbeitslosigkeit (stärker als in den offiziellen Statistiken ausgewiesen) – trotz eines wachsenden Bruttoinlandsproduktes.

Abbildung 9

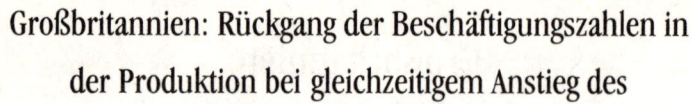

Großbritannien: Rückgang der Beschäftigungszahlen in der Produktion bei gleichzeitigem Anstieg des Bruttoinlandsproduktes

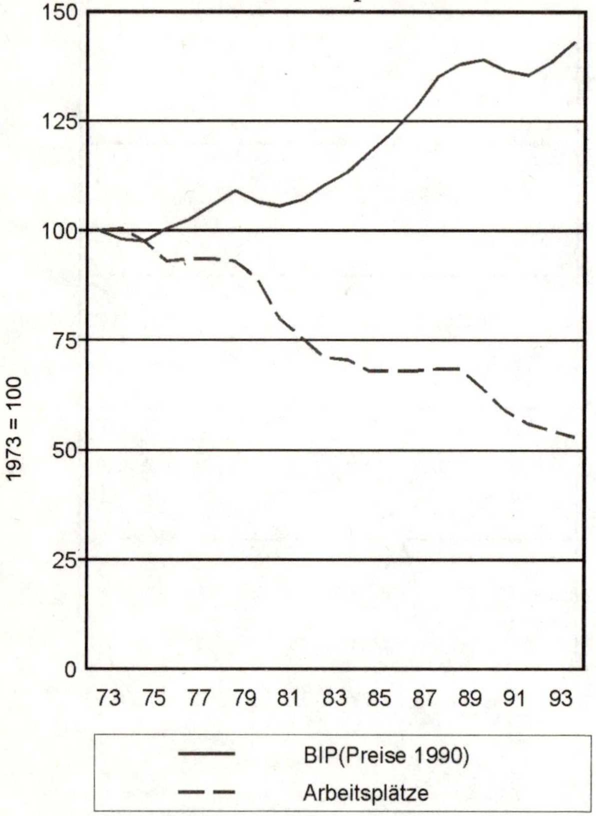

Quellen: Ministerium für Bildung und Arbeit in Großbritannien, Internationaler Währungsfonds[7]

In Großbritannien sinken trotz eines Anstiegs des Bruttoinlandsproduktes die Beschäftigungszahlen in der Produktion drastisch.

Abbildung 10

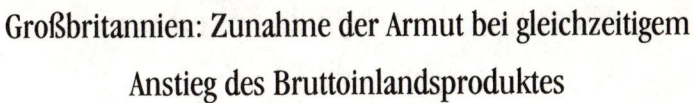

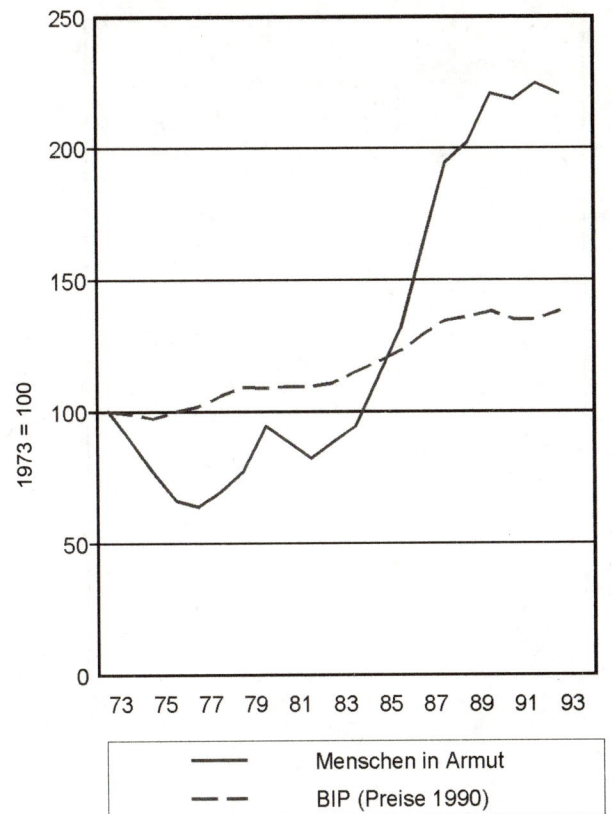

Quellen: Ministerium für Soziales in Großbritannien,
Internationaler Währungsfonds[8]

**In Großbritannien nimmt die Anzahl der in Armut lebenden
Menschen stark zu.**

Abbildung 11

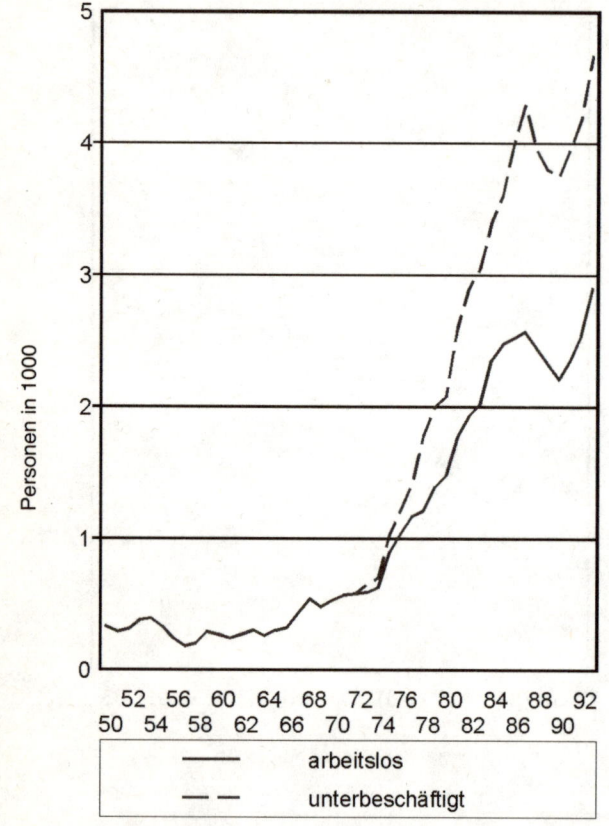

Frankreich: Arbeitslosigkeit und Unterbeschäftigung

Personen in 1000

Legende:
— arbeitslos
– – unterbeschäftigt

Quelle: Maurice Allais, *Combats pour l'Europe 1992-94*[9]

Auch in Frankreich ist eine Zunahme der Arbeitslosigkeit über die offiziellen Angaben hinaus zu beobachten – trotz einer Steigerung des Bruttoinlandsproduktes.

Abbildung 12

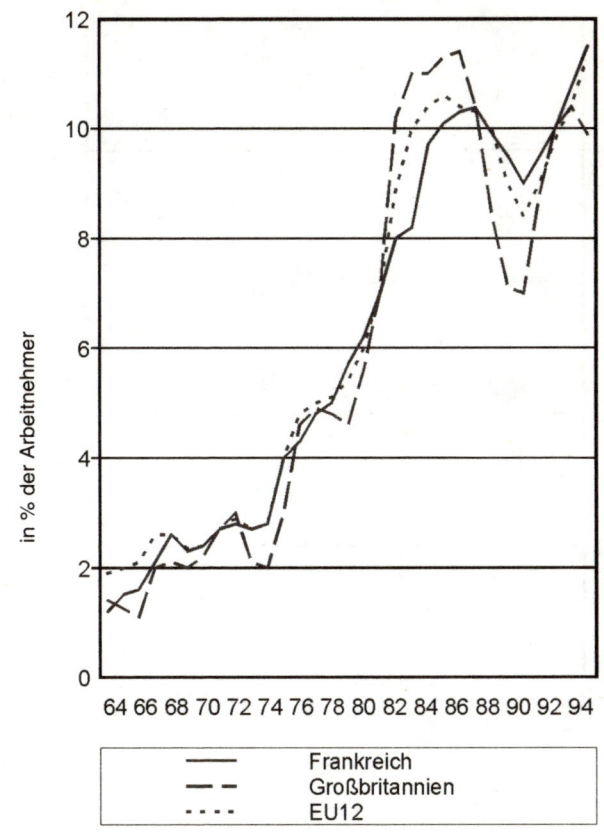

Arbeitslosigkeit in Frankreich, Großbritannien und EU 12

in % der Arbeitnehmer

64 66 68 70 72 74 76 78 80 82 84 86 88 90 92 94

——— Frankreich
— — Großbritannien
· · · · EU12

Quelle: Eurostat[10]

**In den anderen europäischen Ländern steigt die Arbeitslosigkeit
ebenfalls, etwa in dem Maße wie in Großbritannien und Frankreich.**

Abbildung 13

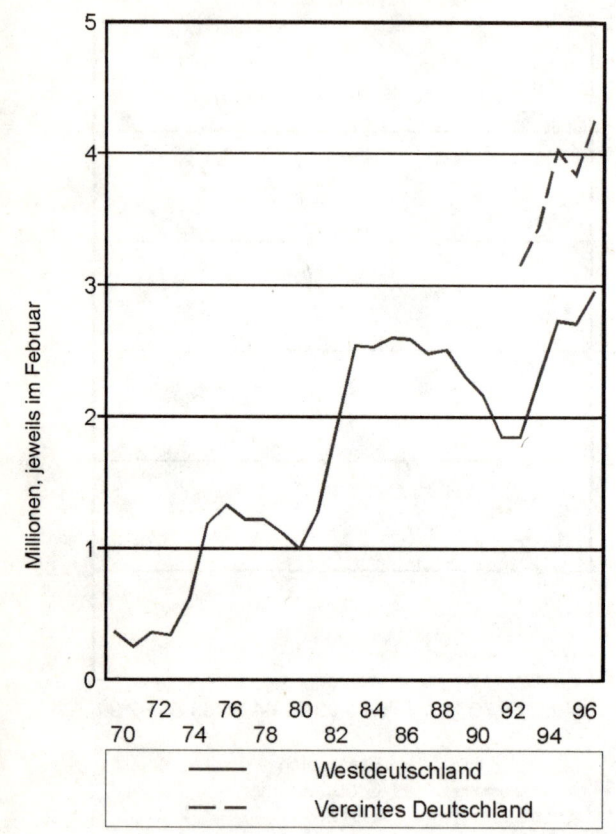

Deutschland: Arbeitslosigkeit

Quelle: Institut für Arbeitsmarkt- und Berufsforschung der Bundesanstalt für Arbeit[11]

Abbildung 14

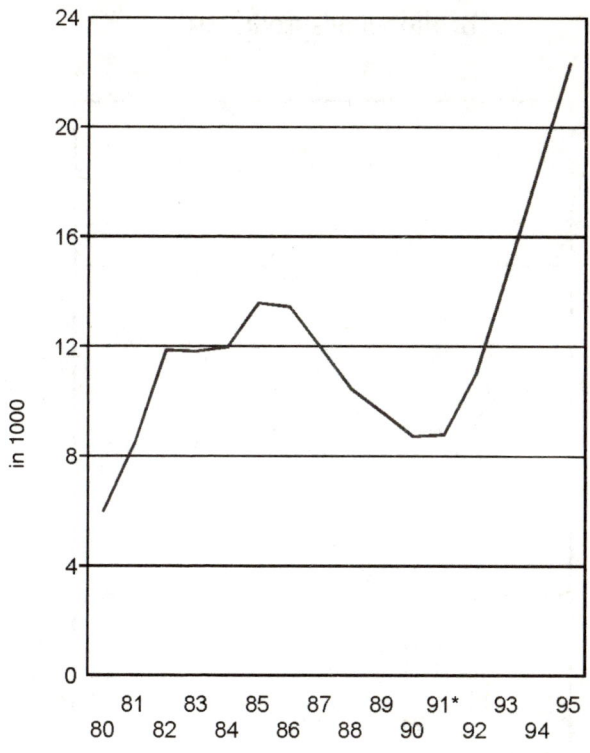

Deutschland:
Unternehmensinsolvenzen

in 1000

24

20

16

12

8

4

0

81 83 85 87 89 91* 93 95
80 82 84 86 88 90 92 94

Quelle: Statistisches Bundesamt[12]
ab 1991 vereintes Deutschland

Abbildung 15

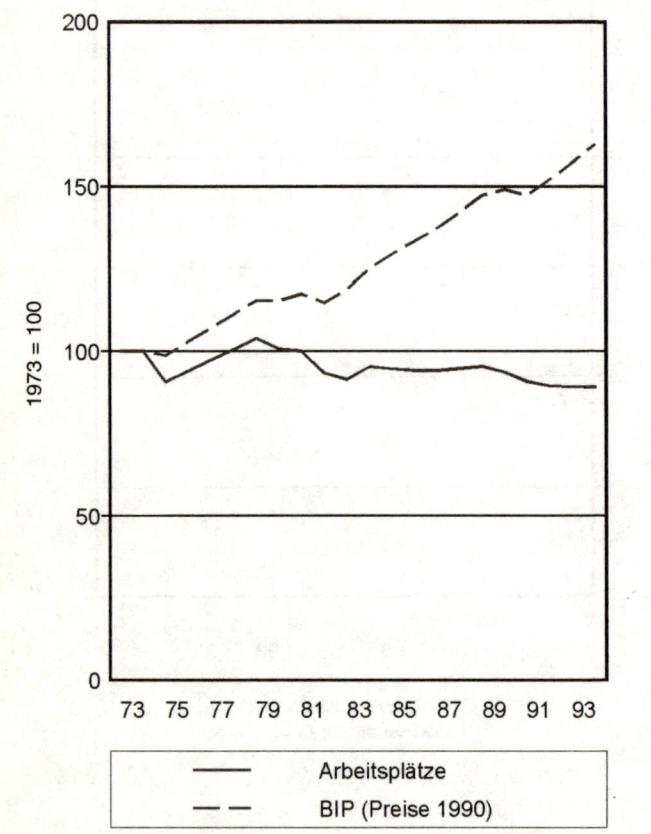

USA: Rückgang der Beschäftigungszahlen in der Produktion bei gleichzeitigem Anstieg des Bruttoinlandsproduktes

200

150

1973 = 100

100

50

0

73 75 77 79 81 83 85 87 89 91 93

———— Arbeitsplätze

– – BIP (Preise 1990)

Quellen: Amt für Arbeitsstatistik in den USA, Internationaler Währungsfonds[13]

Auch in den USA nehmen die Beschäftigungszahlen in der Produktion ab – trotz eines wachsenden Bruttoinlandsproduktes.

Abbildung 16

USA: Rückgang der Löhne in der Produktion
(in US-Dollar, Basis 1982)

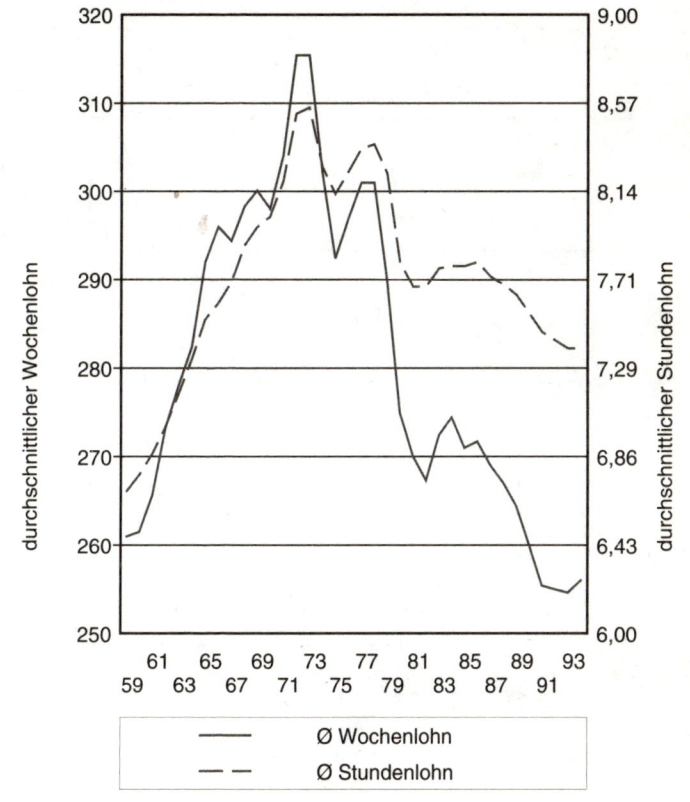

Quellen: Ministerium für Arbeit, Amt für Arbeitsstatistik in den USA[14]

In den USA sinken die Stunden- und Wochenlöhne bei 80 Prozent der Arbeitnehmerschaft – trotz einer Zunahme des Bruttoinlandsproduktes.

Abbildung 17

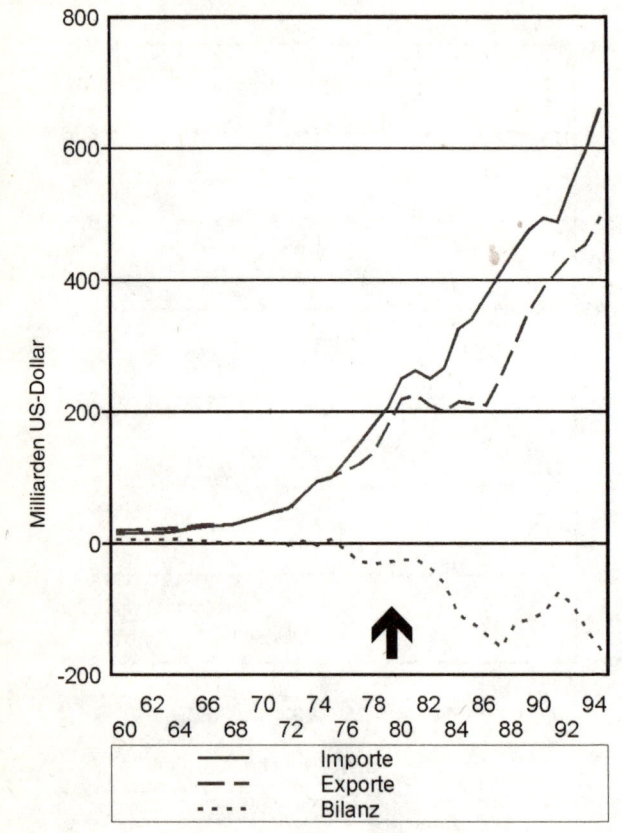

USA: Außenhandelsbilanz, Einfluß der Tokio-Runde des GATT 1979

Quelle: Handelsministerium der USA[15]

In den USA ist eine dramatische Verschlechterung der Handelsbilanz zu beobachten.

Abbildung 18

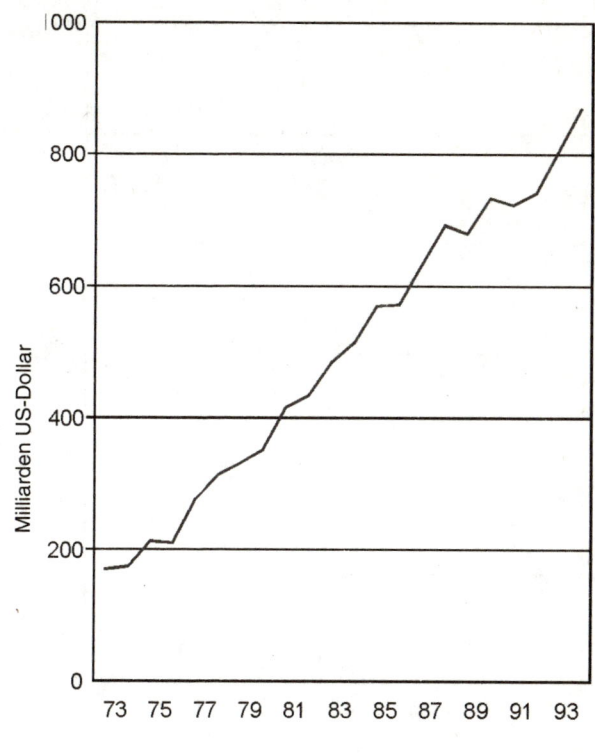

USA: Anstieg der Unternehmensgewinne

Quelle: OECD[16]

**Da die Unternehmen einheimische Arbeitskräfte durch extrem billige
ausländische Arbeitskräfte ersetzen, können sie ihre Gewinne erheblich
steigern.**

Abbildung 19

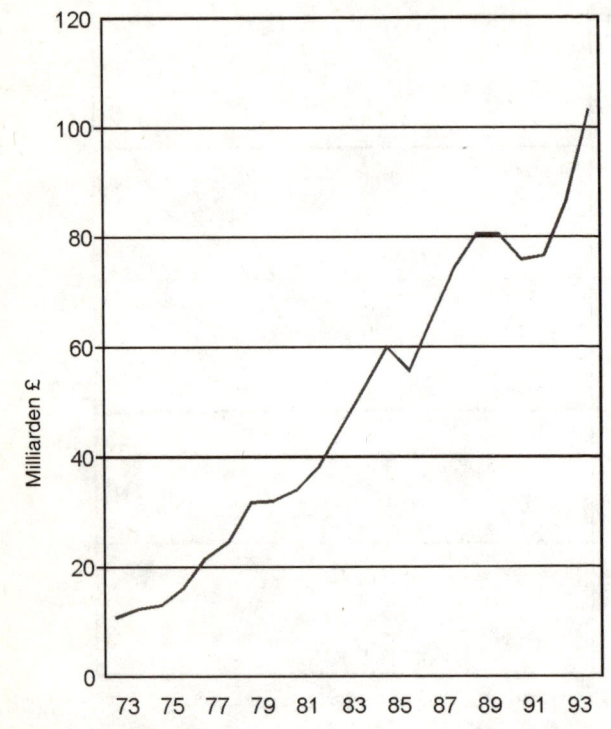

Großbritannien: Anstieg der Unternehmensgewinne

Quelle: Nationales Amt für Statistik in Großbritannien[17]

In Großbritannien steigen die Gewinne der Unternehmen ebenfalls.

Anmerkungen

1. Messen oder verstehen?

1. *National income and product accounts of the United States*, Bd. 1, *1929-1958*, Washington: Government Printing Office, 1992. Pressemitteilung des amerikanischen Handelsministeriums, Washington, 29. September 1994. Die Angaben des amerikanischen BSP beziehen sich auf die Preise von 1987.

2. Nationales Amt für Statistik, *UK national accounts: 1994 edition*, London, HMSO, 1994. Daten für das britische BSP auf der Grundlage der Preise von 1990.

3. »What about ›putting people first‹?«, *Los Angeles Times,* 8. September 1993.

4. Godson, R. und W. Olson, *International organized crime: emerging threat to US security*, Washington: National Strategy Information Center, August 1993.

5. »A murder shows the crushing cost of US crime«, *Washington Post*, 6. Juli 1994.

6. »Les ›lendemains qui chantent‹ du libre-échangisme mondiale«, *Le Figaro*, Paris, 29. November 1993.

7. Nationales Amt für Statistik und Wirtschaftsstudien (INSEE), Paris; die Zahlen wurden am 7. März 1971 bzw. 31. Mai 1994 veröffentlicht. (Zu den Personengruppen, die von der offiziellen französischen Arbeitslosenstatistik ausgeschlossen bleiben, gehören u.a.: alle Arbeitslosen, die älter als 57 Jahre sind, Obdachlose, Langzeitarbeitslose und diejenigen, die verschiedene Ausbildungsprogramme durchlaufen. Genauere Informationen sind bei INSEE erhältlich.)

8. Nationales Amt für Statistik, BSP Großbritanniens auf der Grundlage der Preise von 1990, 13. September 1994; Goodman A. und S. Webb, *For richer for poorer: the changing distribution of income in the United Kingdom, 1961-1991*, Bericht Nr. 42, London: Institute for Fiscal Studies, Juni 1994. Diese Studie übernimmt die Definition der Regierung, nach der all diejenigen unter die Armutsgrenze fallen, deren Einkommen vor Abzug der Wohnkosten weniger als 50 Prozent des Durchschnittseinkommens beträgt.

9. Die Jahresansprache des Königs von Bhutan, 1991.

2. Das neue Utopia: GATT und der freie Welthandel

1. Ricardo, D., *On the principles of political economy and taxation*, London: J.M. Dent and Sons, 1992.

2. Weltbank, *World population projections: 1994-95 edition*, Baltimore: Johns Hopkins University Press for the World Bank, August 1994.

3. In Borotra, F., *Rapport de la commission d'enquête de l'Assemblée nationale sur les délocalisations à l'étranger d'activités économiques*, Paris: Journal Officiel, 2. Dezember 1993.

4. »IBM is overhauling disk drive business, cutting jobs, shifting production to Asia«, *Wall Street Journal*, New York, 5. August 1994.

5. »Boeing to expand China operations, names new president for unit there«, *Wall Street Journal*, New York, 9. August 1994.

6. »US multinationals take ›brain work‹ to plants overseas«, *Wall Street Journal Europe*, 30. September 1994.

7. »Le TGV Seoul Pusan«, *Le Figaro*, Paris, 19. April 1994; »Industrie choisie de préférence à son concurrent Allemand, GEC Alsthom construira le TGV en Corée du Sud«, *Le Monde*, Paris, 19. April 1994.

8. »Industrie: selon Henri Martre, président du GIFAS, la reprise dans l'aéronautique n'aura pas lieu avant 1995«, *Le Monde*, Paris, 29. April 1993.

9. Goldin, I. und D. van der Mensbrugghe, *Trade liberalization: what's at stake*, Washington: Weltbank und OECD, 1993.

10. »Where Gatt's $200bn really comes from«, *Financial Times*, London, 4. Oktober 1993.

11. Ministerium für Arbeit, Amt für Arbeitsstatistik in den USA, *Business establishment survey*, durchschnittliche Stunden- und Wochenlöhne in der Produktion bzw. von Angestellten in nichtleitender Stellung in Dollar (auf der Basis von 1982), Daten aus der On-line-Recherche, 12. August 1994.

12. »Elite companies rule the world of trade«, *Guardian*, London, 31. August 1994.

13. Daly, H. und R. Goodland, *An ecological-economic assessment of deregulation of international commerce under GATT*, Washington: Weltbank, September 1992.

14. Interview im französischen Fernsehen, Kanal TFI, 11. Juni 1994, und persönliche Mitteilung.

15. Dyos, H. und M. Wolff, *The Victorian City*, London, Routledge, 1973.

16. Ministerium für Arbeit, *Employment Gazette*, London, September 1994.

17. Regierungsbüro für Statistik, *Households below average income*, London: HMSO, 1994.

18. »Financial indicators«, *The Economist*, London, 5. November 1994.

19. »Paying for the foreign debts«, *Washington Post*, 3. November 1994.

3. Nationen, künstliche Staaten und besiedelte Gebiete

1. »Somalia slips back to bloodshed«, *Washington Post*, 4. September 1994.

2. »Imposing democracy: could US stop with Haiti?«, *International Herald Tribune*, Paris, 10. September 1994.

3. Der Völkerbund ergriff diese Maßnahme, nachdem die Internationale Kommission zur Untersuchung von Sklaverei und Zwangsarbeit in Liberia unter dem Vorsitz von Dr. Cuthbert Christy ihre Arbeit abgeschlossen hatte.

4. *Encyclopaedia Britannica*, Chicago: Encyclopaedia Britannica, Bd. 12, 1994.

5. Amerikanisches Justizministerium, *Statistical Yearbook of the Immigration and Naturalization Service*, Washington: Government Printing Office, 1992, S. 29.

6. *Ibd.*, S. 16, 30.

7. Reagan, R. in *Public papers of the Presidents of the United States*, Washington, Government Printing Office, 1982. (Der Text ist den »Remarks to the people of foreign nations on New Year's Day« des Präsidenten vom 1. Januar 1982 entnommen.)

8. »Beyond the melting pot«, *Time*, 9. April 1990.

9. Amerikanisches Justizministerium, *op. cit.*, S. 27, 115.

10. Oakeshott, M., *Rationalism in politics and other essays*, Minneapolis: Liberty Press, 1991.

11. Santayana, G., *Dominations and powers: reflections on liberty, society and government*, New York: Charles Scribner's Sons, 1951.

12. Orwell, G., *The collected essays, journalism, and letters, Vol. 2: my country right or left, 1940-1943*, London: Penguin, 1970, S. 168. Orwell schreibt: »Die Energie, die die Welt formt, entspringt Gefühlen – Rassenstolz, Heldenverehrung, religiösem Glauben, Liebe oder Krieg –, die liberale Intellektuelle ganz mechanisch als Anachronismen ablehnen und die sie normalerweise in sich selbst völlig abgetötet haben, so daß sie alle Tatkraft verloren haben«.

13. Europe: le réquisitoire de Claude Cheysson«, *Le Figaro*, Paris, 7. Mai 1994.

14. »EU ministers tell court to uphold council secrecy«, *Guardian*, London, 31. August 1994.

15. Rede von Jacques Delors vor dem Europäischen Parlament, 6. Juli 1988.

16. James Buchanan in Paris auf einer Konferenz zu Verfassungsfragen, 1989.

17. CDU/CSU, *Überlegungen zur Europapolitik,* veröffentlicht von der CDU/CSU-Fraktion im Deutschen Bundestag, September 1994.

4. Den Wohlfahrtsstaat überdenken

1. »The moral origins of the urban crisis«, *Wall Street Journal*, New York, 8. Mai 1992.

5. Moderne Landwirtschaft und die Zerstörung der Gesellschaft

1. Persönliche Mitteilung von José Lutzenberger, September 1992.

2. Daly, H. und J. Cobb, *For the common good*, London: Green Print, 1991.

3. *World urbanization prospects: the 1992 revision*, New York: Vereinte Nationen, 1993.

4. Pimentel, D. et al., »Environmental and economic costs of soil erosion and conservation benefits«, *Science*, 267, Washington, 24. Februar 1995, S. 1117.

5. Lacey, R., *Unfit for human consumption*, London: Souvenir Press, 1991, S. 32.

6. Crawford, M. et al., »Comparative studies on fatty acid composition of wild and domestic meats«, *International Journal of Biochemistry*, New York, 1970, S. 295-305. Crawford, M., »Fat animals – fat people«, *World Health*, Rom: Weltgesundheitsorganisation, Juli/August 1991. Crawford, M. und D. Marsh, *The driving force, food evolution and the future*, London: Heinemann, 1989, S. 228.

7. Welternährungsorganisation (FAO) und Weltgesundheitsorganisation (WHO), *The role of dietary fats and oils in human nutrition*, Rom: FAO, 1978. Moncada, S. und J. Vane, »Prostacyclin, thromboxane and leukotrienes«, *British Medical Bulletin*, 39, 1983, S. 209. Weltgesundheitsorganisation, *Diet, nutrition and the prevention of chronic diseases*, 1990.

8. Crawford, M.; Gale, M. und M. Woodford, »Muscle and adipose tissue lipids of the warthog (phacochoerus aethiopicus)«, *International Journal of Biochemistry*, New York, 1970, S. 654-658. Crawford, M. et al., »The food chain for n-6 and n-3 fatty acids with special reference to animal products«, *Dietary w3 and w6 fatty acids: biological effects and nutritional essentiality*, London: Plenum Press, 1989, S. 407-414.

9. Lacey, R., *op. cit.*, S. 38-40.

10. Fraser, H. et al., »The scrapie disease process is unaffected by ionising radiation«, *International Journal of Biochemistry*, 317, New York, 1989, S. 653-658. Gajdusek, D., »Unconventional viruses and the origin and disappearance of Kuru«, *Science*, 197, Washington, 1977, S. 943-960. Brown, P. et al., »Resistance of scrapie infectivity to steam autoclaving after formaldehyde fixation and limited survival after ashing at 360°: practical and theoretical implications«, *Journal of Infectious Diseases*, 115, Chicago, 1990, S. 393-399.

11. Brown, P. und D. Gajdusek, »Survival of the scrapie virus after 3 years' interment«, *The Lancet*, 337, London, 1991, S. 269-270.

12. Dealler, S., »Bovine Spongiform Encephalopathy (BSE): the potential effect of the epidemic on the human population«, *British Food Journal*, 95, York, England, 1993, S. 22-34.

13. *The bovine offal prohibition regulation*, HMSO: London, Statutory Instrument, Nr. 2061, 1989.

14. Lacey, R., *Mad cow disease*, St. Helier: Cypsela Publications, 1994.

15. Southwood, R., *Report of the working party on Bovine Spongiform Encephalopathy*, London: HMSO, 1989.

16. »EU backs Britain in row with Germany over BSE«, *Independent*, London, 31. März 1994. Aus den Angaben des Landwirtschaftsministeriums zu der Anzahl der Höfe, wo die Krankheit festgestellt wurde, läßt sich ableiten, daß auf 52 Prozent aller britischen Höfe mindestens ein Fall aufgetreten ist. Die Zahl für 1996 (161 000) stammt aus »BSE ›more widespread than feared‹«, *Independent on Sunday*, London, 31. März 1996.

17. Dealler, S., *op. cit.*

18. Patterson, W. und S. Dealler, »BSE and possible risk to human health: food for thought«, *Journal of Public Health Medicine*, September 1995, sowie persönliche Mitteilung von Dr. Dealler.

19. »UK: advisors confirm that CDJ cases linked to BSE before offal ban«, *The Guardian*, London, 26. März 1996.

20. Vgl. beispielsweise die Reaktionen auf die öffentlichen BST-Beratungen des Veterinärausschusses des Ministeriums für Landwirtschaft und Fischerei. Die Ergebnisse dieser Beratungen, die im Sommer 1994 durchgeführt wurden, können beim Ministerium in London angefordert werden.

21. John Grummer in der Grassland South West Show, zitiert im *Independent on Sunday*, London, 29. Juni 1991.

22. Vertrauliche Monsanto-Akte »Toxicity of CP11 5099 in a prolonged release system in lactating cows«, 13. Januar 1987, S. 28.

23. Brief des Kongreßabgeordneten John Conyers, des Vorsitzenden des Ausschusses für Regierungsangelegenheiten des Kongresses, an den Abgeordneten Richard P. Kusserow, Generalinspektor, Amerikanisches Gesundheitsministerium, 8. Mai 1990.

24. Gebrauchsanweisungen für POSILAC, Veterinärabteilung der *Monsanto Company*, St. Louis, April 1993.

25. »Democrats new overseer is everybody's Mr Inside«, *New York Times*, 19. August 1994.

26. »rBST: bad for business«, *The Splice of Life*, veröffentlicht in London vom *Genetics Forum*, Bd. 2, Heft 4, Januar/Februar 1996. Persönliche Mitteilung von Ronnie Cummins, Pure Food Campaign, Minnesota.

27. *Ibid.*

28. »So shall Monsanto reap?«, *Business Week*, New York, 1. April 1996.

29. »BST use nears its peak?«, *Dairy Today*, Philadelphia, Oktober 1995.

30. »Survey: rBGH still scares consumers«, *Wisconsin State Journal*, 26. Januar 1996.

31. Zitiert in »The milking of the cash cow«, *Independent*, London, 29. Januar 1994.

32. *Ibd.*

33. *Ibd.*

34. Fowler, C. et al., »The laws of life. Another development and the new biotechnologies«, *Development Dialogue*, 1-2, Schweden 1988.

35. *Ibd.*

36. Fowler, C. und P. Mooney, *The threatened gene*, Cambridge: Lutterworth Press, 1991, S. 58, 60.

37. *Ibd.*, S. 143.

38. Mikkelsen, Thomas R.; Andersen, Bente und Rikke Bagger Jørgensen, »The risk of crop transgene spread«, *Nature*, Bd. 380, S. 31, 7. März 1996.

39. Hindmarsh, R., »The flawed ›sustainable‹ promise of genetic engineering«, *The Ecologist*, September 1991, S. 198-199.

40. Burch, D. et al., »Biotechnology policy and industry regulation: some ecological, social and legal considerations«, Vorlage für Recherchen des ständigen Ausschusses des Repräsentantenhauses für Industrie, Wissenschaft und Technologie zu genetisch manipulierten Organismen, Australien, September 1990.

41. »Healthy crops – simply irresistible«, *Economist*, London, 10. August 1991.

42. Fowler, C. und P. Mooney, *op. cit.*, S. 43.

43. *Ibd.*, S. X.

44. *Ibd.*, S. X.

45. Pimentel, D., »Environmental and economic benefits of sustainable agriculture«, in M. Paoletti et al., eds., *Socio-economic and policy issues for sustainable farming systems*, Padua, Italien: Cooperativa Amicizia, 1993, S. 5-20.

6. Kernenergie: die große Lüge

1. Lewis Strauss, Vorsitzender der amerikanischen Atomenergiekommission, vor der *National Association of Science Writers* in New York, 16. September 1954.

2. Rand, M., *Energy research and development: a story of misplaced priorities*, London: Greenpeace International, Energy Series No. 5, März 1992.

3. Amerikanisches Energieministerium, *Annual Energy Review 1991*, Washington: Government Printing Office, 1991.

4. Spencer, D., »A preliminary assessment of carbon dioxide mitigation options«, *Annual Review of Energy and Environment*, 16:264, 1991.

5. Piette, M.-A.; Krause, F. und R. Verderber, *Technology assessment: energy-efficient commercial lighting*, Lawrence Berkeley Laboratory, LBL-27032, 1989, und Mitteilungen von John Hoffman, Direktor der Global Change Unit der amerikanischen Umweltschutzbehörde, an das Rocky Mountain Institute.

6. *Technology atlas: lighting* (1988, 1994), *Drivepower* (1989, 1993), *Appliances* (1990), *Water heating* (1991), *Space cooling and air handling* (1992), *Space heating* (1993), alle von E SOURCE (Boulder, Colorado 80302-5114, USA), die die Informationen alle zwei Monate aktualisieren.

7. *Ibd.*; Lovins, A. und H. Lovins, »Least-cost climatic stabilization«, *Annual Review of Energy and Environment*, Snowmass, Colorado: Rocky Mountain Institute, 1991.

8. *Technology atlas, op. cit.*

9. Fickett, A.; Gellings, C. und A. Lovins, »Efficient use of electricity«, *Scientific American*, September 1990, S. 64-74.

10. Schweden: Krause, F.; Bach, W. und J. Koomey, *Energy policy in the greenhouse*, Bd. 1, El Cerrito, Kalifornien: International Project for Sustainable Energy Paths, 1989. Krause, F. et al., *The cost of carbon reductions: a case study of Western Europe*, Bd. 2, El Cerrito, Kalifornien: International Project for Sustainable Energy Paths, 1993. Bodlund, B. et al., »The challenge of choices: technology options for the Swedish electricity sector«, in Johansson, T.; Bodlund, B. und R. Williams, *Electricity*, Lund University Press, 1989, S. 883-947. Siehe auch Johansson, T. und P. Steen, *I stället för kärnkraft: energi år 2000*, Stockholm: Industridepartementet, DsI 18, 1983. Dänemark: Nørgård, J., »Low electricity appliances – options for the future«, in Johansson, T.; Bodlund, B. und R. Williams, *Electricity,* Lund University Press, 1989, S. 125-172. Deutschland: Feist, W., *Stromsparpotential bei den privaten Haushalten in der Bundesrepublik Deutschland*, Darmstadt: Institut für Wohnen und Umwelt GmbH, 1987.

11. Lovins, A.; Barnett, J. und L. Lovins, »Supercars: the coming light revolution«, Vortrag vor dem Europäischen Ausschuß für eine energieeffiziente Wirtschaft, Rungstedgård, Dänemark, 4. Juni 1993. Lovins, A. und H. Lovins, »Reinventing the wheels«, *Atlantic Monthly*, New York, Januar 1995, S. 75-86.

12. Hamrin, J. und N. Rader, *Investing in the future: a regulator's guide to renewables*, Washington: National Association of Regulatory Utility Commissioners, 1993. Persönliche Mitteilung von Karen Griffin, Kalifornische Energiekommission, 26. April 1994.

13. Amerikanisches Energieministerium, *Annual Energy Review 1991*, Washington: Government Printing Office, 1991.

14. DiPippo, R., »Geothermal Energy«, *Energy Policy*, Oxford, Oktober 1991.

15. Energieministerium, *US geothermal energy R&D program multi-year plan*, 1988-1992, Washington, 1992.

16. Hock, S.; Thresher, R. und T. Williams, »The future of utility-scale wind power«, in Burley, S. und M. Arden, eds, *Advances in solar energy: an annual review of research and development*, Boulder, Colorado: Amerikanische Gesellschaft für Solarenergie, 1992.

17. Grubb, M. und N. Meyer, »Wind energy: resources, systems and regional strategies«, in Johansson, T. et al., eds, *Renewable energy: sources for fuels and electricity*, Washington: Island Press, 1993.

18. De Laquil III, P. et al., »Solar-thermal electric technology«, in Johansson, T. et al., eds, *Renewable energy: sources for fuels and electricity*, Washington: Island Press, 1993.

19. Forschungsinstitut für Solarenergie, *The potential for renewable energy*, Golden, Colorado: National Renewable Energy Laboratory, Interlaboratory White Paper, SERI/TP-260-3674, März 1990.

20. »Cost of closing reactors crucial to privatisation«, *Independent*, London, 5. Juli 1988.

21. Energieausschuß des Unterhauses, *The structure, regulation and economic consequences of electricity supply in the private sector*, London: HMSO, dritter Bericht, 1988.

22. *Hansard*, London: HMSO, 24. Juli 1989.

23. »UK electricity privatisation: a cabinet document leaks«, *Power in Europe*, 31. Oktober 1989.

24. Lawson, N., *The view from no. 11: memoirs of a Tory radical*, London: Bantam Press, 1992.

25. Ministerium für Handel und Industrie und das Büro für schottische Angelegenheiten, *The prospects for nuclear power in the UK: conclusions of the Government's nuclear review*, London: HMSO, Mai 1995.

26. Nationales Rechnungsprüfungsamt, *The cost of decommissioning nuclear facilities*, London: HMSO, 27. Mai 1993.

27. Jahresabschlüsse von British Nuclear Fuels für 1987 und 1988.

28. »Nuclear site clean-up costs more than double to £ 8.2 bn«, *Financial Times*, London, 18. Juni 1994.

29. »Banks shy from nuclear sell-off«, *Guardian*, London, 2. April 1996.

30. Gilinsky, V. und I. Bupp, *Decision brief: premature nuclear plant closings*, Cambridge, Massachussetts: Cambridge Energy Research Associates, November 1992.

31. Cour des Comptes, *Rapport au Président de la République*, Paris, Bd. 2, 1990, S. 210.

32. Vorgelegt von dem VDEW (Verband der Deutschen Elektrizitätswerke) und dem UNIPEDE (dem Internationalen Verband der Stromerzeuger) auf einer Pressekonferenz auf der Hannover-Messe, 21. April 1993.

33. Internationale Atomenergie-Behörde, *IAEA Bulletin*, Wien, Frühjahr 1996; Electricité de France, *Résultats techniques d'exploitation – 1995*, Paris, 1996.

34. Ministerium für Industrie, Post, Telekommunikation und Außenhandel, *Les coûts de référence: production électrique d'origine thermique*, Paris, 1993.

35. Electricité de France, »Stratégie commerciale d'EDF, 1990-1992«, unveröffentlichter interner Bericht.

36. In Yarochinskaya, A., *Tchernobyl, vérité interdite*, Paris: Editions de l'Aube, 1993.

37. *Ibd.*

38. Dr. Dreggers Rede kann nachgelesen werden im Deutschen Bundestag, *Stenographischer Bericht*, 220. Sitzung, Bonn, Freitag, 6. Juni 1986.

39. Institut de Protection et de Sûreté Nucléaire, *Tchernobyl, 10 ans après*, Paris, April 1996.

40. »Chernobyl cost $ 55 bn in medical aid«, *East European Energy Report*, Februar 1993.

41. Yarochinskaya, *op. cit.*

42. *Ibd.*

43. »Une soixantaine de victimes de Tchernobyl en grève de la faim à l'hôpital«, Enerpresse, Paris, 28. April 1993.

44. »Chernobyl caused 24-fold rise in thyroid cancer«, *Reuter,* 23. April 1993.

45. Ausschuß der Atomenergiebehörde zu Strahlenschutz und öffentlicher Gesundheit, *Chernobyl ten years on – radiological and health impact*, Paris: NEA/OECD, November 1995.

46. »Russia: forgotten victims of Chernobyl taking their own lives«, IPS/*Moscow Times*, 12. Januar 1993.

47. Dumonceau, D., »Conséquences de l'explosion nucléaire de Tchernobyl sur l'évolution des grossesses en Norvège«, *La Lettre du Gynécologue*, 152, Paris, Oktober 1991.

48. Ministerium für Katastrophenschutz, *The Republic of Belarus: 9 years after Chernobyl: situations, problems, actions*, Staatlicher Bericht zu den Folgen der nuklearen Katastrophe in Tschernobyl, 1995.

49. Weltgesundheitsorganisation, *Health consequences of the Chernobyl accident: results of the International Programme on the Health Effects of the Chernobyl Accident (IPHECA)*, Genf, Abschlußbericht, 1995.

50. Ministerium für Landwirtschaft und Fischerei, *Removal of post-Chernobyl sheep controls in Cumbria*, London, 17. Januar 1996.

51. »Comment faire passer le nucléaire dans les moeurs?«, *Enerpresse*, 24. Mai 1993.

52. Belbeoch, B. und R. Belbeoch, *Tchernobyl, une catastrophe*, Paris: Edition Allia, 1993, S. 187.

53. »Chernobyl shield crumbling«, *Independent*, London, 21. April 1994.

54. »West funds reactors to replace Chernobyl«, *New Scientist*, London, 16. Juli 1994.

55. Weltweiter Energie-Informationsservice – Paris, *Safeguards systems in the CIS and the Baltic States*, Bericht für den Ausschuß des Europaparlaments zur Bewertung von Wissenschaft und Technologie (STOA), 1996.

56. »US Ukraine evaluation of energy options to replace the Chernobyl nuclear plant«, Abteilung für Atomenergie im Energieministerium, Washington, 23. Juni 1994.

57. »Energy crisis blocks Chernobyl deal«, *New Scientist*, London, 30. April 1994.

58. »Nucléaire à l'Est ... Un entretien avec Jean Syrota«, *La Tribune Desfossés*, Paris, 25. April 1994.

59. »Fatal blast at ›retired‹ reactor, *New Scientist*, London, 23. April 1994.

60. Tanguy, P., *Rapport de synthèse: la sûreté nucléaire à EdF à fin 1989*, Paris: Inspection Générale pour la Sûreté Nucléaire, 8. Januar 1990.

61. Tanguy, P., *Sûreté nucléaire 1993: rapport de l'Inspecteur général pour la sûreté nucléaire*, Paris: Electricité de France, 1994.

62. Angaben vom weltweiten Energie-Informationsservice – Paris.

63. Schneider, M. et al., *Vessel head penetration cracking in nuclear reactors*, Amsterdam: Greenpeace International, März 1993.

64. Angaben vom weltweiten Energie-Informationsservice – Paris.

65. »First circumferential penetration crack weld found at Ringhals-2«, *Nucleonics Week*, New York, 10. Juni 1993.

66. *Ibid.*

67. On-line-Recherche in der Magnuc-Datenbank des französischen Industrieministeriums, 28. September 1992.

68. »Scots nuclear blast kept secret«, *Independent*, London, 14. Juni 1995.

69. Ausschuß für Strahlenmedizin und Umwelt (COMARE) und beratender Ausschuß zur Entsorgung radioaktiven Mülls (RWMAC), *Potential health effects and possible sources of radioactive particles found in the vicinity of the Dounreay nuclear establishment*, London, Mai 1995.

70. »Nuclear contamination found at Dounreay«, *The Scotsman*, Edinburgh, 25. April 1996.

71. Shearson Lehman Brothers, Electric Utilities Commentary, *Should Investors be concerned about rising nuclear decommissioning costs?*, Bd. 3, Nr. 1, Bericht einer am 19. November 1992 abgehaltenen Konferenz.

72. Internationaler Sachverständigenrat, *New directions ten years after Chernobyl: report and recommendations*, Moskau, April 1996. Vortrag von G. Naudet, »Le plutonium: un nouveau combustible – les quantités de plutonium en jeu dans le monde«, gehalten auf dem Kolloquium der französischen Atomenergiegesellschaft, 9. Juni 1994.

73. »Wonder fuel to burning question«, *Financial Times*, London, 9. März 1994.

74. »Plutonium policy stalled«, in *Nuke Info Tokyo*, Nr. 51, Citizen's Nuclear Information Centre Tokyo, Januar/Februar 1996.

75. Bolter, H., *Inside Sellafield*, London: Quartet Books, 1996, S. 85.

76. »End to reprocessing of German fuel could save utilities over $ 2 billion«, *Nuclear Fuel*, 11. April 1994.

77. »Nuclear plant doubts as cost rises £ 150 m«, *The Daily Telegraph*, London, 3. Dezember 1992.

78. Brief von Bryn Bridges, dem Vorsitzenden des Ausschusses für Strahlenmedizin und Umwelt, an Her Majesty's Inspectorate of Pollution, 27. Januar 1993.

79. Bolter, H., *op. cit.*, S. 87.

7. Warum?

1. Entwicklungsprogramm der Vereinten Nationen, *Human development report, 1994*, Oxford: Oxford University Press, 1994; Weltbank, *World population projections: 1994-95 edition*, Baltimore: Johns Hopkins University Press for the World Bank, August 1994; More, C., *The industrial age: economy and society in Britain 1750-1985,* London: Longman's, 1989.

2. »The specter of 40 more Chernobyls«, *New York Times*, 22. März 1992.

3. Descartes, R., *Discourse on method and meditations*, London: Penguin, 1968.

4. Wolpert, L., *Is science dangerous?,* Contemporary Papers No. 15, London: WHSmith, Mai 1994.

5. »The end of the modern era«, *New York Times*, 1. März 1992.

6. *Genesis* 1:27.

7. *Genesis* 2 :15.

8. *Genesis* 9:10.

9. *Genesis* 1:31.

10. In Derrick, C., *The delicate creation*, Greenwich City: Devin Adair, 1972.

11. Attenborough, D., *Life on Earth,* London: Collins, 1979.

12. Weltbank, *World population projections: 1994-95 edition,* Baltimore: Johns Hopkins University Press for the World Bank, August 1994.

13. Cotterell, A. und Y. Yap, *Early civilisations of China*, London: Weidenfeld and Nicolson, 1975.

14. David-Neel, A., *Buddhism: its doctrines and methods*, New York: St. Martin's Press, 1978.

15. In Pryor, F., ed., *The Faber Book of Letters,* London: Faber, 1988, S. 159-162.

8. An die Kritiker

Die Kritiker

Die Europäische Kommission: zitiert wird ein Dokument, das der britischen Presse am 19. Oktober 1994 übergeben wurde.

Chris Patten, Gouverneur von Hongkong: Rede vor der Vereinigung Schweizer Banken und Gästen am 27. Oktober 1994.

Dr. Brian Hindley, stellvertretender Direktor der Abteilung für Handelspolitik im Zentrum für Politikwissenschaft und Dozent für Wirtschaft an der London School of Economics in dem Aufsatz »The Goldsmith fallacy: why open trade and Gatt are best«, veröffentlicht als *Rochester Paper 3* vom Zentrum für Politikwissenschaft, Dezember 1994.

Norman Macrae, ehemaliger stellvertretender Chefredakteur des *Economist* und z.Z. Kolumnist für die *Sunday Times*, in zwei Artikeln in der *Sunday Times*: »Rebirth of the great protection racket«, 6. November 1994, und »Trading places«, 12. Dezember 1994.

Professor John Kay, Präsident der London Economics und Wirtschaftsprofessor an der London Business School, in einem Artikel im *Daily Telegraph*: »The mercantilist fallacy must not entrap free trade«, 28. Dezember 1994.

Tim Congdon, Geschäftsführer von Lombard Street Research, in einem Artikel in *The Times*: »Goldsmith's closed book«, 18. November 1994.

Paul Goodman, Kolumnist für den *Sunday Telegraph*: »Protectionism is no protection«, 6. November 1994.

Die Fehlinterpretation der Ricardoschen Theorie durch traditionelle Volkswirtschaftler

1. Hindley, B., »The Goldsmith fallacy: why open trade and the GATT are best«, *Rochester Paper 3,* London: Centre for Policy Studies, 1994.

2. Ricardo, D., *On the principles of political economy and taxation,* Harmondsworth: Penguin, 1971 (Erstveröffentlichung 1817), S. 155.

3. *World debt tables: 1994-1995,* Washington: Weltbank, 1995. Die Angaben beziehen sich auf den (langfristigen) Nettokapitalfluß, der sich aus langfristigen

Nettokrediten (ohne den Internationalen Währungsfonds) und nichtkreditären Kapitalflüssen zusammensetzt. Letztere umfassen Direktinvestitionen im Ausland, Portfolio-Investitionen und Subventionen. Bei langfristigen Krediten sind die Rückzahlungen berücksichtigt.

4. Asiatisch-pazifische Wirtschaftsgruppe, *Asia-Pacific projects*, Australian National University, 1995.

5. Die Angaben beziehen sich auf »finanzielle Transaktionen mit ausländischen Staatsangehörigen – Direktinvestitionen«; ab Juli 1990 umfassen sie auch Auslandsgeschäfte der ehemaligen DDR. Deutsche Bundesbank, Frankfurt a.M., 1996.

6. In *The Goldsmith Fallacy* (S. 22) sagt Hindley, daß ich »getäuscht worden« sei. Hindley behauptet: »Wenn Ricardo den komparativen Vorteil als solchen erörtert, bezieht er sich nie auf den Geldwert.« Ich möchte Hindley auf Ricardos Kapitel über den Außenhandel verweisen, wo er schreibt: »Wenn ein Kaufmann für englische Waren im Wert von £1 000 ausländische Waren erwerben kann, die er auf dem englischen Markt für £1 200 verkaufen kann, wird er durch eine derartige Verwendung seines Kapitals einen Profit von 20 Prozent erzielen.« (Ricardo 1971:147). Des weiteren möchte ich Hindley auf die Seiten 149-150, 156-158 und 165-167 desselben Kapitels verweisen. Der komparative Vorteil in einem internationalen Wirtschaftssystem kann nur in monetären Größen gemessen werden.

7. Keynes, J.M., »National self-sufficiency«, in *The Collected Writings of John Maynard Keynes, Bd. 21,* Donald Moggeridge (ed.), London: Macmillan and Cambridge University Press, 1982.

Der Protektionismus und seine Bedeutung für den wirtschaftlichen Aufstieg der USA, der Staaten der Europäischen Wirtschaftsgemeinschaft, Japans und der neuen Industrieländer

1 . »Cost of protection: trade barriers spawn more trade barriers«, *San Diego Union*, 30. April 1985.

2. *World population prospects*: *the 1994 revision*, New York: Vereinte Nationen, 1994.

3. *Republic of China Yearbook 1995,* Taiwan: Government Information Office, l995.

4 . *International financial statistics*, Washington: Internationaler Währungsfonds, Juli 1995.

5. Payer, C., *Lent und lost, foreign credit und third world development,* London und New Jersey: Zed Books Ltd., 1991.

6. Hobsbawm, E., *Industry and Empire*, Harmondsworth: Penguin, 1969, S. 140. Im 19. Jahrhundert »waren die USA die einzige bedeutende Wirtschaftsmacht, die durchweg am Protektionismus festhielt«.

7. Bairoch, P., *Economics and world history: myths and paradoxes,* London: Harvester Wheatsheaf, 1993, S. 40. Die durchschnittlichen Zollsätze, die von den USA 1820, 1875 und 1913 auf Industrieprodukte erhoben wurden (gewichteter Mittelwert, in Prozent des Wertes), belaufen sich auf schätzungsweise 35-45 Prozent, 40-50 Prozent bzw. 44 Prozent.

8. Bairoch, P., *Mythes et paradoxes de l'histoire économique*, Paris: Editions de la Découverte, 1995.

9. *Ibd.*

10. Parker, W., *Europe, America and the wider world, essays on the economic history of western capitalism, Vol. 2: America and the wider world*, Cambridge: Cambridge University Press, 1991, S. 11. »Als in Amerika die einheimischen Produzenten, die durch die republikanischen Zölle geschützt wurden, an die Stelle der ausländischen Produzenten traten, veränderte sich die Zusammensetzung der Importe, die zunehmend echte Luxuskonsumartikel und High-Tech-Produktionsgüter umfaßten.«

11. Pressekonferenz zu Europa, abgehalten von General de Gaulle im Elysée-Palast am 14. Januar 1963.

12. Das Smoot-Hawley-Zollabkommen wurde von dem Senator Reed Smoot (Republikaner aus Utah) and dem Kongreßabgeordneten Willis C. Hawley (Republikaner aus Oregon) gefördert.

13. Vizepräsident Al Gore in einer Debatte mit Ross Perot über die NAFTA in *Larry King Live*, CNN, 9. November 1993.

14. Ministerium für Arbeit, Amt für Arbeitsstatistik in den USA, *Employment and earnings*, Washington: Government Printing Office, Januar 1987.

15. Lloyd, L., *Tariffs: the case for protection*, New York: Devin Adair, 1955, S. 181.

16. Bedell Associates, *Smoot-Hawley, depression and world revolution*, Palm Desert, Kalifornien: Bedell Associates, April 1983. Nachgedruckt im *Congressional Record*, 9. Mai 1983, S. 11539.

17. *Ibd.*

18. *Ibd.*

19. *Ibd.*

20. Bairoch, P., *Mythes et paradoxes de l'histoire économique*, Paris: Editions de la Découverte, 1995.

21. Die Rede von Senator Heinz kann nachgelesen werden im *Congressional Record*, 9. Mai 1983, S. 11538.

22. Bedell Associates, *op. cit.*

23. Bairoch, P., *Mythes et paradoxes de l'histoire économique*, Paris: Editions de la Découverte, 1995.

24. *Main economic indicators*, Paris: Organisation für wirtschaftliche Zusammenarbeit und Entwicklung (OECD), August 1995.

25. Tonelson, A., »Beating back predatory trade«, *Foreign Affairs*, Bd. 73, Nr. 4., Juli 1994.

Protektionismus und der wirtschaftliche Aufstieg Taiwans und Koreas

1. »Awash in a sea of money«, *Far Eastern Economic Review*, Hongkong, 15. September 1988, S. 49-70.

2. *Economic News*, Taiwan, 4.-10. Juli 1983.

3. Tsiang, S. und W. Chen, »Developments towards trade liberalization in Taiwan«, Vortrag auf der gemeinsamen Konferenz über die Wirtschaftspolitik der ROC und ROK, Chung-Hua Institution for Economic Research, Taipeh, 28. Dezember 1984.

4. Wade, R., *Governing the market: economic theory and the role of government in East Asian industrialization*, Princeton: Princeton University Press, 1990, S. 131.

5. Tu, C. und W. Wang, »Trade liberalization in the Republic of China on Taiwan, and the economic effects of tariff reductions«, Vortrag auf der gemeinsamen Konferenz über die Wirtschaftspolitik der ROC und ROK, Korea Development Institute, Januar 1988.

6. Zitiert aus Scott, M., »Foreign trade«, in W. Galenson (ed.), *Economic growth and structural change in Taiwan: the postwar experience of the Republic of China*, Ithaca: Cornell University Press, 1979.

7. Lin, C., *Industrialization in Taiwan, 1946-72: trade und import-substitution policies for developing countries*, New York: Praeger, 1973.

8. Wade, R., *op. cit.*

9. Lee, C., *The economic transformation of South Korea — lessons for economies in the process of change*, Paris: Organisation für wirtschaftliche Zusammenarbeit und Entwicklung (OECD), 1995.

10. *Korea: managing the industrial transition*, Washington: Weltbank, Bde. 1 und 2, 1987.

11. Wade, R., *op. cit.*

12. Westphal, L. und K. Kim, »Korea«, in B. Balassa et al. (eds.), *Development strategies in semi-industrial economies*, Baltimore: Johns Hopkins University Press for the World Bank, 1982.

13. Young, S., »Trade policy reform in Korea: background and prospect«, Vortrag auf der gemeinsamen Konferenz über die Wirtschaftspolitik der ROC and ROK, Korea Development Institute, 1984.

14. Wade, R., *op. cit.*

Eine Untersuchung der praktischen Auswirkungen der von der Reagan-Regierung ausgehandelten Schutzabkommen

1. Tonelson, A., »Beating back predatory trade«, in *Foreign Affairs*, Bd. 73, Nr. 4, Juli 1994.

Der freie Welthandel und seine Auswirkungen auf Arbeitsplätze und Löhne in den Industrienationen

1. Allais, M., *Combats pour l'Europe, 1992-94*, Paris: Clément Juglar, 1994.

2. *Ibd.*

3. »Recent labour market developments and prospects« und »Supplementary measures of labour market slack«, in *Employment Outlook*, Paris: Organisation für wirtschaftliche Zusammenarbeit und Entwicklung (OECD), Juli 1995.

4. *Report of the Working Party on the Measurement of Unemployment in the UK*, London: Royal Statistical Society, April 1995.

5. Sorrentino, C., »International comparisons of unemployment indicators«, *Monthly Labor Review*, Washington: Ministerium für Arbeit, März 1993.

6. Allais, M., *op. cit.*

7. *Ibd.*

8. Council of Economic Advisors, *Economic Report of the President 1995*. Washington: Government Printing Office, Februar 1995, Tabelle B-45. (Angaben vom Amt für Arbeitsstatistik)

9. Mishel, L. und J. Bernstein, *The state of working America: 1994-1995*, Armonk: M.E. Sharpe for the Economic Policy Institute, 1994. Dieselbe Analyse zur Unterbeschäftigung in den USA wurde von Dr. Herman Starobin von der International Ladies Garment Workers Union in seiner Untersuchung zum Einfluß des GATT durchgeführt, die dem US-Senatsausschuß zu Arbeit und Humanressourcen am 23. November 1994 vorgestellt wurde.

10. Council of Economic Advisors, *op. cit.*, Tabelle B-47.

11. *Ibd.*, Tabelle B-45.

12. *World Tables 1994*, Baltimore: Johns Hopkins University Press for the World Bank, 1994, sowie aktualisierte Disketten.

13. *World employment 1995*, Genf: Internationale Organisation für Arbeit, 1995.

14. *World labour report*, Genf: Internationale Organisation für Arbeit, 1992.

15. »Who's in charge here«, *Newsweek*, 26. Juni 1995.

Berichte und Anekdoten zu der Verlagerung von Produktion und Dienstleistungen in Niedriglohnländer

1. »Skilled workers watch their jobs migrate overseas«, *New York Times*, 28. August 1995.

2. *Multinational corporations: expanding influence in the 1990s*, Washington: AFL - CIO Economic Research Department, Februar 1995.

3. Die BEMs sind Argentinien, Brasilien, China, Hongkong, Indien, Indonesien, Südkorea, Mexiko, Polen, Südafrika, Taiwan und die Türkei.

4. »US trade losses with ›Big Emerging Markets‹ surge toward new record in 1995«, Mitteilung der MBG Information Services, Washington, 21. Juli 1995.

5. »Germany's economy is a ›Wund‹ for the wrong reasons«, *Wall Street Journal Europe*, Brüssel, 25. Juli 1995.

6. »Job competition and pressure on wages begin to reach America's labor elite«, *Wall Street Journal Europe*, Brüssel, 30. September 1994.

7. *Ibd.*

8. »S. Korea discovers joys of investing in China«, *Financial Times*, London, 23. August 1995.

9. »Europe's labors: integrating the East, reinventing the West are one and the same«, *Wall Street Journal Europe*, Brüssel, 30. Juni 1995.

10. Finanzausschuß des französischen Senats, *Rapport d'information du Sénat sur les délocalisations hors du territoire national des activités industrielles et de service*, 4. Juni 1993.

11. Zahlen aus dem Jahr 1994 von der Union Française des Industries de l'Habillement und der Union des Industries Textiles.

12. Zahlen aus dem Jahr 1994 von der Fédération Française de l'Industrie de la Chaussure de France.

13. Zahlen aus dem Jahr 1994 von dem Chambre Française de l'Horlogerie et des Microtechniques.

14. Zahlen aus dem Jahr 1994 von dem Syndicat des Industries de Matériels Audiovisuels Electroniques.

Die Bedeutung Chinas und Indiens für die weltweite Beschäftigungs- und Lohnstruktur

1. *World population prospects: the 1994 revision*, New York: Vereinte Nationen, 1994.

2. »US trade losses to China exceed 100 billion dollars since democratic crackdown«, Mitteilung der MBG Information Services, Washington auf der Grundlage der vom amerikanischen Handelsministerium und dem Nationalen Amt für Statistik gelieferten Daten, 31. Mai 1995.

3. »The coming Chinese money mountain«, *Asia Inc.*, Hongkong, September 1993.

4. Vereinte Nationen, *op. cit.*

Die Revolution der intensiven Landbewirtschaftung (»Grüne Revolution«), die Entwurzelung der ländlichen Bevölkerung ...

1. Navarro, L.H., »The GATT agreement and agriculture: will it help developing countries?«, Vortrag auf einer von dem Katholischen Institut für internationale Beziehungen veranstalteten Tagung, London, 12. April 1994.

2. Alliance for Responsible Trade, *NAFTA's first year: lessons for the hemisphere*, Washington, Dezember 1994.

3. »Mexico's depression deepening«, Mitteilung der MBG Information Services, Washington, 22. August 1995.

4. INEGI, *Advanced report on the economy*, Mexiko-Stadt, Juni 1995.

5. Persönliche Mitteilung an den Autor, 16. August 1995.

6. Bray, F., »Agriculture for developing nations«, *Scientific American*, New York, Juli 1994.

7. Persönliche Mitteilung an den Autor, 11. August 1995.

Nicht jede wirtschaftliche Aktivität ist produktiv

1. »What about ›putting people first‹?«, *Los Angeles Times*, 8. September 1993.

2. Godson, R. und W. Olson, *International organized crime: emerging threat to US security*, Washington: National Strategy Information Center, August 1993.

3. »A murder shows the crushing cost of US crime«, *Washington Post*, 6. Juli 1994.

4. »The new multilateral trading system needs urgent attention«, *International Herald Tribune*, Paris, 23. August 1995.

Die illustrierte Geschichte des freien Welthandels

1. *World population prospects: the 1994 revision*, New York: Vereinte Nationen, 1994.

2. Finanzausschuß des französischen Senats, *Rapport d'information du Sénat sur les délocalisations hors du territoire national des activités industrielles et de service*, 4. Juni 1993. Die Angaben können auf Seite 23 des Berichts nachgelesen werden; sie stammen von dem Amt für Wirtschaftsentwicklung, dem Amt für Außenhandelsbeziehungen und dem Finanzausschuß des Senats.

3. Angaben vom GATT-Sekretariat in Genf.

4. *Direction of trade statistics*, Washington: Internationaler Währungsfonds, verschiedene Ausgaben. Bei den OECD-Ländern sind die Türkei und Mexiko

ausgenommen. Die asiatischen Länder sind China, Indien, Korea, die Philippinen, Taiwan, Thailand und Vietnam.

5. *International Financial Statistics*, Washington: Internationaler Währungsfonds, verschiedene Ausgaben. Finanzbehörde Hongkong, *Monthly Statistical Bulletin*, Hongkong, Juli 1995. Bei den asiatischen Ländern handelt es sich um China, Hongkong, Indonesien, Korea, Malaysia, Singapur, Taiwan und Thailand. Die Angaben umfassen Goldreserven und Sonderziehungsrechte, abgesehen von Hongkong, wo nur ausländische Währungsreserven berücksichtigt sind.

6. Die Angaben zur Arbeitslosigkeit in Großbritannien stammen aus der Statistikabteilung der Organisation für wirtschaftliche Zusammenarbeit und Entwicklung und beruhen auf den gemittelten Arbeitslosenquoten, die sich in verschiedenen Ausgaben der *Labour force statistics* finden. Zur Berechnung der Zahl von Unterbeschäftigten werden die Gesamtzahlen der »entmutigten Arbeitnehmer« und der »unfreiwilligen Teilzeitkräfte« zu den offiziellen Arbeitslosenzahlen der ILO addiert. Die Angaben zu den entmutigten Arbeitnehmern und den Teilzeitkräften können nachgelesen werden in »Supplementary measures of labour market slack«, *Employment outlook*, Paris: Organisation für wirtschaftliche Zusammenarbeit und Entwicklung, Juli 1995.

7. Die Angaben zu den Beschäftigungszahlen in der Produktion stammen von der Abteilung SSD D2 des Ministeriums für Bildung und Arbeit und beziehen sich auf die »Arbeitskräfte in der Produktion in Prozent der gesamten Arbeitnehmerschaft«. Das BIP Großbritanniens auf der Grundlage der Preise von 1990 ist verschiedenen Ausgaben der *International financial statistics*, Washington: Internationaler Währungsfonds, entnommen.

8. Die Anzahl der Personen, denen weniger als 50 Prozent des Durchschnittseinkommens zur Verfügung steht, ist aufgeführt in »Households below average income«, veröffentlicht vom Her Majesty's Stationery Office für das Sozialministerium in London. Die Zahlen bis einschließlich 1991 sind dargestellt in Goodman, A. und S. Webb, *For richer, for poorer*, London: Institute for Fiscal Studies, Bericht Nr. 42, 1994. Die Angaben zum BIP stammen vom Internationalen Währungsfonds, siehe Anmerkung 7.

9. Allais, M., *Combats pour l'Europe, 1992-94*, Paris: Clément Juglar, 1994, S. 494.

10. Europäische Kommission, *European economy*, Brüssel: Generaldirektorium für Wirtschaft und Finanzen, Nr. 58, 1994.

11. Die Angaben stammen vom Institut für Arbeitsmarkt- und Berufsforschung der Bundesanstalt für Arbeit, Nürnberg, Februar 1996. Die Arbeitslosenzahlen beziehen sich auf den Monat Februar eines jeden Jahres.

12. Die Zahlen sind vom Statistischen Bundesamt und beziehen sich ausschließlich auf Insolvenzen von Unternehmen; Konkurse von Privatpersonen bleiben

unberücksichtigt. Zur Erklärung der großen Zahl von Unternehmensinsolvenzen wird u.a. auf Strukturprobleme bestimmter Branchen verwiesen: »Mit diesem Begriff wird vor allem ein Verdrängungswettbewerb bezeichnet, der häufig durch Billigimporte ausgelöst wird (so z.B. in der Textilindustrie). In jüngster Zeit wird hierfür auch die Baubranche als Beispiel aufgeführt, in der durch das Auftreten von Bauunternehmen aus Ländern mit Niedriglöhnen eine starke Konkurrenz auf dem heimischen Markt entsteht.« (Statistisches Bundesamt, *Insolvenzstatistik*, Wiesbaden, 1996, S. 6).

13. Die Beschäftigungszahlen beziehen sich auf Arbeitnehmer in der nichtlandwirtschaftlichen Produktion und sind veröffentlicht worden vom Council of Economic Advisors, *Economic report of the President*, Washington: Government Printing Office, Februar 1995, Tabelle B-44. Die Beschäftigungszahlen in der Produktion sind seit 1973 rückläufig, während gleichzeitig die Zahl der amerikanischen Arbeitnehmer insgesamt stark angestiegen ist. Wenn in der Graphik die Beschäftigten in der Produktion in Prozent der Arbeitnehmerschaft dargestellt würden, wäre der Abwärtstrend noch wesentlich stärker ausgeprägt. Die Angaben zum amerikanischen BIP auf der Grundlage der Preise von 1990 stammen vom Internationalen Währungsfonds (siehe Anmerkung 7).

14. Die Angaben zu den Stunden- und Wochenlöhnen in der Produktion und von Angestellten in nichtleitender Stellung (in US-Dollar, Basis 1982) können nachgelesen werden in: Council of Economic Advisors, *op. cit.*, Tabelle B-45. (Angaben vom Amt für Arbeitsstatistik).

15. *Survey of current business*, Washington: Amt für Wirtschaftsanalysen, Handelsministerium, verschiedene Ausgaben.

16. Die Angaben beziehen sich auf die Bruttohandelserlöse von Unternehmen außerhalb des Finanzsektors und finden sich in *Non-financial enterprises, financial statements*, Paris: Organisation für wirtschaftliche Zusammenarbeit und Entwicklung, verschiedene Ausgaben.

17. Die Angaben stammen vom Nationalen Amt für Statistik in Großbritannien und beziehen sich auf private Unternehmen außerhalb des Finanzsektors; sie umfassen Bruttohandelserlöse einschließlich Erhöhungen der Lagerwerte.

Abbildungsverzeichnis

Schlagwortregister

Herbert Girardet

Das Zeitalter der Städte

Neue Wege für eine nachhaltige Stadtentwicklung

Am Ende dieses Jahrhunderts werden weltweit erstmals mehr Menschen in Städten wohnen als auf dem Lande, gleichzeitig wachsen die sozialen und ökologischen Probleme in den Städten – bereits ein heißdiskutiertes Thema.

Es ist notwendig, daß wir den Einfluß des Stadtlebens auf den gesamten Planeten, unsere Heimat, verstehen. Wir müssen dafür sorgen, daß eine städtische Kultur entsteht, die mit dem Erhalt einer intakten Biosphäre und des gesamten Lebens auf der Erde vereinbar ist. Es gibt keine einzige Stadt, die uns dabei als Vorbild dienen kann. Doch wir können Beispiele aus allen Teilen der Welt sammeln, um zu zeigen, was getan werden muß und was getan werden kann. Genau dies ist das Anliegen dieses Buches: es zeigt, wie immer weiter wachsende Städte so gestaltet werden können, daß sie ökologisch und sozial verträglich sind. Mit zahlreichen eindrucksvollen Grafiken und Fotos werden Entwicklungen und Möglichkeiten, Versorgung und Ökologie, gute und schlechte Beispiele des »städtischen Organismus« dargestellt.

»Wie ein guter Arzt analysiert Girardet zunächst die Symptome, diagnostiziert die Krankheit und verschreibt dann die Medizin. Dieses Buch ist ein schöpferischer und höchst lesenswerter Beitrag.« Lester R. Brown, Worldwatch Institute

»›Das Zeitalter der Städte‹ ist ein wirklich herausragendes Werk. Scharfsinnig behandelt es die wichtigsten Probleme unseres Planeten und seiner Zukunft.« Sir Richard Rogers

ISBN 3-930720-19-1

John Papworth

Small is powerful

Der Weg zu wahrer Demokratie

Nur wenn die Menschen vor Ort wirklichen Einfluß auf das nehmen können, was »vor ihrer Haustür« geschieht, können unheilvolle Entwicklungen gestoppt werden, die durch Riesenwahn und -wuchs zentraler Entscheidungsstrukturen entstanden sind. Beispiele: die Verschlechterung der öffentlichen Dienste wie Verkehr, Post, Schulen und Museen, die Zunahme von Kriminalität, Drogensucht, der Verfall städtischer Kultur, die Plünderung natürlicher Ressourcen, die Zerstörung von Atmosphäre und Boden und vieles mehr. Nichts davon geschähe, so Papworth, wenn die Menschen vor Ort selbstbestimmt und eigenverantwortlich entscheiden und leben könnten.

Allerdings: die unheilige Allianz aus »massendemokratischen« Regierungen, Industrie und Medien steht noch dagegen.

Ein mitreißendes Plädoyer für den Einzug von Moral und Selbstbestimmung in Wirtschaft und Politik.

ISBN 3-930720-16-7

Jean Gimpel

Das Ende der Zukunft

Der technologische Niedergang des Westens

Prognosen von Forschern und Wissenschaftlern dienen oft als Grundlage politischer und wirtschaftlicher Entscheidungen.

Kaum jemand überprüft diese Vorhersagen über einen längeren Zeitraum hinweg. Nicht so Gimpel: in diesem Buch rechnet er mit den Vorhersagen und Ankündigungen der Wissenschaft ab, die allesamt nicht eingetroffen sind, ob nun auf dem Gebiet der Computer, der Medizin oder der Luftfahrt, geschweige denn auf dem Gebiet der Atomtechnologie. Welche enormen Fehlentscheidungen und -investitionen dadurch in die Wege geleitet werden, wird sonst nirgendwo festgehalten.

Doch Gimpel geht weiter: die lange Kette nicht eingehaltener Versprechungen signalisiert vor allem, daß der technische Fortschritt des Westens sich drastisch verlangsamt hat, wenn er überhaupt noch existiert. Geschichtlich ist dieses Phänomen nicht unbekannt, denn alle großen Kulturen haben diese Phase in ihrer Entwicklung erreicht – bevor sie untergingen!

ISBN 3-930720-15-9

John Seymour

So helft ihr doch

LebensWandel für Mutter Erde

»Noch ein Buch zum Thema Umweltschutz, aber was für eins!«
schreiben die Lübecker Nachrichten. Seymour zeigt hier ver-
ständlich, aber auch eindringlich und zwingend, wie wenig unsere
derzeitige Wirtschaftsweise und unser Ökonomieverständnis mit
der Ökologie dieses Planeten vereinbar sind. Kein anderer hat
bisher so mutig und ermutigend erläutert, daß Glück und Zufriedenheit durchaus nicht im Widerspruch zur Ökologie stehen müssen, vorausgesetzt der Mensch besinnt sich auf das, was er wirklich braucht, um glücklich und zufrieden zu leben.

*»Genau deshalb ist das Buch lesenswert: Seymour macht in seiner
einfachen, klaren Sprache für viele unserer alltäglichen Lebens-
bereiche deutlich, wohin es führt, wenn wir so weitermachen wie
bisher.«* Lübecker Nachrichten

ISBN 3-930720-12-4

Ökologischer Ärztebund
Erik Petersen/Wolfgang Stück (Hrsg.)

Unser täglich Brot

Die Veränderung der Nahrung durch Chemie, Bestrahlung und Gentechnologie und ihre Auswirkung auf die Gesundheit

In diesem Band des Ökologischen Ärztebundes werden Themen wie Unfruchtbarkeit durch Umweltgifte, gentechnische Nahrung, Bestrahlung von Lebensmitteln, Deklaration von Lebensmittelzusatzstoffen, Einflüsse auf die Muttermilch, psychologische Folgen der Umweltverschmutzung und vieles mehr wissenschaftlich fundiert behandelt: Wie wirken sich diese Einflüsse auf die Gesundheit der Menschen aus?

Mit E-Nummern-Liste der Lebensmittelzusatzstoffe und Glossar.

ISBN 3-930720-20-5